금야금 공부해
야한 번에
합격

JLPT N3 N4

임승진·원영순 공저

임승진

저서
너도 일본애들처럼 말해봐
짧은 표현으로 거침없이 말하는 일본어
판타스틱 일본백서
야금야금 공부해 한 번에 합격 JLPT N4/N5
야금야금 공부해 한 번에 합격 JLPT N3/N4
야금야금 공부해 한 번에 합격 JLPT N2
야금야금 공부해 한 번에 합격 JLPT N1

원영순

저서
야금야금 공부해 한 번에 합격 JLPT N4/N5
야금야금 공부해 한 번에 합격 JLPT N3/N4
야금야금 공부해 한 번에 합격 JLPT N2
야금야금 공부해 한 번에 합격 JLPT N1

야금야금 공부해 한 번에 합격 JLPT 新 경향 실전 대비집 N3/N4

개정판 2쇄 2023년 9월 15일

지은이 임승진·원영순
펴낸곳 ㈜글로벌21
출판등록 2019년 1월 3일
주소 서울시 강남구 논현로76길 24
전화 02)6365-5169
www.global21.co.kr

ISBN 978-89-8233-173-2 13730

· 이 책에 실린 모든 내용, 디자인, 편집 구성의 저작권은 ㈜글로벌21에 있습니다.
  허락 없이 복제하거나 다른 매체에 옮겨 실을 수 없습니다.
· 잘못된 책은 구입하신 곳에서 바꿔 드립니다.

머리말

新 일본어 능력시험 JLPT는 단편적인 문법 지식이나 어휘를 묻는 출제 방식이 아니라 좀 더 종합적으로 일본어를 이해하고 있는가에 초점을 맞추고 있습니다. 따라서 일본어에 관한 지식과 실제 운용 가능한 일본어 능력을 중시합니다. 이 책은 기존의 일본어 능력시험에서 다루었던 핵심적인 문법을 철저히 분석함과 동시에, 2010년부터 도입된 새로운 출제 패턴에 맞추어 커뮤니케이션 상의 과제 수행 능력을 향상시킬 수 있는 문제들을 예상하여 제시하고 있습니다.

기존 능력시험은 자격증을 가지고 있어도 실제 회화 수준이 거기에 못 미친다는 지적이 있었습니다. 새로운 시험 유형은 그러한 단점을 보완한다는 취지에서 회화 능력을 간접적으로 평가할 수 있는 문제들로 변화했습니다. 그리고 합격 평가 기준도 절대평가에서 과락제로 바뀌면서 파트별로 골고루 점수를 취득하지 못하면 합격이 어렵게 되었습니다. 이러한 흐름에 맞춰 수험자에게 꼭 필요한 교재가 있어야 한다고 판단했습니다.

이 책은 기존의 문제집과 달리 각 파트가 실제 시험문제 같이 언어지식(문자, 어휘), 독해, 청해 순으로 구성되어 있습니다. 그러므로 한 권으로도 시험의 모든 영역을 준비할 수 있습니다. 또한 N3, N4, N5 수준의 문제를 폭넓게 다루고 있습니다. N5로 시작하여 갈수록 점차 난도가 높아져 N3까지 대비할 수 있도록 N5와 N4, N4와 N3를 묶어 두 권으로 만들었습니다. 언어지식(문자, 어휘)에서는 품사별로 설명하여 문자와 어휘를 쉽게 정리할 수 있도록 했고, 청해와 독해는 스크립트를 통해 혼자서도 충분히 학습할 수 있도록 했습니다.

아무쪼록 본 교재가 일본어 능력시험을 준비하는 여러분들에게 도움이 되길 바라며, 각자 원하는 급수에서 합격의 성과를 이루길 진심으로 바랍니다.

일본어 능력시험 개요

1. 목적
일본 국내 및 해외에서 일본어를 모국어로 하지 않는 사람을 대상으로 일본어 능력을 측정하고 인정하는 것을 목적으로 한다.

2. 시험 일정 및 접수 방법
시험은 매년 7월과 12월에 2회 실시되며, 시험일로부터 약 3개월 전 월초부터 접수가 시작된다.

인터넷 접수	www.jlpt.or.kr(시험장 선택 가능, 접수기간 이후 추가접수 가능) 등록할 사진 파일(jpg) 필요
우편 접수	원서작성(홈페이지에서 다운로드), 증명사진 1매(뒷면에 이름, 생년월일, 휴대전화번호 기재), 수험료(우체국 통상환)와 함께 등기우편으로 발송(시험장 선택 불가)

* 규정 신분증 미지참 시 시험 응시 절대 불가: 주민등록증, 운전면허증, 기간 만료전의 여권, 학생증, 청소년증, 장애인 복지카드, 건강보험증, 정부24 및 PASS 주민등록증 모바일 확인 서비스, 모바일 운전면허증(경찰청 발행)

3. 시험과목과 시험시간
시험은 1급(N1) ~ 5급(N5)으로 나뉘어져 있어 수험자의 능력에 맞는 급수를 선택한다.

레벨	1교시		휴식	2교시	
N1 기존 1급보다 다소 높은 레벨까지 측정	언어지식(문자, 어휘, 문법), 독해	110분		청해	60분
N2 기존 2급과 거의 같은 레벨	언어지식(문자, 어휘, 문법), 독해	105분		청해	55분
N3 기존 2급과 3급 사이에 해당하는 레벨	언어지식(문자, 어휘) 언어지식(문법), 독해	30분 70분	20분	청해	45분
N4 기존 3급과 거의 같은 레벨	언어지식(문자, 어휘) 언어지식(문법), 독해	25분 55분		청해	40분
N5 기존 4급과 거의 같은 레벨	언어지식(문자, 어휘) 언어지식(문법), 독해	20분 40분		청해	35분

* 시험시간은 변경되는 경우도 있습니다. 또한 청해는 시험문제의 녹음 길이에 따라 시험시간이 다소 변하기도 합니다.
* N1과 N2의 시험과목은 [언어지식(문자, 어휘, 문법), 독해]와 [청해]로 2과목입니다.
* N3, N4, N5의 시험과목은 [언어지식(문자, 어휘)], [언어지식(문법),독해], [청해]로 3과목입니다. 1교시에 [언어지식(문자, 어휘)]와 [언어지식(문법),독해]가 쉬는 시간 없이 바로 이어서 실시됩니다.

구성 및 특징

1. 구성

N3과 N4, N4와 N5가 각 권으로 구성되어 있으며, 각 Part는 문자/어휘, 문법/독해, 청해로 나뉘어진다.

2. 특징

문자/어휘 N3, N4, N5 신경향 문제 유형에 맞춰 Practice Test를 제시한다.

문자 1번 문제
한자 읽기 문제로서 한자로 쓰여 있는 말의 읽는 법을 묻는 문제가 출제된다.

문자 2번 문제
한자 쓰기와 가타카나 쓰기 문제로서 히라가나로 쓰여 있는 말을 한자 또는 가타카나로 어떻게 써야 하는지 묻는 문제가 출제된다.

어휘 3번 문제
문맥에 맞는 적당한 어휘를 선택하는 문제가 출제된다. 본 책은 품사별로 정리되어 있어 반복 훈련을 할 수 있다는 장점이 있다.

어휘 4번 문제
같은 뜻의 어구 고르기 문제로서 밑줄 친 부분의 제시 문장과 의미상 가장 가까운 말이나 표현을 묻는 문제가 출제된다.

어휘 5번 문제(N3, N4)
제시된 어휘가 바르게 사용된 문장을 고르는 문제로서 문장 가운데 어떤 쓰임으로 사용되는가를 묻는 문제가 출제된다.

문법/독해 N3, N4, N5에서 출제 가능성이 높은 문법 패턴을 정리하고, 신경향 문제 유형에 맞춰 Practice Test를 제시한다.

문법 1번 문제   문법 형식 판단 문제(문장 내용에 맞는 바른 문법 형식 찾기)
문법 2번 문제   문장 구조 문제(문장을 문법에 맞게 배열하는 문제)
문법 3번 문제   문장 문법 문제(단문 속에서 바른 문법 형식 찾기)

독해 4번 문제
단문 내용 이해 문제(학습, 생활, 일에 관련된 내용을 이해하는지 묻는 문제)

독해 5번 문제
중문 내용 이해 문제(일상적인 화제나 장면을 이해하는지 묻는 문제)

독해 6번 문제
장문 내용 이해 문제(해설, 에세이, 편지 등과 관련된 장문을 읽고 이해하는지 묻는 문제) *N4, N5에서는 출제되지 않음

독해 7번 문제
정보 검색 문제(안내나 소식 등을 적은 정보 소재 중에서 필요한 정보를 찾아낼 수 있는지 묻는 문제) *N4, N5의 경우 독해 6번 문제

청해 신경향 문제 유형에 맞춰 Practice Test를 제시한다.

청해 1번 문제
청해 2번 문제, 청해 3번 문제(N3)를 푸는 데 필요한 여러 가지 상황별 청해 패턴을 제시한다. 그리고 신경향 문제 유형인 청해 4번 문제(N4, N5의 경우 청해 3번 문제)와 청해 5번 문제(N4, N5의 경우 청해 4번 문제)의 예상패턴을 제시한다.

청해 2번 문제
포인트 이해 문제이다. 문장 속에서 핵심 포인트를 집어낼 수 있는지 확인하는 문제가 출제된다.

청해 3번 문제
개요 이해 문제이다. 문장을 들려주고 내용을 이해했는지, 화자의 의도나 주장을 이해했는지를 묻는다. *N4, N5에서는 출제되지 않음

청해 4번 문제
발화(発話) 표현 문제로 일러스트를 보며 상황 설명을 듣고 일러스트의 상황에 적절한 대사를 찾는 문제가 출제된다.

청해 5번 문제
즉시 응답 문제로 짧은 질문을 듣고 적절한 대답을 신속하게 선택하는 문제가 출제된다. *N4, N5의 경우 청해 4번 문제

목차

머리말 -- 003
일본어 능력시험 개요 -- 004
구성과 특징 -- 005

N4

Part 01 -- 011
chapter 01 **문자/어휘** 필수 2자 한자/필수 명사
chapter 02 **문법/독해** 지시 및 명령
chapter 03 **청해** 대상물 선택 문제

Part 02 -- 039
chapter 01 **문자/어휘** 필수 2자 한자/필수 동사
chapter 02 **문법/독해** 주고받는 표현
chapter 03 **청해** 주고받는(やりもらい) 표현

Part 03 -- 065
chapter 01 **문자/어휘** 필수 3자 한자/필수 동사
chapter 02 **문법/독해** 의지표현/결정
chapter 03 **청해** 이유나 원인을 묻는 문제

Part 04 -- 093
chapter 01 **문자/어휘** 필수 3자 한자/필수 동사
chapter 02 **문법/독해** 조건
chapter 03 **청해** 표, 그래프 파악 문제

Part 05 -- 119
chapter 01 **문자/어휘** 필수 동사/필수 い형용사
chapter 02 **문법/독해** 추측표현
chapter 03 **청해** 날씨 파악 문제

Part 06 -- 149
chapter 01 **문자/어휘** 필수 い형용사/필수 な형용사
chapter 02 **문법/독해** 전달/비유, 예시
chapter 03 **청해** 병의 증상, 약의 복용 문제

Part 07 ———————————————————————————— 177
- chapter 01 **문자/어휘** 필수 い형용사/필수 부사
- chapter 02 **문법/독해** 시점/목적, 이유/습관
- chapter 03 **청해** 지시하거나 부탁하는 문제

Part 08 ———————————————————————————— 203
- chapter 01 **문자/어휘** 필수 な형용사/필수 부사
- chapter 02 **문법/독해** 수동형
- chapter 03 **청해** 숫자 파악 문제(수량, 가격, 점수, 인원수)

Part 09 ———————————————————————————— 229
- chapter 01 **문자/어휘** 필수 숫자, 조수사/필수 카타카나
- chapter 02 **문법/독해** 기타 문법 1
- chapter 03 **청해** 대상물의 상태 파악 문제

Part 10 ———————————————————————————— 257
- chapter 01 **문자/어휘** 필수 숙어
- chapter 02 **문법/독해** 기타 문법2
- chapter 03 **청해** 설명문을 통한 내용 파악 문제

N3

Part 11 ———————————————————————————— 285
- chapter 01 **문자/어휘** 필수 1자 한자/ 필수 명사
- chapter 02 **문법/독해** 사역형/사역수동형
- chapter 03 **청해** 과제 이해 문제1

Part 12 ———————————————————————————— 313
- chapter 01 **문자/어휘** 필수 2자 이상 한자/필수 동사
- chapter 02 **문법/독해** 경어1(존경 표현)
- chapter 03 **청해** 과제 이해 문제 2

Part 13 ———————————————————————————— 341
- chapter 01 **문자/어휘** 필수 2자 이상 한자/필수 동사
- chapter 02 **문법/독해** 경어2(겸양 표현)
- chapter 03 **청해** 포인트 이해 문제

Part 14 ----- 371
- chapter 01 **문자/어휘** 필수 동사/필수 い형용사 및 な형용사
- chapter 02 **문법/독해** 중요 접속사
- chapter 03 **청해** 개요 이해 문제

Part 15 ----- 401
- chapter 01 **문자/어휘** 필수 い형용사 및 な형용사/필수 부사
- chapter 02 **문법/독해** N3 문법패턴1
- chapter 03 **청해** 발화 표현 문제

Part 16 ----- 429
- chapter 01 **문자/어휘** 기타
- chapter 02 **문법/독해** N3 문법패턴2
- chapter 03 **청해** 즉시 응답 문제

정답과 독해해석 ----- 461

N4

뉴 일본어 능력시험

Part 01

문자/어휘 chapter 01
필수 2자 한자/필수 명사

문법/독해 chapter 02
지시 및 명령

청해 chapter 03
대상물 선택 문제

chapter 01 문자/어휘

N4 1교시

필수 2자 한자

時計 とけい 시계	毎朝 まいあさ 매일 아침	野菜 やさい 야채
食堂 しょくどう 식당	台所 だいどころ 부엌	公園 こうえん 공원
市民 しみん 시민	近所 きんじょ 근처, 이웃	音楽 おんがく 음악
質問 しつもん 질문	工業 こうぎょう 공업	自分 じぶん 자기 자신
意味 いみ 의미	火事 かじ 화재	北区 きたく 북구
切手 きって 우표	気分 きぶん 기분	見物 けんぶつ 구경
夕方 ゆうがた 저녁때	牛肉 ぎゅうにく 소고기	小鳥 ことり 작은 새
作文 さくぶん 작문	試合 しあい 시합	時代 じだい 시대, 시절(때)
注意 ちゅうい 주의	医学 いがく 의학	水道 すいどう 수도
都合 つごう 형편	出口 でぐち 출구	動物 どうぶつ 동물
荷物 にもつ 짐	売店 ばいてん 매점	母親 ははおや 엄마
広場 ひろば 광장	山道 やまみち 산길	食事 しょくじ 식사
試験 しけん 시험	言葉 ことば 말	

필수 명사

坂 さか 언덕	火 ひ 불	林 はやし 수풀
光 ひかり 빛	夢 ゆめ 꿈	踊 おどり 춤
声 こえ 목소리	話 はなし 이야기	お祝 いわい 축하 선물
練習 れんしゅう 연습	利用 りよう 이용	失礼 しつれい 실례
場所 ばしょ 장소	代 かわり 대신	法律 ほうりつ 법률
復習 ふくしゅう 복습	拝見 はいけん 삼가 봄	興味 きょうみ 흥미, 관심
輸入 ゆにゅう 수입	一家 いっか 일가	先輩 せんぱい 선배
約束 やくそく 약속	予約 よやく 예약	仕方 しかた 방법
退院 たいいん 퇴원	寝坊 ねぼう 늦잠	予報 よほう 예보
郊外 こうがい 교외	故障 こしょう 고장	失敗 しっぱい 실패
番組 ばんぐみ 프로그램	反対 はんたい 반대	病気 びょうき 병
日帰 ひがえり 당일치기	元気 げんき 기운	中止 ちゅうし 중지
複雑 ふくざつ 복잡	招待 しょうたい 초대	入学式 にゅうがくしき 입학식

もんだい 1　＿＿＿の　ことばは　どう　よみますか。1・2・3・4から
　　　　　　いちばん　いい　ものを　ひとつ　えらんで　ください。

1　けんこうの　ために　野菜を　たくさん　食べた　ほうが　いいです。
　　1　はくさい　　2　そうざい　　3　さんさい　　4　やさい

2　きのう　食堂で　しょうがっこうの　友達に　ぐうぜん　会いました。
　　1　ほんや　　2　しょくどう　　3　がっこう　　4　コンビニ

3　りょうりが　好きだから　台所を　いちばん　ひろく　したいです。
　　1　だいどころ　　2　たいどころ　　3　だいところ　　4　たいところ

4　もし　市長に　なったら　公園を　たくさん　つくりたいです。
　　1　こうえ　　2　こえん　　3　こうえい　　4　こうえん

5　市民が　あんしんできる　まちを　つくって　ほしいですね。
　　1　じみん　　2　しみん　　3　しびん　　4　じびん

6　土曜日は　こうはいと　家の　近所で　お酒を　飲みました。
　　1　きんしょう　　2　きんしょ　　3　きんじょう　　4　きんじょ

7　日本の　音楽と　アメリカの　音楽と　どちらが　好きですか。
　　1　おんがく　　2　おとがく　　3　おんらく　　4　おとらく

14

PRACTICE TEST

8 なにか 質問が あれば して ください。
    1 だちもん   2 たちもん   3 しつもん   4 しすもん

もんだい2 ＿＿＿の ことばは どう かきますか。1・2・3・4から いちばん いい ものを ひとつ えらんで ください。

1 ドイツに 行って こうぎょうに ついて 勉強したいです。
    1 工事   2 工行   3 工業   4 工美

2 いつも じぶんの ことばかり 考えて います。
    1 自分   2 自文   3 時聞   4 事分

3 友達と はなしを して きぶんが よく なりました。
    1 企分   2 気文   3 気分   4 気聞

4 すべらないように ちゅういして ください。
    1 主意   2 中意   3 忠意   4 注意

5 いがくの 勉強は むずかしそうですね。
    1 移学   2 意学   3 医学   4 居学

6 今日は ひとりで まちの あちこちを けんぶつしました。
　　1　見物　　　2　県物　　　3　見勿　　　4　見仏

7 今 きたくに 住んで います。
　　1　北苦　　　2　北区　　　3　北九　　　4　北口

8 ふうとうに きってを はっては いけません。
　　1　気手　　　2　木手　　　3　着手　　　4　切手

もんだい3　（　　）に なにを いれますか。1・2・3・4から いちばん いい ものを ひとつ えらんで ください。

1 ホテルの （　　　）が して あります。
　　1　よてい　　2　ふくしゅう　3　よしゅう　　4　よやく

2 外で 人の （　　　）が します。
　　1　なみだ　　2　こえ　　　3　うた　　　4　て

3 車が （　　　）して、こうそくどうろの まん中に います。
　　1　こしょう　2　いちだい　3　めんきょ　　4　うんてん

PRACTICE TEST

4 たまに（　　　）を　するのも　人生(じんせい)の　勉強(べんきょう)に　なります。
 1　買い物　　　2　しけん　　　3　しっぱい　　　4　せいこう

5 夕食(ゆうしょく)の　あとは　さんぽを　する（　　　）が　あります。
 1　とくぎ　　　2　きぶん　　　3　うんどう　　　4　しゅうかん

6 好きな　テレビ（　　　）は　何ですか。
 1　ねだん　　　2　ばんぐみ　　　3　いちだい　　　4　リモコン

7 子供(こども)が　こわい（　　　）を　みて　泣(な)きました。
 1　おんがく　　　2　うた　　　3　ゆめ　　　4　はなし

8 彼女(かのじょ)と　6時に　会う（　　　）を　しました。
 1　やくそく　　　2　合コン　　　3　おみあい　　　4　デート

もんだい4　＿＿＿の　ぶんと　だいたい　おなじいみの　ぶんが　あります。1・2・3・4から　いちばん　いい　ものを　ひとつえらんで　ください。

1　明日の　9時から　にゅうがくしきが　あります。

1　こうこうを　そつぎょうします。
2　たんじょうびの　パーティーを　します。
3　デートを　します。
4　だいがくに　入ります。

2　ぶちょうの　かわりに　私が　ゼミへ　行きます。

1　ぶちょうが　ゼミへ　行く　つもりです。
2　私は　ゼミへ　行きたく　ありません。
3　私が　ゼミへ　行きます。
4　ぶちょうが　ゼミへ　行きます。

3　ひがえりで　温泉に　行って　きました。

1　温泉で　さんぱく　して　帰りました。
2　温泉に　ふつかかん　泊まりました。
3　温泉に　朝　行って　いっぱく　して　帰りました。
4　温泉に　朝　行って　夜　帰りました。

PRACTICE TEST

もんだい 5　つぎの　ことばの　つかいかたで　いちばん　いい　ものを
　　　　　　1・2・3・4から　ひとつ　えらんで　ください。

1　ちゅうし

1　新しい　車が　高いから　ちゅうしを　買いました。
2　雨で　えんそくは　ちゅうしに　なりました。
3　うるさい　子供に　ちゅうしを　しました。
4　おいは　来年から　ちゅうしに　なります。

2　ふくざつ

1　手が　ふくざつだから　洗って　ください。
2　ご飯を　たくさん　食べて　おなかが　ふくざつです。
3　お酒を　飲んで　ふくざつへ　行きました。
4　なやみが　多くて　きもちが　ふくざつです。

3　しょうたい

1　パーティーに　しょうたい　されました。
2　自己しょうたいを　して　ください。
3　教室が　とても　しょうたいですね。
4　びょうきで　よていを　しょうたいしました。

chapter 02 文法/読解

01 동사의 명령형 ~해

1그룹동사 : う단 → え단

行く 가다 → 行け 가

がんばる 힘내다 → がんばれ 힘내

2그룹 동사 : る → ろ

起きる 일어나다 → 起きろ 일어나
見る 보다 → 見ろ 봐

3그룹 동사

する 하다 → しろ 해 / せよ 해
くる 오다 → こい 와

早く 帰れ。
빨리 돌아가!

勉強しろ。
공부해!

02 동사기본형+な ~하지 마

「동사기본형+な」는 강한 금지를 나타내는 표현이다.

図書館で 走るな。
도서관에서 뛰지 마.

だれにも 言うな。
아무에게도 말하지 마.

문법 필수 문형 – 지시 및 명령

03 동사 ます형+なさい ~하시오/~해라

「동사ます형+なさい」는 「~하시오/ ~해라」라는 명령표현이다.

食事の 前に 手を 洗いなさい。
식사 전에는 손을 씻어.

早く 寝なさい。
빨리 자.

04 ~ように 言(い)う ~하도록 말하다

「동사기본형+ように 言(い)う」는 「~하도록 말하다」라는 뜻으로 일종의 지시표현이다. 반대로 「동사부정형+ように 言(い)う」는 「~하지 않도록 말하다」라는 표현이다.

皆に できるだけ 早く 来るように 言って ください。
사람들에게 가능한 한 빨리 오라고 말해 주세요.

あぶないので 一人で 行かないように 言って ください。
위험하니까 혼자서 가지 말라고 말해 주세요.

05 ~ようにする ~하도록 하다

「동사기본형+ようにする」는 「~하도록 하다」라는 뜻으로 의도적인 노력에 중점을 둔 표현이다. 반대로 「동사부정형+ようにする」는 「~하지 않도록 하다」라는 표현이다.

野菜と 果物を たくさん 食べるように して います。
야채와 과일을 많이 먹으려고 하고 있습니다.

ここでは 写真を 撮らないように して ください。
여기에서는 사진을 찍지 않도록 해 주세요.

もんだい1　（　　）に 何を 入れますか。1・2・3・4から いちばん いいものを 一つ えらんで ください。

1　電車に 遅れる。（　　　　）。
　　1　急がず　　　2　急ぐな　　　3　急ぎ　　　4　急げ

2　そんな きたない 服、着る（　　　　）。
　　1　だよ　　　2　なよ　　　3　だか　　　4　ないか

3　今日は 運動を （　　　　）に して ください。
　　1　しないで　　　2　しない　　　3　しないよう　　　4　しなさそう

4　ここに 車を （　　　　）。じゃまだ。
　　1　止まるな　　　2　止めるな　　　3　止めろな　　　4　止まれな

5　早く （　　　　）。学校に 遅れるよ。
　　1　起きろ　　　2　起きず　　　3　起きるな　　　4　起きいて

6　前の 人に つづいて まっすぐ （　　　　）なさい。
　　1　歩いた　　　2　歩く　　　3　歩き　　　4　歩け

7　すみませんが、上田さんに 私の 部屋へ 来る よう（　　　　）言って ください。
　　1　と　　　2　に　　　3　を　　　4　へ

PRACTICE TEST

8 早く ここに （　　　）なさい。
　　1　くる　　　　2　き　　　　　3　く　　　　　4　こ

9 彼が 何と 話したか （　　　）。
　　1　話せ　　　　2　話し　　　　3　話そ　　　　4　話しる

10 歯を みがいてから （　　　）なさい。
　　1　寝　　　　　2　寝る　　　　3　寝れ　　　　4　寝ろ

11 かならず 電話する（　　　）に 言って ください。
　　1　こと　　　　2　はず　　　　3　そう　　　　4　よう

12 この 部屋には （　　　）ように して ください。
　　1　入ら　　　　2　入って　　　3　入らない　　4　入るな

13 これから どう するのか ゆっくり （　　　）。
　　1　考えみたい　2　考えようだ　3　考えなさい　4　考えところだ

14 水を たくさん （　　　）ように して いるんです。
　　1　飲んで　　　2　飲む　　　　3　飲み　　　　4　飲め

15 田中さんに あまり お酒を 飲まない（　　　） 言って ください。
　　1　ような　　　2　ようで　　　3　ようだ　　　4　ように

23

もんだい 2 ＿＿＿★＿＿＿に 入(はい)る ものは どれですか。1・2・3・4から いちばん いい ものを 一(ひと)つ えらんで ください。

1 子供(こども)たちに ＿＿＿＿ ＿＿＿＿ ＿★＿＿ ＿＿＿＿ いつも 言っています。

　　1　ように　　　2　大切(たいせつ)に　　　3　ものを　　　4　する

2 次(つぎ) ＿＿＿＿ ＿＿＿＿ ＿＿＿＿ ＿★＿＿。

　　1　遅(おく)れる　　　2　会議(かいぎ)には　　　3　な　　　4　の

3 夜は ＿★＿＿ ＿＿＿＿ ＿＿＿＿ ＿＿＿＿います。

　　1　して　　　　　　　　　　　2　甘(あま)いもの
　　3　食べないように　　　　　　4　を

4 ＿＿＿＿ ＿★＿＿ ＿＿＿＿ ＿＿＿＿なさい。

　　1　家に　　　2　連絡(れんらく)　　　3　し　　　4　ついたら

5 ＿＿＿＿ ＿＿＿＿ ＿★＿＿ ＿＿＿＿ います。

　　1　寝るように　　　2　して　　　3　7時間は　　　4　毎日(まいにち)

PRACTICE TEST

もんだい 3　1から 5に 何を 入れますか。1・2・3・4から いちばん いい ものを 一つ えらんで ください。

(1)

明日の 試験について 先生が 説明した。先生は 「8時前には 教室に [1]。 答えは [2] ペンで 書きなさい。じしょを 使っても いいけど、教科書や ノートを 見ては [3]」と 言った。

[1]　1　入りなさい　　2　入りたい　　3　入ろ　　4　入れなさい

[2]　1　あまり　　2　たくさん　　3　とても　　4　かならず

[3]　1　しなさい　　2　いい　　3　いけない　　4　かまわない

(2)

工場見学の おしらせ

明日は 11時から 自動車工場の 見学です。学校の 正門に 10時 [4] 集まって ください。皆さん、一人が 遅れると 皆が 困ります。絶対に [5]。

4　　1　までで　　　2　までと　　　3　までに　　　4　まで

5　　1　遅れなさい
　　2　遅れないように　して　ください
　　3　遅れて　ください
　　4　遅れるように　して　ください

PRACTICE TEST

もんだい 4 つぎの文章を読んで、質問に答えてください。答えは1・2・3・4から、いちばんいいものを一つえらんでください。

まず1階のうけつけで保険証を出してください。うけつけで部屋の番号を書いた紙を渡しますから、その番号の部屋の前でしばらく待ってください。名前を呼ばれたら診察室へ入ってください。診察が終わったらうけつけへまた戻ってください。検査のある方ももう一度うけつけへ戻ってから検査をうけます。

1 病院へ行くとき、必ずもって行かなければならない物は何ですか。
1 検査
2 番号
3 紙
4 保険証

2 診察をうける時の正しい順番はどれですか。
1 うけつけ → 診察室 → 番号の部屋 → うけつけ
2 うけつけ → 番号の部屋 → 診察室 → うけつけ
3 うけつけ → 番号の部屋 → 診察室 → 検査
4 うけつけ → 診察室 → 検査 → うけつけ

もんだい5 つぎの文章を読んで、質問に答えてください。答えは1・2・3・4から、いちばんいいものを一つえらんでください。

山の旅行

明日車でみどり山へ行く。みどり山は私の田舎にある。家から山まで普通は3時間ぐらいかかる。でも、明日は土曜日で道が込むから、少し早く家を出た方がいいだろう。11時までには山に着きたい。着いたら、すぐ昼ごはんを食べるつもりだ。

みどり山には美しい湖があって、たくさんの人が遊びに来る。天気がよければ、泳いだり、魚を釣ったりすることができる。船にも乗れる。私は魚が釣りたい。でも、天気があまりよくなかったら、釣りはやめて、山で珍しい花や鳥を見ようと思う。

湖のそばに人形の美術館がある。日本だけではなく、世界中の人形が飾ってあるらしい。時間があったら、見てみたい。

帰りに田舎の家に寄って、両親と一緒に晩ごはんを食べるつもりだ。母の料理はひさしぶりなので、とても楽しみだ。

[1] 明日この人はどうして早く出かけますか。

1　土曜日で車が多いから。
2　美しい湖があるから。
3　珍しい花や鳥がいるから。
4　あまり天気がよくないから。

PRACTICE TEST

2 この人は明日、天気がよくなかったら、何をしますか。
1 珍しい花や鳥を見ます。
2 珍しい湖で泳ぎます。
3 珍しい船に乗ります。
4 珍しい魚を釣ります。

3 この人は何が「楽しみ」ですか。
1 湖へ行くこと
2 昼ごはん
3 母の手料理
4 魚釣り

4 この人は美術館に行きますか。
1 行かないつもりです。
2 行くかもしれません。
3 行きません。
4 行きたくないです。

PRACTICE TEST

もんだい 6　病院の診察の受付時間を見ながら質問に答えてください。答えは 1・2・3・4 から、いちばんいいものを一つえらんでください。

1 月曜日の午前中に検査をうけたいです。何時までに行けば受付ができますか。

1　午前 8 時 30 分
2　午前 9 時
3　午前 10 時
4　午前 11 時

2 私は月曜から金曜まで仕事が忙しくて、休みの日しか行けません。この人はいつ行けば診察が受けられますか。

1　土曜日午前 10 時
2　土曜日午前 10 時 30 分
3　土曜日午後 10 時
4　土曜日午後 2 時 30 分

診察の受付時間

平日	午前診	午前 8 時 30 分から午前 11 時	（診察は午前 9 時から）
	午後診	午前 11 時から午後 2 時 30 分	（診察は午後 1 時から）
土曜日	午前診	午前 8 時 30 分から午前 10 時	（診察は午前 9 時から）
＊休診日は、原則として年末年始（12/29～1/3）、日祭日及び第 2、第 4 土曜日と 4/13（大学創立記念日）です。			

chapter 03 청해

N4 3교시

대상물 선택 문제

설명이나 대화를 듣고 대상물을 선택하는 문제이다. 생활소품이나 의복을 선택하는 문제가 나올 수 있다. 보통 대화 중간에 처음 선택한 대상물에 대해 변경해야하는 이유나 원인이 나오면서 다른 것을 선택하는 경우가 많으므로 끝까지 주의해서 듣도록 하자.

대화를 잘 듣고 맞는 답을 하나 고르시오.

1 ばん

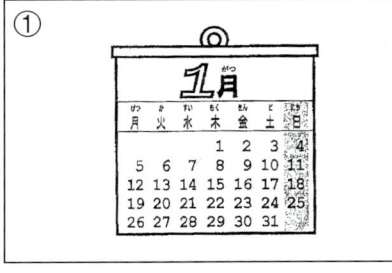 

2 ばん

PRACTICE TEST

3 ばん

4 ばん

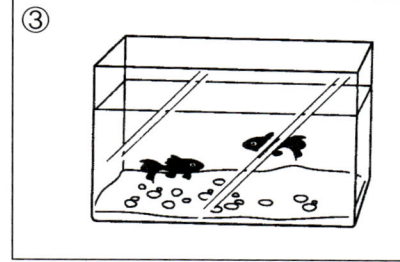 

스크립트

문제 1

質問　男(おとこ)の人(ひと)と女(おんな)の人(ひと)が話(はな)しています。女の人はどのカレンダーを買(か)うと言(い)っていますか。

男：このカレンダーいいんじゃない。絵(え)もきれいだし。
女：私、絵(え)がなくて字(じ)が大(おお)きいほうが。
男：そっか。じゃ、これは？
女：でも、一週間(いっしゅうかん)が日曜日(にちようび)から始(はじ)まってるよ。
男：だめなの？
女：うん。今(いま)持(も)ってる小(ちい)さいのが月曜日(げつようび)からだから同(おな)じほうがいいの。
男：そっか。じゃ、これにしたら。
女：そうね。これにするわ。

질문　남자와 여자가 이야기를 하고 있습니다. 여자는 어느 달력을 산다고 말하고 있습니까?

남 : 이 달력 괜찮지 않아? 그림도 예쁘고.
여 : 난 그림이 없고 글자가 큰 쪽이.
남 : 그래? 그럼 이것은?
여 : 그런데 요일시작이 일요일부터네.
남 : 안 돼?
여 : 응. 지금 가지고 있는 작은 달력이 월요일부터라서 같은 게 좋아.
남 : 그래? 그럼 이걸로 하는 게 어때?
여 : 그러네. 이걸로 할게.

중요표현

1. ～たらどうですか는 ～하면 어때요?라는 어드바이스 표현이다. 막역한 사이에게 가볍게 사용할 때는 ～たら만 써도 된다. これにしたらどうですか(이걸로 하면 어때요?) → これにしたら(이걸로 하면 어때?)
2. Aにする는 A로 하다 즉 A로 결정하다는 뜻이다. これにする(이것으로 하다), ビールにします(맥주로 할게요)

문제 2

質問　弟(おとうと)と姉(あね)が電話(でんわ)で話(はな)しています。弟は、明日(あした)どんな格好(かっこう)で行きますか。

男：明日から３日間(みっかかん)、仕事(しごと)でそっちに行(い)くんだけど、寒(さむ)い？
女：そうねえ。朝晩(あさばん)はだいぶ冷(ひ)えるわね。私、最近(さいきん)は毎日(まいにち)セーターよ。
男：じゃあ、コート着(き)て行ったほうがいいかな。会社(かいしゃ)の中(なか)はシャツ一枚(いちまい)でも大丈夫(だいじょうぶ)なんだけど。
女：うーん、まあ、あまり外(そと)を歩(ある)かないんだったら、背広(せびろ)だけでもいいと思(おも)うわ。
男：そうか。でも、一応(いちおう)スーツケースにコート入(い)れて行くことにしょうかな。
女：そうね。それがいいわね。

질문　남동생과 누나가 전화로 이야기를 하고 있습니다. 남동생은 내일 어떤 복장으로 갑니까?

남 : 내일부터 3일간 일 때문에 그 쪽으로 가는데 추워?
여 : 글쎄. 아침저녁은 꽤 쌀쌀해. 나 요즘 매일 스웨터야.
남 : 그럼. 코트를 입고 가는 편이 좋을까? 회사 안은 셔츠 한 장으로도 괜찮은데.
여 : 음.. 그럼 별로 바깥에 다니지 않을 거라면 양복만으로도 괜찮을 것 같아.
남 : 그래? 그렇지만 일단 수트케이스에 넣어 가는 것으로 할까.
여 : 그래. 그게 좋겠다.

중요표현

1. **동사た형+ほうがいい** ～하는 편이 좋다. **コート着(き)て行ったほうがいい**(코트를 입고 가는 편이 좋다)
2. **でも**는 **だけ**(만, 뿐)와 함께 사용해 희망의 최소한을 나타낸다. …이라도. **背広(せびろ)だけでもいい**(양복만이라도 괜찮다)
3. **동사+ことにする**는 ～하기로 하다(결정) **行くことにする**(가기로 하다). **アルバイトをやめることにしました**(아르바이트를 그만두기로 했습니다)

스크립트

문제 3

質問 女(おんな)の子(こ)と男(おとこ)の子(こ)が話(はな)しています。プレゼントは何になりましたか。

女：お父(とう)さんのプレゼント、何にする？ワイシャツか、靴下(くつした)か。
男：そうだなあ。靴下よりはネクタイのほうがいいと思(おも)うんだけど。
女：そう？でも、私たちお金(かね)あまりないでしょ。安(やす)くてよくないネクタイより高(たか)い靴下のほうがいいと思わない？
男：そうだね、そうしよう。

질문 여자아이와 남자아이가 이야기를 하고 있습니다. 선물은 무엇으로 결정되었습니까?

여 : 아버지 선물, 무엇으로 할래? 와이셔츠나 양말.
남 : 글쎄. 양말보다 넥타이 쪽이 좋은 것 같은데.
여 : 그래? 그렇지만 우리 돈 별로 없잖아. 싸고 좋지 않은 넥타이 보다 비싼 양말 쪽이 좋다고 생각하지 않니?
남 : 그러네. 그렇게 하자.

중요표현

1. 조사 か는 양자택일의 뜻을 나타낸다. **ペンか鉛筆(えんぴつ)で書(か)いてください**(펜이나 연필로 써주세요)
2. AよりB A보다 B. **靴下よりネクタイがいい**(양말보다 넥타이가 좋다), **一人(ひとり)で行くより二人(ふたり)で行ったほうがいい**(혼자서 가기보다 둘이서 가는 편이 좋다)

문제 4

質問 男(おとこ)の人(ひと)と店(みせ)の人(ひと)が話(はな)しています。男の人はどれにすると言(い)っていますか。

男：あの、友達(ともだち)が結婚(けっこん)するのでプレゼントを探(さが)しているんですけど。
女：では、こちらはいかがでしょうか。
男：割(わ)れたり壊(こわ)れたりしにくいものがいいんです。
女：では、こちらはいかがでしょうか。この葉(は)が部屋(へや)をきれいにするそうです。
男：緑(みどり)が部屋にあるのはいいですね。じゃ、これにします。

질문 남자와 가게 점원이 이야기를 하고 있습니다. 남자는 어느 것으로 한다고 말하고 있습니까?

남 : 저기, 친구가 결혼을 해서 선물을 찾고 있는데요.
여 : 그러면, 이것은 어떠세요?
남 : 깨지거나 고장이 잘 안 나는 물건이 좋습니다.
여 : 그럼, 이쪽은 어떨까요? 이 잎이 방의 공기를 깨끗하게 해준다고 합니다.
남 : 식물이 방에 있는 것은 좋네요. 그럼 이걸로 하겠습니다.

중요표현

1. 동사ます형+にくい는 ~하기 불편하다(힘들다) 라는 뜻이다. **読(よ)みにくい**(읽기 힘들다), **使(つか)いにくい**(사용하기 어렵다)
2. 동사기본형+そうだ는 보통 「전문의そうだ」 라고 하며 남에게 들은 이야기를 전달하는 표현방식이다. 「~라고 한다」고 해석된다.

N4

뉴 일본어 능력시험

Part 02

문자/어휘 chapter 01
필수 2자 한자/ 필수 동사

문법/독해 chapter 02
주고받는 표현

청해 chapter 03
주고받는(やりもらい)표현

chapter 01 文字/어휘

N4 1교시

필수 2자 한자

正月 しょうがつ 정월	兄弟 きょうだい 형제	今朝 けさ 오늘 아침
季節 きせつ 계절	警官 けいかん 경찰관	質問 しつもん 질문
出席 しゅっせき 출석	特急 とっきゅう 특급	文学 ぶんがく 문학
技術 ぎじゅつ 기술	競争 きょうそう 경쟁	屋上 おくじょう 옥상
招待 しょうたい 초대	貿易 ぼうえき 무역	予習 よしゅう 예습
運動 うんどう 운동	部長 ぶちょう 부장	課長 かちょう 과장
台所 だいどころ 부엌	用事 ようじ 용무, 일	生産 せいさん 생산
教育 きょういく 교육	趣味 しゅみ 취미	場合 ばあい 경우
道具 どうぐ 도구	電灯 でんとう 전등	将来 しょうらい 장래
眼鏡 めがね 안경	洋服 ようふく 옷, 양복	出発 しゅっぱつ 출발
研究 けんきゅう 연구	予定 よてい 예정	計画 けいかく 계획
返事 へんじ 대답	紅茶 こうちゃ 홍차	病気 びょうき 병
品物 しなもの 물건	紹介 しょうかい 소개	

필수 동사

送おくる 보내다	習ならう 배우다	かかる 걸리다
教おしえる 가르치다	拾ひろう (지갑을)줍다	植うえる 심다
相談そうだんする 상담하다	うける (시험을)치르다	参まいる 오다, 가다
謝あやまる 사과하다	祈いのる 기도하다	下くださる 주시다
割われる 깨지다	乗のり換かえる 갈아타다	慣なれる 습관이 되다
故障こしょうする 고장 나다	失敗しっぱいする 실패하다	いじめる 따돌리다
沸わく (물) 끓다	沸わかす (물을)끓이다	勉強べんきょうする 공부하다
残のこる 남다	暮くれる (해가) 저물다	拝見はいけんする 보다, 읽다
汚よごれる 더러워지다	通とおる 지나가다	開ひらく 열리다
行いく 가다	借かりる 빌리다	退院たいいんする 퇴원하다
空すく 비다	片付かたづける 정리하다	いただく 받다, 먹다, 마시다
喜よろこぶ 기뻐하다	閉しめる 닫다	さしあげる 드리다
競争きょうそうする 경쟁하다		

もんだい1 　＿＿＿の　ことばは　どう　よみますか。1・2・3・4から
　　　　　　いちばん　いい　ものを　ひとつ　えらんで　ください。

1　日本では　お正月に　「ぞうに」を　食べます。
　　1　しょうげつ　　2　しょうがつ　　3　せいげつ　　4　せいがつ

2　あなたは　何人　兄弟ですか。
　　1　きょうだい　　2　しまい　　3　ふうふ　　4　おやこ

3　ニュースによると　今朝、渋谷で　火事が　あった　そうです。
　　1　まいばん　　2　こんばん　　3　まいあさ　　4　けさ

4　春、夏、秋、冬の　中で、どの　季節が　好きですか。
　　1　ぎせつ　　2　ぎぜつ　　3　きせつ　　4　きぜつ

5　急いで　警官を　呼びました。
　　1　けいえい　　2　けいび　　3　けいさつ　　4　けいかん

6　コンピューターの　技術が　どんどん　発達して　いきます。
　　1　きしゅつ　　2　ぎしゅつ　　3　きじゅつ　　4　ぎじゅつ

7　古典文学は　あまり　好きじゃ　ありません。
　　1　ぶんがく　　2　ぶんかく　　3　もんがく　　4　もんかく

PRACTICE TEST

8 特急に 乗った 方が はやいです。
 1 ときゅう　　2 どきゅう　　3 とっきゅう　　4 どっきょう

もんだい2　＿＿＿の ことばは どう かきますか。1・2・3・4から いちばん いい ものを ひとつ えらんで ください。

1 ちょっと ようじが あって 銀行へ 行って きます。
 1 易事　　2 容事　　3 要事　　4 用事

2 部長の かわりに しゅっせきする よていです。
 1 出石　　2 出席　　3 出咳　　4 出関

3 めがねを はずしたら 字が 全然 見えません。
 1 眼意　　2 良鏡　　3 眼鏡　　4 目鏡

4 友達の 誕生日パーティーに しょうたいされました。
 1 昭待　　2 小待　　3 招待　　4 招持

5 おじは ぼうえき会社を けいえいして います。
 1 貿易　　2 貿駅　　3 貝易　　4 買易

[6] 授業の 前に ちゃんと よしゅうを して ください。
　　1　世週　　　　2　予習　　　　3　子習　　　　4　余習

[7] 毎日、うんどうを したら 体重が 減りました。
　　1　軍動　　　　2　車動　　　　3　里動　　　　4　運動

[8] かちょうの 奥さんは とても 美人です。
　　1　課長　　　　2　果長　　　　3　科長　　　　4　下長

もんだい3　（　　）に なにを いれますか。1・2・3・4から いちばん いい ものを ひとつ えらんで ください。

[1] 赤い 色の シャツを （　　　） ください。
　　1　おくって　　2　のんで　　　3　たべて　　　4　はなして

[2] 私たちは 木村先生に 日本語を （　　　） います。
　　1　よんで　　　2　かいて　　　3　おしえて　　4　ならって

[3] 駅から 学校まで バスで 20分ぐらい （　　　）。
　　1　すわれます　2　できます　　3　こられます　4　かかります

PRACTICE TEST

4 すみませんが、スーパーへ 行く 道を （　　　　） ください。
　　1　かけて　　　2　おしえて　　　3　まって　　　4　たって

5 道で 財布を （　　　　）ので、こうばんに とどけました。
　　1　はなした　　2　ねた　　　　3　かった　　　4　ひろった

6 お湯が （　　　　）ので お茶に しましょうか。
　　1　やけた　　　2　わいた　　　3　あいた　　　4　ひやした

7 誰でも 試験を （　　　　）のは 好きじゃ ありません。
　　1　みる　　　　2　ひろう　　　3　うかる　　　4　うける

8 いやな ことは はやく （　　　　）。
　　1　なくそう　　2　すてよう　　3　わすれよう　4　かんがえよう

もんだい 4 　_____の ぶんと だいたい おなじいみの ぶんが あります。1・2・3・4から いちばん いい ものを ひとつ えらんで ください。

1　りんごは ひとつも 残って いません。

　1　りんごが たくさん おいて あります。
　2　りんごが 少し あります。
　3　りんごを 全部 食べて しまいました。
　4　りんごが 一つだけ あります。

2　もうすぐ 夜に なります。

　1　もうすぐ 日が のぼります。
　2　もうすぐ 日が くれます。
　3　もうすぐ 日が 赤く なります。
　4　もうすぐ 日が 出ます。

3　手が よごれて います。

　1　手が 汚いです。
　2　手が きれいです。
　3　手が 大きいです。
　4　手が 冷たいです。

PRACTICE TEST

もんだい 5　つぎの　ことばの　つかいかたで　いちばん　いい　ものを　1・2・3・4から　ひとつ　えらんで　ください。

1 とおる
1　春が　とおると　夏に　なります。
2　毎日　英語の　じゅくに　とおって　います。
3　けがを　したので　まだ　外には　とおらないで　ください。
4　この　道は　車が　たくさん　とおります。

2 ひらく
1　台風で　玄関の　ドアが　ひらきました。
2　暑いから　クーラを　ひらいて　ください。
3　暗いので　電気を　ひらきましょう。
4　髪を　切る　ために　美容院へ　ひらく　つもりです。

3 わかす
1　ラーメンを　作る　ために　お湯を　わかしました。
2　寒いので　ストーブを　わかして　ください。
3　魚は　よく　わかして　食べた　ほうが　いいですよ。
4　疲れて　いるから　すこし　わかしたら　どうですか。

chapter 02 문법/독해

N4 2교시

01 수수표현

주체	누가 주는가 나→제3자 제3자→제3자	누가 주는가 제3자→나	누가 받는가 나→제3자 제3자→ 나 제3자→제3자
손윗사람	さしあげる 드리다 てさしあげる 해 드리다	くださる 주시다 てくださる 해 주시다	いただく 받다 ていただく 해 받다/상대방~해 주시다
동등한 관계	あげる 주다 てあげる 해 주다	くれる 주다 てくれる 해 주다	もらう 받다 てもらう 해 받다/상대방~해 주다
손아랫사람 동식물	やる 주다 てやる 해 주다	くれる 주다 てくれる 해 주다	もらう 받다 てもらう 해 받다/상대방~해 주다

02 やる /くれる /あげる /もらう 주다/ 받다

猫(ねこ)に えさを やりました。 고양이에게 먹이를 주었습니다.
山田(やまだ)さんが 私に 花(はな)を くれました。 야마다씨가 나에게 꽃을 주었습니다.
私は 山田さんに 花を もらいました。 나는 야마다씨에게 꽃을 받았습니다.
私は 山田さんに 本(ほん)を あげました。 나는 야마다씨에게 책을 주었습니다.
山田さんは 私に 本を もらいました。 야마다씨는 나에게 책을 받았습니다.

타인이 나의 가족에게 무언가를 준다고 할 때, 나의 가족은 나와 동일화 시켜 くれる를 사용한다.

山田(やまだ)さんは 母(はは)に ネックレスを くれました。
야마다씨는 엄마에게 목걸이를 주었습니다.

03 ~てやる/~てくれる/~てあげる/~てもらう ~해 주다/ ~해 받다

~てもらう는 직역하면 상대방에게 '~해 받다'이지만 상대방이 '~해 주다'로 해석하면 된다.

문법 필수 문형 – 주고받는 표현

妹に ノートを 買って やりました。
여동생에게 노트를 사 주었습니다.

山田さんが 料理を 作って くれました。
야마다씨가 요리를 만들어 주었습니다.

山田さんに 料理を 作って もらいました。
야마다씨가 요리를 만들어 주었습니다.

私は 山田さんに 道を 教えて あげました。
나는 야마다씨에게 길을 가르쳐 주었습니다.

山田さんは 私に 道を 教えて もらいました。
나는 야마다씨에게 길을 가르쳐 주었습니다.

04 くださる/ さしあげる /いただく 주시다/드리다/받다

先生が 日本語の 辞書を くださいました。
선생님이 일본어 사전을 주셨습니다.

私は 先生に 日本語の 辞書を いただきました。
나는 선생님에게 일본어 사전을 받았습니다.

私は 先生に きれいな スカーフを さしあげました。
나는 선생님에게 예쁜 스카프를 드렸습니다.

05 ~てくださる/~てさしあげる/~ていただく ~해 주시다/~해 드리다/~해 받다

~ていただく는 직역하면 손윗사람에게 '~해 받다'이지만 상대방이 '~해 주시다'로 해석하면 된다.

先生が 地図を 描いて くださいました。
선생님이 지도를 그려 주셨습니다.

私は 先生に 地図を 描いて いただきました。
선생님이 지도를 그려 주셨습니다.

私は 先生に 写真を 撮って さしあげました。
나는 선생님에게 사진을 찍어 드렸습니다.

もんだい1　（　　）に　何を　入れますか。1・2・3・4から　いちばん　いい　ものを　一つ　えらんで　ください。

1　「ペン　持ってる」「うん、持ってるよ。貸して（　　　　）」
　　1　もらうよ　　　2　あげるよ　　　3　くれるね　　　4　くださいね

2　友達（　　　　）掃除を　手伝って　くれた。
　　1　を　　　　　2　に　　　　　3　が　　　　　4　で

3　私は　先生に　作文を　（　　　　）。
　　1　直しに　なりました　　　　2　直しました
　　3　直して　いただきました　　4　直して　いらっしゃいました

4　山田「それ、林さんの　万年筆ですか。いい　万年筆ですね」
　　林「ええ。兄が　私に　（　　　　）んです」
　　1　いただいた　　2　もらった　　3　あげた　　4　くれた

5　辞書を　わすれたので、友達（　　　　）貸して　もらった。
　　1　に　　　　　2　へ　　　　　3　を　　　　　4　か

6　私が　弟の　シャツを　洗って　（　　　　）。
　　1　やった　　2　くれた　　3　くださった　　4　いただいた

PRACTICE TEST

7　中村「山川さん、にもつが　重くて　大変でしたね」
　　山川「ええ。でも、友達に　空港まで　車で　送って　（　　　　）」
　　1　いただいたんです　　　　2　くれたんです
　　3　もらったんです　　　　　4　あげたんです

8　私は、ヤンさん（　　　）銀行へ　行く　道の　地図を　教えて　あげた。
　　1　は　　　　2　を　　　　3　で　　　　4　に

9　私は、野村さん（　　　）教えて　くれた　歌を　歌いました。
　　1　を　　　　2　が　　　　3　で　　　　4　に

10　中村さんが　母に　本を　（　　　　）。
　　1　あげました　　　　　　2　さいあげました
　　3　くれました　　　　　　4　やりました

11　これは　父の　友達から　（　　　　）時計です。
　　1　くださった　　2　くれた　　3　あげた　　4　いただいた

12　A「あ、これ　おいしそうだね。食べても　いいの」
　　B「だめよ。おきゃくさまに　（　　　　）ものだから」
　　1　くださる　　2　さしあげる　　3　いただく　　4　めしあがる

13　山川先生が　私に　藤本さんを　紹介して　（　　　　）。
　　1　やりました　　　　　　2　さしあげました
　　3　もらいました　　　　　4　くださいました

14　私は　田中さん（　　　）　果物を　もらいました。
　　1　が　　　　2　と　　　　3　から　　　　4　を

15　母は　一人で　いっしょうけんめい　私たちを　そだてて　（　　　　）。
　　1　くれた　　2　あげた　　3　やった　　4　もらった

もんだい2　＿＿★＿＿に　入る　ものは　どれですか。1・2・3・4から　いちばん　いい　ものを　一つ　えらんで　ください。

1　この　ネックレスは　＿＿＿＿　＿＿＿＿　＿★＿＿　＿＿＿＿んです。
　　1　くれた　　2　誕生日に　　3　買って　　4　父が

2　どこに　あるか　＿＿＿＿、　＿＿＿＿　＿★＿＿　もらいました。
　　1　友達に　　2　連れて　　3　行って　　4　わからないので

3　母は　まいあさ　＿＿＿＿　＿★＿＿　＿＿＿＿　＿＿＿＿　やります。
　　1　庭　　2　の　　3　水を　　4　花に

4　先生＿＿＿＿　＿＿＿＿　＿＿＿＿　＿★＿＿。
　　1　いただきました　　　　2　写真を
　　3　に　　　　　　　　　　4　撮って

PRACTICE TEST

5 木村さん＿＿★＿＿ ＿＿＿＿ ＿＿＿＿ ＿＿＿＿ あげた。

1 に   2 田中さん

3 プレゼントを   4 が

もんだい 3　1から 5に 何を 入れますか。1・2・3・4から いちばん いい ものを 一つ えらんで ください。

(1)

木村さんへ

先週、文学の レポートの 書き方を 教えて 1 、ありがとう ございました。とても よく わかりました。わからなかったら、また 2 行っても いいですか。

　　　　　　　　　　　　　　　　　　　　　　　　　　　　　　ポールより

1　1 あげて　　2 やって　　3 さしあげて　　4 くれて

2　1 聞く　　2 聞きに　　3 聞くから　　4 聞いて

(2)

昨日は　お母さんの　誕生日でした。　私は、自分で　 3 　赤い　マフラーを　お母さんに　あげました。　お姉さんは　きれいな　ブローチを　 4 　あげました。お母さんは　それを　 5 　、　とても　よろこびました。

3 　1　あみ　　　2　あむ　　　3　あんで　　　4　あんだ

4 　1　作って　　2　作る　　　3　作った　　　4　作り

5 　1　いただいて　2　くれて　　3　もらって　　4　あげて

PRACTICE TEST

もんだい 4　　つぎの文章を読んで、質問に答えてください。答えは 1・2・3・4 から、いちばんいいものを一つえらんでください。

日記

今朝久しぶりに山田さんに会った。山田さんはしばらくハワイに行ってきたそうだ。楽かったのでもう一度行きたいと言っていた。①そのためには一生けんめいアルバイトをしてお金を貯めなければならないそうだ。
私も旅行には行ってみたいが、②そんな大変なことはできそうもない。自分でも考え方があまいと思った。

1　「①そのため」とは何のためですか。
　1　旅行するため
　2　ハワイへ留学するため
　3　お金を貯めるため
　4　アルバイトをするため

2　「②そんな大変なこと」とはどんなことですか。
　1　友達と二人で旅行をすること
　2　ハワイへ行くこと
　3　朝7時に起きること
　4　バイトをしながらお金を貯めること

もんだい5 つぎの文章を読んで、質問に答えてください。答えは1・2・3・4から、いちばんいいものを一つえらんでください。

私は夏休みに日本人の友達と一緒に友達の田舎へ行きました。行く時は電車で行ったので、12時間もかかりました。

友達の家族はみんな親切でした。お父さんは車で、きれいな湖に連れて行ってくれました。湖には、魚を釣っている人や船に乗っている人がいました。でも、泳いでいる人はいませんでした。友達が船に乗ろうと言ったので、船に乗りましたが、落ちそうになって、ちょっと怖かったです。

お母さんが作ってくれた日本の料理はとても美味しかったです。お母さんに「日本の料理は色もお皿もとてもきれいですね。私はお皿が買いたいです」と言ったら、お母さんがお店に連れて行ってくれました。そこで、白くて丸いお皿を3枚買いました。そのお店では、自分でもお皿やお茶碗が作れると聞いたので、私もひとつ作りました。お皿を作るのは難しそうだったので、小さいお茶碗を作りました。

帰りは一人で飛行機に乗って帰ってきました。夏休みに友達の田舎に行くことができて、本当によかったです。

PRACTICE TEST

1　夏休みに何をしましたか。
　　1　友達を連れて国へ帰りました。
　　2　友達と一緒に飛行機で旅行しました。
　　3　友達の田舎で日本の料理を作りました。
　　4　友達の田舎へ電車に乗って遊びに行きました。

2　湖では何をしましたか。
　　1　泳いだり、船に乗ったりしました。
　　2　船に乗りましたが、泳ぎませんでした。
　　3　船に乗りましたが、落ちてしまいました。
　　4　魚を釣ったり、船に乗ったりしました。

3　お店では何をしましたか。
　　1　小さくて丸いお皿を作りました。
　　2　小さいお茶碗を3つ作りました。
　　3　白くて丸いお茶碗を買いました。
　　4　白くて丸いお皿を3枚買いました。

4　どうして「小さいお茶碗」を作りましたか。
　　1　お茶碗がほしかったので。
　　2　大きいお茶碗は好きじゃないので。
　　3　お皿を作るのは難しいので。
　　4　お母さんが店に連れて行ってくれたので。

PRACTICE TEST

もんだい 6 アルバイトの広告を見ながら質問に答えてください。答えは1・2・3・4から、いちばんいいものを一つえらんでください。

1 私は本がとても好きだから、仕事しながら本が読めるところでアルバイトがしたいです。時給は一番安いですが、頑張ってみます。この人はどこを選びましたか。

1　A
2　B
3　C
4　D

2 仕事は一番大変そうだけど、生活費を稼がないといけないから、時給が一番高いところにします。この人が選んだところの時給はいくらですか。

1　時給850円
2　時給870円
3　時給960円
4　時給1000円

留学生アルバイトの時給

A	B
1．職種 ／ コンビニスタッフ 2．時給 ／ 960円	1．職種 ／ 書籍販売スタッフ 2．時給 ／ 850円

C	D
1．職種 ／ 惣菜屋スタッフ 2．時給 ／ 870円	1．職種 ／ ホールスタッフ 2．時給 ／ 1000円

chapter 03 청해

주고받는(やりもらい)표현

무언가를 주고받을 때 쓰는 표현이 청해 문제에서도 나올 수 있다. 일본어에서는 주체에 따라 「주다」라는 동사가 다르게 사용되므로 주의하자.(Part 02 문법참조)

대화를 잘 듣고 맞는 답을 하나 고르시오.

1 ばん

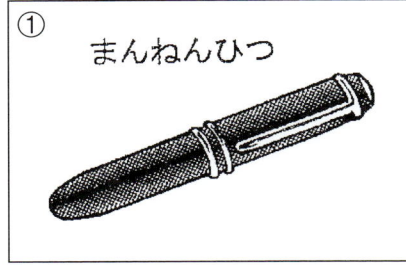

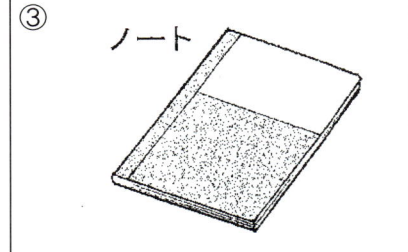
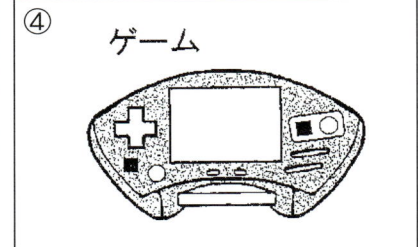

2 ばん

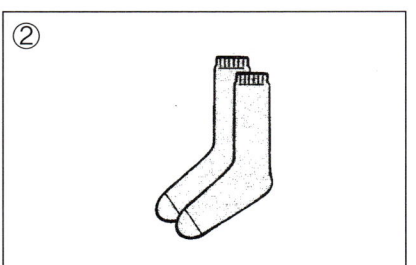
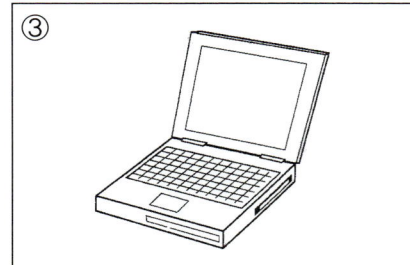
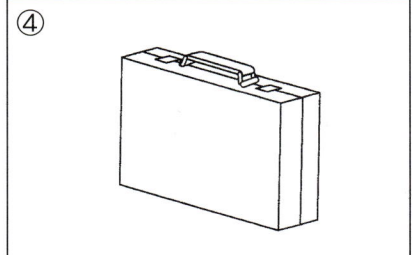

PRACTICE TEST

3 ばん

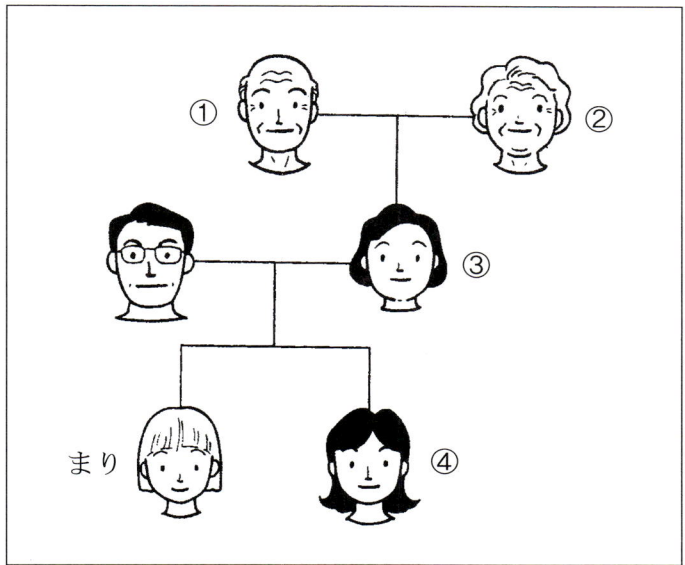

4 ばん

① この女の人です
② この女の人のお母さんです
③ この女の人の叔母さんです
④ この女の人のあばあさんです

스크립트

문제 1

質問　女(おんな)の人(ひと)と男(おとこ)の子(こ)が話(はな)しています。男の子は何をもらいましたか。

女：ケンちゃん、誕生日(たんじょうび)、おめでとう！はい、これプレゼント。
男：わあー。ありがとう。
女：私も持(も)っているけど、それ、すごく書(か)きやすいよ。
男：去年(きょねん)はノートだったし、勉強(べんきょう)しろってことだね。
女：来年(らいねん)は辞書(じしょ)あげるね。
男：うーん、できたらゲームのほうが…。

질문　여자와 남자아이가 이야기를 하고 있습니다. 남자아이는 무엇을 받았습니까?

여 : 켄짱. 생일 축하해. 자, 이거 선물.
남 : 와아, 고맙습니다.
여 : 나도 가지고 있는데, 그거 아주 쓰기 편해.
남 : 작년에는 노트였었고, 공부하라는 거네.
여 : 내년에는 사전 줄게.
남 : 음..가능하면 게임 쪽이….

> **중요표현**
> 1. 동사 **ます형+やすい** ~하기 쉽다(편리하다) **書(か)きやすい**(쓰기 편리하다), **見(み)やすい**(보기 편하다)
> 2. **しろ**는 **する**의 명령형이다. 1그룹동사는 う단→え단 **行(い)く**(가다) → **行け**(가!), 2그룹동사는 る → ろ **起(お)きる**(일어나다) → **起きろ**(일어나!), 3그룹동사는 **する**(하다) → **しろ**(해!), **くる**(오다) → **こい**(와!)로 고친다.
> 3. **~たら**는 가정 조건으로 ~하면이라는 뜻이다. **できたら**(가능하면)

문제 2

質問　女(おんな)の人(ひと)と男(おとこ)の人(ひと)が話(はな)しています。男の人は誕生日(たんじょうび)に、奥(おく)さんから何をもらいましたか。

女：わあ、すてきなネクタイですね。
男：うん、昨日(きのう)誕生日(たんじょうび)でね、娘(むすめ)がくれたんだ。靴下(くつした)と一緒(いっしょ)にね。
女：あっ、そうなの。奥(おく)さんからは。
男：うん、これだよ。軽(かる)くて持(も)ちやすいんだ。中(なか)にコンピューターも入(はい)るし。
女：いいわね。

질문　여자와 남자가 이야기를 하고 있습니다. 남자는 생일날 부인에게 무엇을 받았습니까?

여 : 와아. 멋진 넥타이네.
남 : 응. 어제 생일이어서 딸이 줬어. 양말이랑 같이.
여 : 아, 그래? 부인한테서는?
남 : 응. 이거야. 가볍고 들고 다니기 편해. 안에 컴퓨터도 들어가고.
여 : 괜찮네요.

중요표현

1. **くれる**는 상대방이 나에게 주다. 娘(むすめ)がネクタイをくれた(딸이 넥타이를 줬다), 반대로 **あげる**는 내가 상대방에게 주다. 私は娘に人形(にんぎょう)をあげた(나는 딸에게 인형을 줬다)
2. **〜わね** 여러 가지 말에 붙어 어조를 고름. …요. …죠. 주로 여성들이 쓴다. いいわね(괜찮네요), おいしいわね(맛있군요)

문제 3

質問　先生(せんせい)は女(おんな)の子(こ)と話(はな)しています。だれが女の子に料理(りょうり)を教(おし)えていますか。

女１：マリさんは料理(りょうり)が上手(じょうず)ですね。
女２：うちで、いつも教(おし)えてもらっています。
女１：そう？お母(かあ)さんから？
女２：祖父(そふ)が料理が好きで、よく教えてくれるんです。
女１：へえ、お母さんやおばあさんじゃないの。お姉(ねえ)さんは？
女２：いいえ、姉(あね)が教えてくれたことはありません。

질문　선생님은 여자아이와 이야기를 하고 있습니다. 누가 여자아이에게 요리를 가르치고 있습니까?

여1 : 마리는 요리를 잘하네.
여2 : 집에서 늘 배우고 있어요.
여1 : 그래? 엄마한테서?
여2 : 할아버지가 요리를 좋아하셔서 자주 가르쳐주세요.
여1 : 뭐. 엄마나 할머니가 아니라? 언니는?
여2 : 아니요, 언니가 가르쳐 준 적은 없어요.

중요표현

1. **教(おし)えてもらう**는 직역하면 가르쳐 받다. 즉 상대방이 가르쳐 주다 라는 뜻이다.
2. **〜たことがあります**는 〜한 적이 있습니다. 즉 과거 경험 표현이다. 반대로 **〜たことがありません**은 〜한 적이 없습니다. 日本に行ったことがあります(일본에 간 적이 있어요), 日本に行ったことがありません(일본에 간 적이 없어요)

스크립트

문제 4

質問 男(おとこ)の人(ひと)と女(おんな)の人(ひと)が話(はな)しています。誰(だれ)がカップをもらいましたか。

男：そのカップいいですね。どこで買(か)ったんですか。
女：これは叔母(おば)が。
男：あっ、叔母(おば)さんが買ってくれたんですか。
女：いいえ、叔母が母(はは)に作(つく)ってくれたものなんです、私のじゃないんですよ。
男：そうなんですか。叔母(おば)さん、とても上手(じょうず)ですね。

1. この女の人です。
2. この女の人のお母さんです。
3. この女の人の叔母さんです。
4. この女の人のあばあさんです。

질문 남자와 여자가 이야기하고 있습니다. 누가 컵을 받았습니까?

남 : 그 컵 좋네요. 어디에서 샀어요?
여 : 이것은 이모(고모)가.
남 : 아, 이모(고모)가 사주셨어요?
여 : 아니요. 이모(고모)가 엄마한테 만들어 준 것입니다. 내 것이 아니에요.
남 : 그래요? 이모(고모), 아주 솜씨가 좋네요.

1. 이 여자입니다.
2. 이 여자의 어머니입니다.
3. 이 여자의 이모(고모)입니다.
4. 이 여자의 할머니입니다.

중요표현

1. 제3자가 나의 가족에게 「~해 주다」라고 할 때는 「~て あげる」가 아니라 「~て くれる」를 쓴다. **叔母(おば)が母(はは)に作(つく)ってくれたものなんです**(이모가 엄마한테 만들어 준 것입니다), **山田(やまだ)さんが妹(いもうと)に花(はな)をくれました**(야마다씨가 여동생에게 꽃을 줬습니다)

N4

뉴 일본어 능력시험

Part 03

문자/어휘 chapter 01
필수 3자 한자/필수 동사

문법/독해 chapter 02
의지표현/결정

청해 chapter 03
이유나 원인을 묻는 문제

chapter 01 文字/어휘

N4 1교시

필수 3자 한자

教科書 きょうかしょ 교과서	留学生 りゅうがくせい 유학생
郵便局 ゆうびんきょく 우체국	料理屋 りょうりや 음식점
北海道 ほっかいどう 북해도	観光客 かんこうきゃく 관광객
新製品 しんせいひん 신제품	美容院 びよういん 미용실
午前中 ごぜんちゅう 오전중	運動会 うんどうかい 운동회
高校生 こうこうせい 고등학생	銀行員 ぎんこういん 은행원
大学生 だいがくせい 대학생	体育館 たいいくかん 체육관
証明書 しょうめいしょ 증명서	小説家 しょうせつか 소설가
事務所 じむしょ 사무실	電話代 でんわだい 전화요금
大使館 たいしかん 대사관	地下鉄 ちかてつ 지하철
図書館 としょかん 도서관	映画館 えいがかん 영화관
研究会 けんきゅうかい 연구회	自動車 じどうしゃ 자동차
新聞社 しんぶんしゃ 신문사	指定席 していせき 지정석
万年筆 まんねんひつ 만년필	非常口 ひじょうぐち 비상구

필수 동사

開あく 열리다	合ごうコンする 미팅하다
上あげる 들다, 올리다	落おちる 떨어지다
覚おぼえる 기억하다, 암기하다	終おわる 끝나다
くれる 주다(상대방이)	付つける 켜다
泊とまる 묵다	冷ひえる 차가워지다, 쌀쌀해지다
騒さわぐ 떠들다	調しらべる 조사하다, 알아보다
直なおす 고치다(고장난 기계)	招待しょうたいする 초대하다
遅おくれる 늦다, 지각하다	出だす 내다, 제출하다
忘わすれる 잊어버리다	いる 있다(생물)
ある 있다(무생물)	謝あやまる 사과하다
寄よる 들르다	触さわる 만지다
いたす 하다	折おれる 꺾이다(나뭇가지)
貼はる 바르다, 붙이다	かしこまる 알다
洗濯せんたくする 세탁하다	答こたえる 대답하다
建たてる (집을)세우다	掃除そうじする 청소하다
込こむ (길이) 막히다, 붐비다	びっくりする 깜짝놀라다

もんだい1　＿＿＿の　ことばは　どう　よみますか。1・2・3・4から
いちばん　いい　ものを　ひとつ　えらんで　ください。

1　<u>教科書</u>を　忘れて　困って　います。

　　1　ぎょかしょ　　2　ぎょうかしょ　　3　きょかしょ　　4　きょうかしょ

2　<u>留学生</u>の　方は　パスポートを　見せて　ください。

　　1　りゅうがくせ　　　　　　2　りゅうかくせ
　　3　りゅうがくせい　　　　　4　りゅがくせい

3　<u>郵便局</u>へ　何を　しに　行きましたか。

　　1　ゆびんきょく　　　　　　2　ゆうびんきょく
　　3　ゆうぴんきょく　　　　　4　ゆうびんきょっく

4　子供の　<u>運動会</u>に　行って　きました。

　　1　うんどかい　　2　うんどうかい　　3　ぐんどうかい　　4　ぐんどかい

5　<u>午前中</u>は　ひまだったのに　急に　忙しく　なりました。

　　1　こぜんじゅう　　2　ごぜんじゅう　　3　ごぜんちゅう　　4　こぜんちゅう

6　京都は　1年中　<u>観光客</u>で　いっぱいです。

　　1　かんこうぎゃく　　　　　2　かんこうきゃく
　　3　かんこきゃく　　　　　　4　かんこうきゃっく

PRACTICE TEST

7 新製品の 反応は どうですか。
   1 しんせいひん   2 しんせいぴん   3 しんせひん   4 しんせぴん

8 3ヶ月ごと 美容院へ 行きます。
   1 びょいん   2 びよいん   3 びよういん   4 びょういん

もんだい 2 　＿＿＿の ことばは どう かきますか。1・2・3・4から
            いちばん いい ものを ひとつ えらんで ください。

1 ホテルでは ひじょうぐちを 確認しましょう。
   1 非常口   2 出口   3 入口   4 出入口

2 ぎんこういんの 制服が きれいでした。
   1 良行員   2 金行員   3 銀行員   4 鏡行員

3 卒業の 記念に もらった まんねんひつです。
   1 万念筆   2 万年匹   3 万年筆   4 万年必

4 市の たいいくかんは だれでも 利用できます。
   1 本育館   2 太育館   3 対育館   4 体育館

5 1階の 受付で しょうめいしょを もらって ください。
　　1 証明書　　2 小明書　　3 正明書　　4 言明書

6 私は いつか しょうせつかに なりたいです。
　　1 読説家　　2 書説家　　3 小説家　　4 少説家

7 じむしょで アルバイトを する ことに しました。
　　1 自務所　　2 事務所　　3 字務所　　4 時務所

8 特急は していせきが あります。
　　1 指定咳　　2 指定石　　3 指定関　　4 指定席

もんだい3　（　　）に なにを いれますか。1・2・3・4から いちばん いい ものを ひとつ えらんで ください。

1 テレビを （　　　）まま 寝ないで ください。
　　1 かけた　　2 つけた　　3 けした　　4 みた

2 教室の ドアが （　　　） おおぜいの 学生が 出て きました。
　　1 わいて　　2 できて　　3 あけて　　4 あいて

PRACTICE TEST

3 下ばかり 見ないで、顔を （　　　）ください。
   1　あげて　　　2　だして　　　3　とって　　　4　くれて

4 子供が 階段から （　　　）けがを しました。
   1　おちて　　　2　のぼって　　3　ねて　　　　4　すわって

5 毎日 漢字を 少しずつ （　　　） います。
   1　なれて　　　2　おぼえて　　3　すんで　　　4　おりて

6 試験が （　　　） 友達と 旅行する つもりです。
   1　まにあったら　2　おくれたら　3　おわったら　4　はじまったら

7 これは 兄が 私の 誕生日に （　　　） ものです。
   1　くれた　　　2　あげた　　　3　くださった　4　さしあげた

8 夕べは 友達の 家に （　　　）。
   1　とまりました　2　やめました　3　とめました　4　しめました

もんだい 4 　＿＿＿の ぶんと だいたい おなじいみの ぶんが あります。1・2・3・4から いちばん いい ものを ひとつ えらんで ください。

① 明日（あした）は とても ひえる そうです。
 1 明日は とても 涼（すず）しいでしょう。
 2 明日は とても 晴（は）れるでしょう。
 3 明日は とても 暑（あつ）く なるでしょう。
 4 明日は とても 寒（さむ）く なるでしょう。

② 電話番号（でんわばんごう）を わすれて しまいました。
 1 電話番号を おぼえて いません。
 2 電話番号を おぼえて います。
 3 電話番号を かいて いません。
 4 電話番号を かいて います。

③ 父（ちち）は 今（いま） 家に いません。
 1 父は 今 料理（りょうり）を して いません。
 2 父は 今 寝（ね）て います。
 3 父は 今 掃除（そうじ）を して いません。
 4 父は 今 留守（るす）です。

PRACTICE TEST

もんだい 5　つぎの　ことばの　つかいかたで　いちばん　いい　ものを　1・2・3・4から　ひとつ　えらんで　ください。

1 あやまる
1. 夫婦(ふうふ)げんかを　すると　いつも　私が　さきに　あやまります。
2. 毎晩(まいばん)　6時半(はん)ごろ　夕飯(ゆうはん)を　あやまります。
3. 日本の　歌(うた)を　あやまって　います。
4. 足(あし)が　太(ふと)いから　スカートは　ぜったいに　あやまりません。

2 さわる
1. 明日(あした)は　授業(じゅぎょう)が　ありませんから　さわらないで　ください。
2. お酒(さけ)を　飲んで　大きい　声(ごえ)で　さわっては　いけません。
3. なべが　熱(あつ)いから　さわらないで　ください。
4. 風邪(かぜ)を　ひいたので　外(そと)に　さわらない　ほうが　いいです。

3 いたす
1. ホテルの　予約(よやく)は　私が　いたします。
2. 先生は　明日　どこへ　いたしますか。
3. もう少(すこ)し　ここで　いたして　ください。
4. デパートで　果物(くだもの)を　いたしてから　かえりました。

chapter 02 문법/독해

N4 2교시

01 つもりだ ~할 생각이다

「つもりだ」는 「~할 생각이다(~할 작정이다)」라는 뜻으로 비교적 강한의지를 나타내는 표현이다.

> これから 何を する つもりですか。 앞으로 무엇을 할 생각입니까?
> 新(あたら)しい 仕事(しごと)を 探(さが)す つもりです。 새로운 일을 찾을 생각입니다.

02 동사의 의지형

보통 동사의 의지형은 「~해야지」라는 의지의 뜻과 「~하자」라는 권유의 뜻이 있다.

1그룹동사 : う단 → お단+う

行(い)く 가다 → 行(い)こう 가야지/가자
飲(の)む 마시다 → 飲(の)もう 마셔야지/마시자

2그룹 동사 : ~~る~~ → よう

起(お)きる 일어나다 → 起(お)きよう 일어나야지/ 일어나자
寝(ね)る 자다 → 寝(ね)よう 자야지/자자

3그룹 동사

する 하다 → しよう 해야지/하자
くる 오다 → こよう 와야지/오자

03 (よ)うと思う ~하려고 생각하다

의지형+と思(おも)う는 자신의 의지를 표현하는 대표적인 문형이다.

> 映画(えいが)を 見(み)ようと 思(おも)います。 영화를 보려고 합니다.
> 手紙(てがみ)を 書(か)こうと 思(おも)ったんです。 편지를 쓰려고 했습니다.

문법 필수 문형 – 의지표현/결정

04 (よ)うとする ~하려고 하다

お金を 出そうと したが 財布が なかった。
돈을 내려고 했으나 지갑이 없었다.

電話を かけようと した とき、電話が かかって きた。
전화를 걸려고 했을 때, 전화가 걸려왔다.

05 명사+にする ~로 하다

「명사+にする」는 「~로 하다」 즉 「~로 결정하다」라는 뜻이다.

お酒は 何に しますか。 술은 무엇으로 하겠습니까?
プレゼントは 傘に しましょう。 선물은 우산으로 합시다.

06 동사+ことにする ~하기로 하다

「동사+ことにする」는 자신의 결정으로 「~하기로 하다」라는 뜻이다.

たばこを やめる ことに しました。 담배를 끊기로 했습니다.
試験を 受ける ことに しました。 시험을 보기로 했습니다.

07 동사+ことになる ~하게 되다

「동사+ことになる」는 외부의 결정으로 「~하게 되다」라는 뜻이다.

来週、日本へ 出張する ことに なりました。
다음 주 일본으로 출장가게 되었습니다.

銀行に 勤める ことに なりました。
은행에서 근무하게 되었습니다.

2時に 集まる ことに なって います。
2시에 모이기로 되어 있습니다.

もんだい1　(　　)に　何を　入れますか。1・2・3・4から　いちばん　いい　ものを　一つ　えらんで　ください。

1　こんばんは　この　本を　(　　　)と　思って　います。
　　1　読もう　　　2　読むよう　　　3　読むろう　　　4　読みよう

2　今日から　たばこを　(　　　)です。
　　1　やめる　　　　　　　　2　やめる　つもり
　　3　やめるだろう　　　　　4　やめましょう

3　来週から、仕事で　東京に　行く　こと(　　　)　なりました。
　　1　を　　　　2　に　　　　3　の　　　　4　が

4　久しぶりに　家で　ゆっくり　(　　　)と　思う。
　　1　休むよう　　2　休みよう　　3　休もう　　4　休むろう

5　もう　おそいし、つかれたから、まっすぐ　家に　(　　　)。
　　1　帰り　　　　2　帰よう　　　3　帰ろう　　　4　帰るう

6　将来は　父の　仕事を　(　　　)　つもりです。
　　1　手伝い　　2　手伝おう　　3　手伝って　　4　手伝う

7　友達に　電話を　(　　　)と　した　とき、その　友達が　家へ　来ました。
　　1　かける　　2　かけそう　　3　かけよう　　4　かけるよう

PRACTICE TEST

8　「会議(かいぎ)に　出席(しゅっせき)なさいますか」

　　「ええ、そうする（　　　　）」

　　1　つもりです　　2　はずです　　3　らしいです　　4　ようです

9　庭(にわ)に　いる　鳥(とり)を　窓(まど)から　（　　　　）が、よく　見えなかった。

　　1　見に　した　　　　　　2　見たと　した
　　3　見ように　した　　　　4　見ようと　した

10　会社を　やめてから　何を　する（　　　　）ですか。

　　1　つもり　　2　たい　　3　ほしい　　4　こと

11　ここに　（　　　　）ことに　なって　いるのですが、誰も　いませんね。

　　1　集(あつ)まり　　2　集(あつ)まる　　3　集(あつ)まって　　4　集(あつ)まろう

12　学校を　卒業(そつぎょう)しても、日本語の　勉強を　つづけて　（　　　　）つもりだ。

　　1　くる　　2　いこう　　3　いく　　4　こよう

13　今度(こんど)の　夏休(なつやす)みは　国(くに)へ　帰る　（　　　　）に　しました。

　　1　こと　　2　もの　　3　わけ　　4　ところ

14　明日は　どこへも　（　　　　）つもりです。

　　1　行った　　2　行ける　　3　行かなかった　　4　行かない

15　つかれたので、今日は　もう　ここで　終り(　　　)。
　　1　に　なろう　　2　に　しよう　　3　の　ことだ　　4　の　ものだ

もんだい2　＿＿★＿＿に　入る　ものは　どれですか。1・2・3・4から　いちばん　いい　ものを　一つ　えらんで　ください。

1　会社を　＿＿＿＿　＿★＿＿　＿＿＿＿　＿＿＿＿ですか。
　　1　する　　　　2　どう　　　　3　つもり　　　　4　やめて

2　夏休みは　＿＿＿＿　＿＿＿＿　＿★＿＿　＿＿＿＿。
　　1　旅行に　　2．行こう　　3　思います　　4　と

3　今日は　＿＿＿＿　＿＿＿＿　＿＿＿＿　＿★＿＿しましょう。
　　1　行く　　　　2　電車　　　　3　ことに　　　　4　で

4　＿＿＿＿　＿＿＿＿　＿★＿＿　＿＿＿＿、電話が　かかって　きました。
　　1　した　　　　2　とき　　　　3　出ようと　　　　4　家を

5　今度　＿★＿＿　＿＿＿＿　＿＿＿＿　＿＿＿＿。
　　1　なりました　　2　ことに　　3　ふるさとに　　4　帰る

PRACTICE TEST

もんだい 3　1から 5に 何を 入れますか。1・2・3・4から いちばん いい ものを 一つ えらんで ください。

(1)

田中さんと　林さんと　でんきやへ　行った。私は　テレビを　買って、田中さんは　小さな　ラジオと　でんちを、林さんは　ステレオを　買った。テレビと　ステレオは　重いので、家まで　運んで　もらう　[1]　。[2]　の　日、私が　家で　待って　いると、でんきやから　ステレオが　来た。店の　人が　まちがえたのだ。仕方が　ないので、明日　林さんの　家に　テレビを　取りに　[3]　。

[1]　1　ように　した
　　　2　ことに　した
　　　3　ものに　した
　　　4　ことが　なった

[2]　1　前　　　2　間　　　3　次　　　4　後ろ

[3]　1　行こうと　思う
　　　2　行くと　思う
　　　3　行く　ことに　なる
　　　4　行こう　つもりだ

79

(2)

来週から　試験なので、勉強　[4]　と　したが、家は　うるさい。それで、「静かさでは　ここが　一番」と　友達が　言う　きっさてんへ　行った。なるほど　静かだった。しかし、静かすぎて、[5]　。

[4]　1　するよう　　2　しに　　3　する　　4　しよう

[5]　1　ねむって　ことだ
　　　2　ねむって　しまった
　　　3　ねむる　つもりだ
　　　4　ねむろうと　思った

PRACTICE TEST

もんだい 4　つぎの文章（ぶんしょう）を読んで、質問に答えてください。答えは 1・2・3・4 から、いちばんいいものを一つえらんでください。

日本人の好きな昼（ひる）ごはん

日本人が昼（ひる）ごはんによく食べるものはお寿司（すし）でも、うどんでもありません。やっぱりちょっと辛（から）いカレーです。二番目（にばんめ）はラーメンだそうです。日本人はてんぷらとお寿司（すし）だけよく食べるとみんなは思っていますが、実（じつ）はそうじゃありません。私はお好（この）み焼（や）きが大好きなので日本に行ったらたくさん食べたいです。

---

1 日本人が昼ごはんによく食べるものは何ですか。

1　カレーとラーメン
2　カレーとすし
3　すしとてんぷら
4　ラーメンとてんぷら

2 この人は何が一番（いちばん）好きですか。

1　カレー
2　お好（この）み焼（や）き
3　てんぷら
4　ラーメン

もんだい5　つぎの文章を読んで、質問に答えてください。答えは1・2・3・4から、いちばんいいものを一つえらんでください。

たけしくん
(ジョンさんはたけしくんの中学校で英語を教えていました。つぎの文はジョンさんからたけしくんへのメールです。)

メール、ありがとう。前のメールに「英語の勉強は面白くない」と　書いてありましたが、まず、好きなことから始めたらどうですか。
私が日本語の勉強を始めたのは中学1年の時でした。友達の家で初めて日本の漫画を読みました。その時は日本語が全然分からなかったのですが、絵があるから話はだいたい分かりました。日本語で読めるようになりたいと思って、ひとりで勉強をしました。漢字は難しかったですが、漫画を何冊も読んでいたら、簡単な漢字は覚えてしまいました。
漫画はよくないという人もいますが、どんなものにもいいものもあれば悪いものもあると思います。だから、選んで読めばいいと思います。人をいじめるような漫画はよくありませんが、サッカーやバスケットボールなどスポーツの漫画は面白いし、読むと元気になります。
たけしくんは、何に興味がありますか。音楽ですか、映画ですか。英語を使って好きなことをすれば、勉強が楽しくなりますよ。
じゃ、またメールします。

ジョン

PRACTICE TEST

1 ジョンさんが「日本語の勉強を始めた」のはどうしてですか。
   1 漢字をたくさん覚えたかったから。
   2 日本語で漫画を読みたいと思ったから。
   3 友達に日本の漫画をもらったから。
   4 日本の漫画が全然分からなかったから。

2 ジョンさんは漫画についてどう思っていますか。
   1 日本語の勉強のためにどんな漫画でも読んだほうがいい。
   2 サッカーやバスケットボールの漫画以外は読んではいけない。
   3 いろいろな漫画があるので、いいものだけ選んで読んだらいい。
   4 漫画ばかり読むと人をいじめるようになるので、読まないほうがいい。

3 ジョンさんは漢字をどうやって覚えましたか。
   1 漫画を読みながら難しい漢字から覚えました。
   2 漫画にある漢字をずっと書いてみました。
   3 漫画を何冊も読んでいたら、簡単な漢字は覚えられました。
   4 初めから漢字を知っていたから、漫画を読むのに不便じゃありませんでした。

PRACTICE TEST

もんだい 6　つぎの文章は、独身の理由のアンケートです。表を見ながら質問に答えてください。答えは1・2・3・4から、いちばんいいものを一つえらんでください。

1 結婚がしたくてもお金がないからできないと答えた人は何人ですか。

1　51人
2　34人
3　20人
4　18人

2 誰かと一緒に住むのが嫌だと言った人は何人ですか。

1　17人
2　18人
3　20人
4　34人

「独身の理由」ベスト5

順位	理由	人数
1位	好きな人がいないから	51人
2位	結婚したくてもできないから	34人
3位	仕事が忙しくて結婚は無理	20人
4位	金銭的（きんせんてき）に結婚は無理	18人
5位	人と暮らすのは面倒だから	17人

chapter 03 청해

N4 3교시

이유나 원인을 묻는 문제

원인이나 이유를 묻는 문제는 **すきだ**(좋아한다), **きらいだ**(싫어한다), **ほしくない**(갖고 싶지 않다), **いやだ**(싫다)와 같은 표현을 써서 직접적으로 이유나 원인을 밝히는 경우도 있고 복잡한 상황설명을 통해 원인과 이유를 유추하게 만드는 경우도 많다. 보통 「どうして〜〜か(왜〜〜까?)」라는 질문의 형태를 띤다.

1ばん

① 大（おお）きいからです
② 見（み）にくいからです
③ 重（おも）いからです
④ 小（ちい）さいからです

2ばん

① 彼女（かのじょ）がけがをして、入院（にゅういん）するからです
② 彼女（かのじょ）がけがが治（なお）って、退院（たいいん）するからです
③ 彼女（かのじょ）が病気（びょうき）になって、入院（にゅういん）するからです
④ 彼女（かのじょ）が病気（びょうき）が治（なお）って、退院（たいいん）するからです

PRACTICE TEST

3ばん

① 家を出るのが遅くなったからです

② 電車が遅れたからです

③ 予定の電車に乗れなかったからです

④ 駅でお母さんに会ったからです

4ばん

① 昨日カレーを食べたからです

② 今晩カレーを食べるからです

③ カレーが嫌いだからです

④ カレーが辛いからです

스크립트

문제 1

質問 女(おんな)の人(ひと)と男(おとこ)の人(ひと)が時計(とけい)売(う)り場(ば)で話(はな)しています。女の人はどうしてこの時計が好(す)きではありませんか。

女：すみません。その時計(とけい)、見(み)せてください。これ、大(おお)きくて、見(み)やすいですね。
男：はい、女の方(かた)には、ちょっと大きすぎるかもしれませんが。
女：それはいいんです。ああ、でも、もうちょっと軽(かる)いのはないですか。
男：少(すこ)し小(ちい)さくなりますけれど、よろしいですか。
女：ええ、見せてください。
男：はい。少々(しょうしょう)お待(ま)ちください。

1. 大きいからです。
2. 見にくいからです。
3. 重(おも)いからです。
4. 小さいからです。

질문 여자와 남자가 시계매장에서 이야기를 하고 있습니다. 여자는 왜 이 시계를 좋아하지 않습니까?

여 : 실례합니다. 그 시계 보여주세요. 이거 커서 보기 편하네요.
남 : 예. 여성분에게는 좀 클지도 모르겠습니다.
여 : 그건 괜찮아요. 아~. 하지만 조금 더 가벼운 것은 없나요?
남 : 조금 작아지긴 하는데 괜찮겠습니까?
여 : 예, 보여주세요.
남 : 예. 잠시만 기다려주세요.

1. 크기 때문입니다.
2. 보기 불편하기 때문입니다.
3. 무겁기 때문입니다.
4. 작기 때문입니다.

> **중요표현**
> 1. 동사ます형+やすい는 ~하기 쉽다(편하다), 동사ます형+にくい는 ~하기 힘들다(불편하다) 見やすい(보기 쉽다), 見にくい(보기 힘들다), 使(つか)いやすい(사용하기 쉽다), 使(つか)いにくい(사용하기 불편하다)

문제 2

質問 女(おんな)の人(ひと)と男(おとこ)の人(ひと)が話(はな)しています。男の人はどうして花(はな)を持(も)っていましたか。

女：あれ、山本(やまもと)くん、どうしたの？そんなにたくさんのお花(はな)。山本くんがお花なんて、珍(めずら)しい。
男：今(いま)から病院(びょういん)に行(い)くところなんだ。
女：あれ、だれか病気(びょうき)なの？
男：彼女(かのじょ)がけがで入院(にゅういん)していたんだ。でもやっと家(うち)に帰(かえ)れることになって。
女：そうだったの。

1. 彼女がけがをして、入院するからです。
2. 彼女がけがが治(なお)って、退院(たいいん)するからです。
3. 彼女が病気になって、入院するからです。
4. 彼女が病気が治って、退院するからです。

질문 여자와 남자가 이야기를 하고 있습니다. 남자는 왜 꽃을 들고 있었습니까?

여 : 어머. 야마모토군. 무슨 일이야? 그렇게 많은 꽃. 야마모토군이 꽃이라니 별일이네.
남 : 지금 병원에 가려는 참이었어.
여 : 어머. 누가 아프니?
남 : 여자친구가 다쳐서 입원해 있었어. 그런데 이제 겨우 집에 돌아갈 수 있게 되었어.
여 : 그랬구나.

1. 여자친구가 다쳐서 입원하기 때문입니다.
2. 여자친구가 다친 게 나아서 퇴원하기 때문입니다.
3. 여자친구가 병이 나서 입원하기 때문입니다.
4. 여자친구가 병이 나서 퇴원하기 때문입니다.

중요표현
1. 동사현재형+**ところだ** ~하려는 참이다. **行くところだ**(가려는 참이다)
2. **~ことになる** ~하게 되다(결정되다). 본문에서는 **帰(かえ)れることになる**(돌아갈 수 있게 되다) 즉 퇴원하게 되었다는 뜻이다.

스크립트

문제 3

質問　女(おんな)の人(ひと)と男(おとこ)の人(ひと)が話(はな)しています。女の人はどうして遅刻(ちこく)したと言(い)っていますか。

女：はあ、はあ。ごめんなさい。
男：なんだよ。また遅刻(ちこく)？
女：あのね、電車(でんしゃ)がきたんだけど、母(はは)から電話(でんわ)がきちゃって…。電車(でんしゃ)の中(なか)で携帯電話(けいたいでんわ)は使(つか)えないから、乗(の)れなかったのよ。遅(おそ)くなってごめんね。
男：まったく。

1．家を出(で)るのが遅くなったからです。
2．電車が遅(おく)れたからです。
3．予定(よてい)の電車に乗れなかったからです。
4．駅(えき)でお母さんに会(あ)ったからです。

질문　여자와 남자가 이야기를 하고 있습니다. 여자는 왜 지각했다고 말하고 있습니까?

여 : 헉, 헉. 미안해.
남 : 뭐야. 또 지각?
여 : 있잖아. 전철이 왔는데 엄마한테서 전화가 와서…. 전철 안에서 휴대폰은 사용할 수 없으니까 못 탔어. 늦어서 미안해.
남 : 하여간 넌 정말.

1. 집에서 나오는 것이 늦어졌기 때문입니다.
2. 전철이 늦게 왔기 때문입니다.
3. 예정된 전철을 탈수 없었기 때문입니다.
4. 역에서 어머니를 만났기 때문입니다.

중요표현
1. 동사의 가능형. 1그룹동사 u단 → e단+る로 바꿈. 使う(사용하다) → 使える(사용할 수 있다). 2그룹동사 る → られる로 바꿈. 食べる(먹다) → 食べられる(먹을 수 있다). 3그룹 くる(오다) → こられる(올 수 있다), する(하다) → できる(할 수 있다)

문제 4

質問　男(おとこ)の人(ひと)と女(おんな)の人(ひと)がレストランで話(はな)しています。女の人はどうしてカレーを食(た)べませんか。

男：ここのカレー、辛(から)くておいしいですよ。
女：そうですか。でも、カレーはちょっと…。
男：嫌(きら)いなんですか。
女：いいえ。
男：じゃあ、昨日(きのう)食べたんですか。
女：いいえ、実(じつ)は今夜(こんや)なんです。もう作(つく)ってきたんです。
男：そうなんですか。

1. 昨日カレーを食べたからです。
2. 今晩(こんばん)カレーを食べるからです。
3. カレーが嫌いだからです。
4. カレーが辛いからです。

질문　남자와 여자가 레스토랑에서 이야기를 하고 있습니다. 여자는 왜 카레를 먹지 않습니까?

남 : 여기 카레 맵고 맛있어요.
여 : 그래요? 하지만 카레는 좀….
남 : 싫어하세요?
여 : 아니요.
남 : 그럼, 어제 드셨어요?
여 : 아니요, 실은 오늘저녁이에요. 벌써 만들어놓고 왔어요.
남 : 그러세요?

1. 어제 카레를 먹었기 때문입니다.
2. 오늘 밤 카레를 먹을 것이기 때문입니다.
3. 카레를 싫어하기 때문입니다.
4. 카레가 맵기 때문입니다.

중요표현
1. **今夜(こんや)**와 **今晩(こんばん)**은 유사한 표현으로 오늘 저녁(밤) 이라는 뜻이다. 그 밖에 **今朝(けさ)**(오늘아침), **夕(ゆう)べ**(어제 저녁) 같은 표현들도 알아두자.

N4

뉴 일본어 능력시험

Part 04

문자/어휘 chapter 01
필수 3자 한자/ 필수 동사

문법/독해 chapter 02
조건

청해 chapter 03
표, 그래프 파악 문제

chapter 01 문자/어휘

N4 1교시

필수 3자 한자

卒業式 そつぎょうしき 졸업식	仕事先 しごとさき 근무처
小学校 しょうがっこう 초등학교	運動場 うんどうじょう 운동장
共通語 きょうつうご 공통어	尊敬語 そんけいご 존경어
外出中 がいしゅつちゅう 외출 중	八百屋 やおや 야채가게
生活費 せいかつひ 생활비	動物園 どうぶつえん 동물원
自転車 じてんしゃ 자전거	写真家 しゃしんか 사진가
食料品 しょくりょうひん 식료품	準備中 じゅんびちゅう 준비 중
世界中 せかいじゅう 온 세계	日本製 にほんせい 일본제
誕生日 たんじょうび 생일	洗濯物 せんたくもの 세탁물, 빨랫 거리
化粧品 けしょうひん 화장품	博物館 はくぶつかん 박물관
手数料 てすうりょう 수수료	日本酒 にほんしゅ 일본 술, 청주
新聞社 しんぶんしゃ 신문사	会議室 かいぎしつ 회의실
会社員 かいしゃいん 회사원	展覧会 てんらんかい 전람회
駐車場 ちゅうしゃじょう 주차장	

필수 동사

間まに合あう 시간에 늦지 않게 대다	置おく 놓다
疲つかれる 지치다, 피곤해지다	楽たのしむ 즐기다
通とおる 지나다	届とどける 보내다
伺うかがう 묻다, 듣다, 방문하다의 겸양어	曲まがる 돌다
急いそぐ 서두르다	比くらべる 비교하다
取とる 집다, 취하다	紹介しょうかいする 소개하다
別わかれる 헤어지다	動うごく 움직이다
始はじまる 시작되다	行いってくる 갔다 오다
痩やせる 마르다	変かわる 변하다
貸かす 빌려주다	迎むかえる 맞이하다, 맞다
捨すてる 버리다	叱しかる 꾸짖다
構かまう 상관하다	驚おどろく 놀라다
かかる 걸리다, (비용)들다	

もんだい1　＿＿＿の　ことばは　どう　よみますか。1・2・3・4から
　　　　　　いちばん　いい　ものを　ひとつ　えらんで　ください。

1　卒業式に　スーツを　着て　行きました。
　　1　そつぎょしき　　　　　　2　そつぎょうしき
　　3　そつきょうしき　　　　　4　そつきょしき

2　仕事先は　どちらの　方ですか。
　　1　ばいとうさき　　　　　　2　ばいとさき
　　3　しごとさき　　　　　　　4　しことさき

3　毎月　生活費は　いくら　かかりますか。
　　1　せえかつび　　2　せえかつひ　　3　せいかつひ　　4　せいかつび

4　運動場で　サッカーを　して　いる　男の人が　私の　彼です。
　　1　うんどうじょう　　　　　2　うんどじょう
　　3　うんとうじょ　　　　　　4　うんとじょう

5　日本全国の　人が　分かる　言葉を　「共通語」と　言います。
　　1　きょつご　　2　きょうつご　　3　きょうつうご　　4　きょつうご

6　目上の　人には　尊敬語を　使って　ください。
　　1　ぞんけご　　2　そんけご　　3　ぞんけいご　　4　そんけいご

PRACTICE TEST

7 ただいま 部長(ぶちょう)は 外出中です。

1　かいしゅつちゅう　　　　2　がいしゅつちゅう
3　がいしゅつじゅう　　　　4　かいしゅつじゅう

8 八百屋で 野菜(やさい)と 果物(くだもの)を 買います。

1　はおや　　2　やおや　　3　やゆや　　4　よおや

もんだい 2 　＿＿＿の ことばは どう かきますか。1・2・3・4から いちばん いい ものを ひとつ えらんで ください。

1 この 店(みせ)は まだ じゅんびちゅうです。

1　準備中　　2　進備中　　3　集備中　　4　催備中

2 銀行(ぎんこう)の ATMの てすうりょうは いくらですか。

1　手数料　　2　手数科　　3　手数寮　　4　手数両

3 せかいじゅうの 天気(てんき)が おかしく なりました。

1　世会中　　2　世海中　　3　世界中　　4　世回中

4 私の 車は にほんせいです。

1　日本世　　2　日本生　　3　日本成　　4　日本製

97

5　私と　<u>たんじょうび</u>が　同じですね。

　　1　誕生日　　　2　延生日　　　3　単生日　　　4　短生日

6　風が　強くて　<u>せんたくもの</u>が　飛んで　います。

　　1　先濯物　　　2　洗濯物　　　3　選濯物　　　4　千濯物

7　<u>けしょうひん</u>は　デパートで　買うと　高いです。

　　1　下粧品　　　2　佳粧品　　　3　化粧品　　　4　花粧品

8　レポートの　ために　<u>はくぶつかん</u>へ　行って　きました。

　　1　搏物館　　　2　薄物館　　　3　専物館　　　4　博物館

もんだい3　（　　）に　なにを　いれますか。1・2・3・4から　いちばん　いい　ものを　ひとつ　えらんで　ください。

1　いそいで　行っても　（　　　）でしょう。

　　1　かかない　　2　よまない　　3　おくれない　　4　まにあわない

2　荷物は　ここに　（　　　）ください。

　　1　おいて　　　2　つけて　　　3　はらって　　　4　かけて

PRACTICE TEST

3 今日は 朝から 仕事を したので とても （　　　　）。
　　1 とおった　　2 にげた　　3 つかれた　　4 かえった

4 けがにんは （　　　　）病院へ 運ばれました。
　　1 いそいで　　2 おわって　　3 われて　　4 まって

5 この 道は 若い 人が たくさん （　　　　）。
　　1 とおります　　2 できます　　3 ならいます　　4 とおします

6 この 荷物を 家へ （　　　　） ください。
　　1 だして　　2 くらべて　　3 とどけて　　4 はらって

7 その 角を 左に （　　　　）と 銀行が あります。
　　1 とまる　　2 われる　　3 よごれる　　4 まがる

8 ここで 待って いてね。ここから （　　　　）ないでね。
　　1 うごかさ　　2 たおさ　　3 おち　　4 うごか

もんだい 4 　　_____の　ぶんと　だいたい　おなじいみの　ぶんが　あります。1・2・3・4から　いちばん　いい　ものを　ひとつえらんで　ください。

1　<ruby>弟<rt>おとうと</rt></ruby>は　<ruby>床屋<rt>とこや</rt></ruby>へ　行って　きました。

　　1　弟は　<ruby>靴<rt>くつ</rt></ruby>を　買って　きました。
　　2　弟は　<ruby>髪<rt>かみ</rt></ruby>を　切って　きました。
　　3　弟は　本を　<ruby>借<rt>か</rt></ruby>りて　きました。
　　4　弟は　<ruby>紙<rt>かみ</rt></ruby>を　買って　きました。

2　<ruby>暑<rt>あつ</rt></ruby>くて　のどが　かわいて　います。

　　1　暑くて　<ruby>散歩<rt>さんぽ</rt></ruby>が　したいです。
　　2　暑くて　<ruby>水泳<rt>すいえい</rt></ruby>を　したいです。
　　3　暑くて　何か　飲みたいです。
　　4　暑くて　シャワーを　<ruby>浴<rt>あ</rt></ruby>びたいです。

3　<ruby>友達<rt>ともだち</rt></ruby>は　<ruby>最近<rt>さいきん</rt></ruby>　やせました。

　　1　友達は　最近　<ruby>太<rt>ふと</rt></ruby>りました。
　　2　友達は　最近　<ruby>明<rt>あか</rt></ruby>るく　なりました。
　　3　友達は　最近　たいじゅうが　<ruby>増<rt>ふ</rt></ruby>えました。
　　4　友達は　最近　<ruby>体<rt>からだ</rt></ruby>が　<ruby>細<rt>ほそ</rt></ruby>く　なりました

PRACTICE TEST

もんだい 5 　　つぎの　ことばの　つかいかたで　いちばん　いい　ものを
　　　　　　　　1・2・3・4から　ひとつ　えらんで　ください。

1　かわる

1　お酒を　飲みすぎないように　かわって　ください。
2　来年　日本へ　かわる　つもりです。
3　住所が　かわったので　おしらせします。
4　すぐ　行くから　そこで　かわって　ください。

2　かかる

1　アメリカの　おじから　電話が　かかって　きました。
2　ダイエットの　ために　夜は　何も　かかりません。
3　11月に　なって　寒く　かかりました。
4　そこの　椅子に　かかって　ください。

3　かす

1　お金が　たりなくて　友達に　かして　もらいました。
2　雨が　降って　友達から　傘を　かしました。
3　借りた　本を　かしに　行きます。
4　彼女と　けんかして　かすことに　しました。

chapter 02 문법/독해 N4 2교시

01 ～ば ～하면

AばB A하면 B하다.
'그렇지 않으면'이라는 뜻이 내포되어있다. A에 동작을 나타내는 동사가 오면 B에 명령, 의지, 희망, 의뢰, 금지표현을 쓸 수 없다.

동사 う단 → え단+ば
行く 가다 → 行けば 가면   見る 보다 → 見れば 보면   来る 오다 → くれば 오면

い형용사나 ない(부정형)은 い떼고 → ければ
安い 싸다 → 安ければ 싸면   買わない 사지 않다 → 買わなければ 사지 않으면

> 雪が 降れば、行きません。 눈이 오면 가지 않습니다.
> 忙しければ、明日 来ても いいです。 바쁘면 내일 와도 됩니다.
> 駅に 着けば、電話して ください。 역에 도착하면 전화해 주세요. – (X)

02 ～たら ～하면/～하고나서/～했더니

AたらB A하면 B하다.
AばB와 같은 뜻이지만 B에 명령, 의지, 희망, 의뢰, 금지표현이 와도 된다.
동사나 형용사의 과거형에 결합한다.

行く 가다 → 行ったら 가면   見る 보다 → 見たら 보면   来る 오다 → 来たら 오면
安い 싸다 → 安かったら 싸면   買わない 사지 않다 → 買わなかったら 사지 않으면

> お金が あったら、旅行したいです。 돈이 있으면 여행하고 싶어요.
> 性格が よかったら 付き合います。 성격이 좋으면 사귈 겁니다.

AたらB A하고나서(한 다음에) B하다.

> 仕事が 終わったら 映画を 見に 行きましょう。 일이 끝나고 나서 영화를 보러 갑시다.

문법 필수 문형 – 조건

AたらB A했더니 B하다.
B문에 과거형이 오면 '~했더니' 라는 뜻으로 우연한 발견을 나타내는 표현이 된다.

> 学校に 行ったら 授業が なかった。 학교에 갔더니 수업이 없었다.

03 ～なら ~한다면/~라면

AならB A한다면 B하다.
A를 한다는 것을 전제로 한 조건. 보통 상대방의 이야기 듣고 조언이나 충고, 새로운 대안을 제시할 때 주로 사용한다. 동사의 기본형에 붙인다.

> 北海道に 行くなら 冬が いいです。 홋카이도에 갈 거면 겨울이 좋아요.

Aなら ~라면
A가 명사의 경우에는 화제를 제시하거나 한정할 때 사용한다.

> 家族旅行なら 温泉の ほうが いい。 가족 여행이라면 온천 쪽이 좋다.

04 ～と(~하면/~하자)

AとB A하면 B하다.
A하면 반드시 100% B하다. 불변의 진리나 필연적 결과, 반복적 습관, 길안내 등에 주로 사용한다. 일반적으로 B에 명령, 의지, 희망, 의뢰, 금지표현은 쓸 수 없다. 동사의 기본형에 붙인다.

> 1に 3を 足すと 4に なる。 1에 3을 더하면 4가 된다.
> 春に なると 日本に 行きたいです。 봄이 되면 일본에 가고 싶습니다. – (X)

AとB A하자 B하다.
B문에 과거형이 오면 앞의 동작이 이루어진 후에 이어서 다른 사항이 이어지는 경우나 거의 동시에 일어나는 경우에 쓰인다.

> 窓を 開けると 雪が 降って いました。 창문을 열자 눈이 내리고 있었습니다.

もんだい1　（　　）に 何を 入れますか。1・2・3・4から いちばん いい ものを 一つ えらんで ください。

1　道で 近所の 人に （　　　　）、あいさつを しましょう。
　1　会うのに　　2　会うと　　3　会ったり　　4　会ったら

2　駅へ 行きたいんですが、どう （　　　　） いいですか。
　1　行って　　2　行けば　　3　行くなら　　4　行くのは

3　外国語を 勉強しても （　　　　）ば わすれて しまいます。
　1　話さなく　　2　話さない　　3　話さなけれ　　4　話さないで

4　「庭の 花は もう 咲きましたか」
　「今朝 （　　　　） まだ 咲いて いませんでした」
　1　見てから　　2　見たら　　3　見れば　　4　見るなら

5　部屋を （　　　　）、どんな 部屋が いいですか。
　1　かりるなら　　2　かりたら　　3　かりると　　4　かりれば

6　お金を 入れて ボタンを （　　　　）と、きっぷが 出て きます。
　1　おした　　2　おして　　3　おす　　4　おそう

7　質問を （　　　　）、かならず 日本語で 答えて くださいね。
　1　するなら　　2　すると　　3　すれば　　4　したら

PRACTICE TEST

8 （　　　　）、電話を　ください。
1　さびしだったら　　　2　さびしかったら
3　さびしいかったら　　4　さびいだったら

9 あまり　たくさん　（　　　　）、頭が　痛くなりますよ。
1　飲んで　　2　飲むなら　　3　飲むと　　4　飲みながら

10 小林さんが　（　　　　）　かならず　私に　知らせて　ください。
1　来たら　　2　来ると　　3　来たり　　4　来るまま

11 この　仕事が　（　　　　）　帰りましょう。
1　終わるなら　　2　終わったら　　3　終わったり　　4　終わっては

12 まどを　（　　　　）と、部屋が　すずしく　なった。
1　開けて　　2　開けた　　3　開ける　　4　開けよう

13 「この　問題が　わからなくて　こまって　いるんですが」
「じゃあ、この　本を　（　　　　）　どうですか」
1　読んで　みる　　　　2　読んで　みても
3　読んで　みて　　　　4　読んで　みたら

14 すしを　（　　　　）、駅前の　店が　おいしいですよ。
1　食べると　　2　食べたら　　3　食べるなら　　4　食べれば

15 明日　（　　　）なら　洗濯を　しません。
　　1　雨　　　　2　雨だ　　　　3　雨の　　　　4　雨に

もんだい2　＿＿＿★＿＿＿に　入る　ものは　どれですか。1・2・3・4から　いちばん　いい　ものを　一つ　えらんで　ください。

1　＿＿＿＿　＿★＿＿　、＿＿＿＿　＿＿＿＿　便利ですよ。
　　1　行くなら　　2　いちばん　　3　駅へ　　　　4　バスが

2　明日　＿★＿＿　＿＿＿＿　＿＿＿＿　＿＿＿＿。
　　1　いいです　　2　いつでも　　3　なければ　　4　じゃ

3　あそこの　＿＿＿＿　＿＿＿＿　＿★＿＿　＿＿＿＿　あります。
　　1　かどを　　　2　右へ　　　　3　公園が　　　4　曲がると

4　ひまが　＿＿＿＿　、＿★＿＿　＿＿＿＿　＿＿＿＿　くださいね。
　　1　来て　　　　2　遊び　　　　3　あったら　　4　に

5　朝　＿＿＿＿　、＿★＿＿　＿＿＿＿　＿＿＿＿　降って　いました。
　　1　起きて　　　2　雪が　　　　3　外を　　　　4　見ると

PRACTICE TEST

もんだい 3　1から 5に 何を 入れますか。1・2・3・4から いちばん いい ものを 一つ えらんで ください。

(1)

皆さんは　10万円が　[1]、何が　したいですか。私は　日本旅行を　したいです。日本には　何回 [2] 行った　ことが　ありますが、また　行きたいです。私は　お好み焼きが　好きで　日本に　行くと　かならず　食べます。皆さんも　おいしい　日本料理が　[3]　ぜひ　お好み焼きを　食べて　みて　くださいね。

[1]　1　あったら　　2　あって　　3　あるから　　4　あっても

[2]　1　と　　　　　2　を　　　　3　に　　　　　4　も

[3]　1　食べたれば　　　　　　2　食べたければ
　　 3　食べながら　　　　　　4　食べたら

(2)

春に　なると、あたたかく　なります。あたたかく [4]、さくらが　咲きます。この　公園の　さくらは　とても　きれいなので、たくさんの　人が　[5]。

4	1 なければ	2 なれると
	3 なれば	4 なるなら

5	1 お花見に　来ます
	2 お花見に　来ません
	3 お花見に　行きます
	4 お花見に　行きません

PRACTICE TEST

もんだい 4　　つぎの文章を読んで、質問に答えてください。答えは1・2・3・4から、いちばんいいものを一つえらんでください。

断水(だんすい)のお知(し)らせ

5月14日午後(ごご)1時から断水(だんすい)が始(はじ)まって、1時間ぐらい水道(すいどう)の水が出ません。また、断水(だんすい)の後(あと)、しばらくは濁(にご)った水が出ますので、きれいな水が出るまで使(つか)わないでください。

1　これは何(なん)のお知(し)らせですか。
1　水道設置(すいどうせっち)のお知(し)らせ
2　濁(にご)った水が出るお知(し)らせ
3　水が出るお知(し)らせ
4　水が出ないお知(し)らせ

2　濁(にご)った水はいつ出ますか。
1　しばらく
2　断水(だんすい)の時
3　断水(だんすい)の後
4　断水(だんすい)の前

109

もんだい 5 つぎの文章を読んで、質問に答えてください。答えは1・2・3・4から、いちばんいいものを一つえらんでください。

アンさん、こんにちは。お元気ですか。

今も前と同じ会社で仕事をしていますか。毎日忙しいですか。アンさんが、3月に国へ帰ってから、私の家は少しさびしくなりました。アンさんが使っていた部屋は今はだれも使っていません。父も母もよくアンさんのことを話しています。

私もアンさんにいただいた人形を見て楽しかった時のことを思い出しています。そしてアンさんに教えていただいたケーキを時々作っています。

私は4月高校生になりました。学校は家から遠いので、電車に乗って通わなければなりません。1時間もかかるので少し大変です。勉強はまだそれほど難しくありません。高校でもバスケットボールをつづけています。新しい友達がたくさんできました。

おととい、アンさんと一緒に行った公園へ高校の友達と行きました。いろいろな花が咲いていて、とてもきれいでした。その時に友達と撮った写真を一枚送ります。

それでは、また手紙送ります。

さとうまりこ

PRACTICE TEST

1　アンさんは日本へ来る前に何をしていましたか。

　1　会社で働いていました。
　2　店でケーキを作っていました。
　3　人形を作っていました。
　4　高校で英語を教えていました。

2　正しいものはどれですか。

　1　まりこさんは今友達があまりいません。
　2　まりこさんは高校へ行くのに時間がかかります。
　3　まりこさんは今勉強が難しくて大変です。
　4　まりこさんは高校に入ってからバスケットボールを始めました。

3　「写真」はどこで撮ったものですか。

　1　アンさんと一緒に行った山
　2　アンさんと一緒に行った会社
　3　アンさんと一緒に行った公園
　4　アンさんと一緒に行った高校

4　アンさんはまりこさんに何を教えてあげましたか。

　1　写真の撮り方
　2　電車の乗り方
　3　人形の作り方
　4　ケーキの作り方

PRACTICE TEST

もんだい 6 次のまゆみさんのスケジュールを見ながら質問に答えてください。答えは 1・2・3・4から、いちばんいいものを一つえらんでください。

1 アルバイトはいつしますか。

1　日曜日と月曜日　　　2　月曜日と水曜日

3　水曜日と金曜日　　　4　金曜日と土曜日

2 週末にしないことは何ですか。

1　彼氏とのデート
2　誕生日パーティー
3　お祖母さんの家に遊びに行く
4　九州旅行

まゆみさんのスケジュール

1（水）	アルバイト	8（水）	アルバイト
2（木）	友達と買い物	9（木）	家族と外食
3（金）	九州旅行	10（金）	アルバイト
4（土）	九州旅行	11（土）	祖母の家
5（日）	九州旅行	12（日）	友達の誕生日パーティー
6（月）	九州旅行	13（月）	図書館へ勉強に行く
7（火）	九州旅行	14（火）	彼氏とドライブ

chapter 03 청해

N4 3교시

표, 그래프 파악 문제

표나 그래프를 파악하는 문제는 길게 설명하지 않고 핵심만 말하는 경우가 많아 비교적 간단하게 풀 수 있는 문제 유형이다. 숫자와 자주 나오는 표현 등을 시험지에 메모하면서 듣는 습관을 들이자. 자주 나오는 표현은 아래와 같다. **多(おお)い**(많다), **多(おお)くなる**(많아지다), **少(すく)ない**(적다), **少(すく)なくなる**(적어지다), **増(ふ)える**(늘다), **増(ふ)えつづける**(계속 늘어나다), **減(へ)る**(줄다), **以上(いじょう)**(이상), **以下(いか)**(이하), **~倍(ばい)**(~배), **同(おな)じだ**(같다), **~より**(~보다) **一番(いちばん)**(제일)

대화를 잘 듣고 맞는 답을 하나 고르시오.

1ばん

① 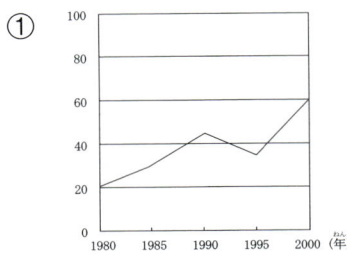 ②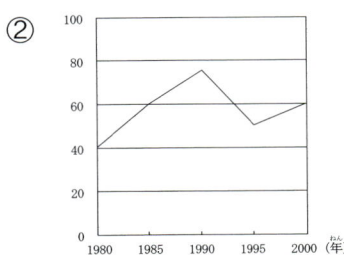

③ 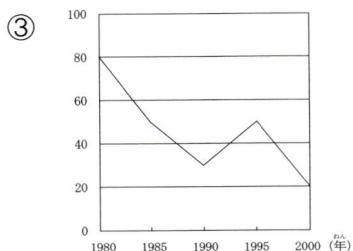 ④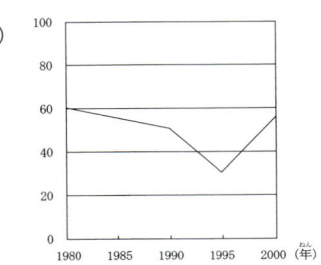

2ばん

① 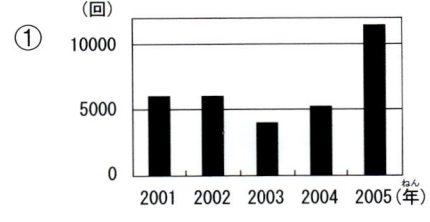 ②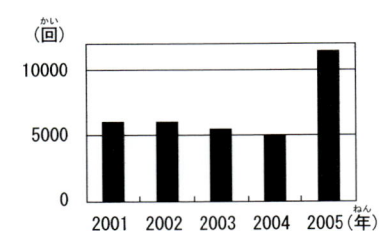

③ 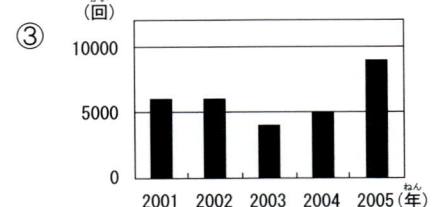 ④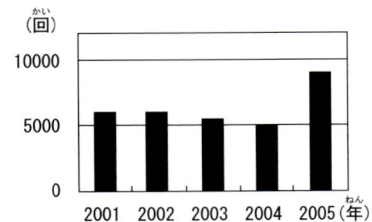

PRACTICE TEST

3 ばん

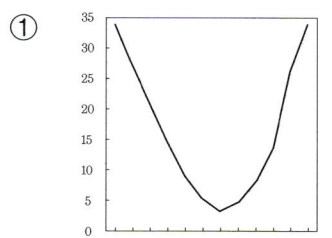
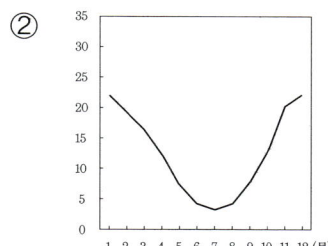
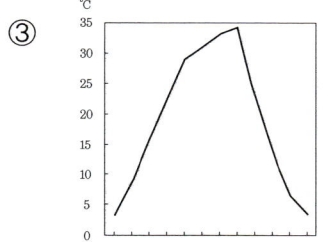
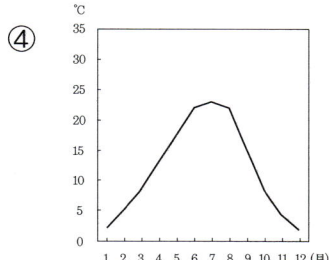

4 ばん

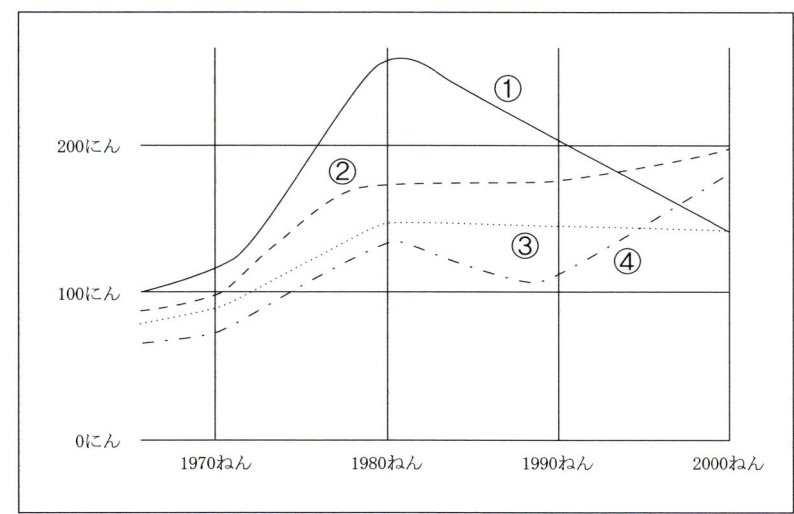

스크립트

문제 1

質問 男(おとこ)の人(ひと)が説明(せつめい)しています。この男の人はどのグラフについて話(はな)していますか。

男：これは米(こめ)の輸入(ゆにゅう)についてのグラフです。1980年から1990年までは毎年(まいとし)増(ふ)えていましたが、その後(あと)5年間(ねんかん)は減(へ)っています。その次(つぎ)の1996年からはまた増えてきましたが、2000年になっても、1990年ほどにはなっていません。

질문 남자가 설명을 하고 있습니다. 이 남자는 어떤 그래프에 대해서 이야기를 하고 있습니까?

남：이것은 쌀의 수입에 대한 그래프입니다. 1980년부터 1990년 까지는 매년 증가해왔습니다만 그 후 5년간은 줄고 있습니다. 그 다음 1996년부터는 다시 증가했습니다만 2000년이 되어서도 1990년만큼은 되지 않았습니다.

> **중요표현**
> 1. 増(ふ)える(늘다), 減(へ)る(줄다) (이 문제를 푸는 키포인트 단어!)
> 2. ほど는 ~만큼 이라는 뜻이다.
>   今日(きょう)は昨日(きのう)ほど寒(さむ)くない(오늘은 어제만큼 춥지 않다)

문제 2

質問 男(おとこ)の人(ひと)が話(はな)しています。この男の人が説明(せつめい)しているグラフはどれですか。

男：ここは地震(じしん)の多(おお)いところです。多(おお)くの人(ひと)はわからないぐらいの小(ちい)さな地震ですが、2003年以外(いがい)は一年に5000回(かい)以上(いじょう)起(お)きています。特(とく)に2005年は前(まえ)の年(とし)の倍(ばい)以上(いじょう)に起きています。今(いま)のところ大(おお)きな地震の心配(しんぱい)はありませんが、注意(ちゅうい)が必要(ひつよう)です。

질문 남자가 이야기를 하고 있습니다. 이 남자가 설명하고 있는 그래프는 어느 것입니까?

남：여기는 지진이 많은 곳입니다. 대부분의 사람들은 알지 못할 정도의 작은 지진입니다만 2003년 이외에는 1년에 5000회 이상 발생하고 있습니다. 특히 2005년은 전년도의 배 이상으로 발생하고 있습니다. 지금으로서는 큰 지진 걱정은 없습니다만 주의가 필요합니다.

> **중요표현**
> 1. 倍(ばい) ~배 倍以上(ばいいじょう)는 배 이상 즉 2배 이상이라는 뜻.(이 문제를 푸는 키포인트!)

& 해설

문제 3

質問 女(おんな)の人(ひと)が話(はな)しています。この女の人の国(くに)のグラフはどれですか。

女：私の国(くに)と日本は季節(きせつ)が反対(はんたい)です。日本では6月から8月はかなり暑(あつ)くて、30度(ど)以上(いじょう)の日(ひ)も多(おお)いです。私の国は、その頃(ころ)はとても寒(さむ)くて、5度以下(いか)の日が多いです。私の国では11月から2月は夏(なつ)ですが、20度ぐらいです。

질문 여자가 이야기를 하고 있습니다. 이 여자의 나라의 그래프는 어느 것입니까?

여 : 우리나라와 일본은 계절이 반대입니다. 일본에서는 6월부터 8월은 꽤 더워서 30도 이상인 날도 많습니다. 우리나라에서는 이때는 아주 추워서 5도이하인 날이 많습니다. 우리나라에서는 11월부터 2월은 여름입니다만 20도정도입니다.

중요표현
1. 反対(はんたい)(반대), 以上(いじょう)(이상), 以下(いか)(이하) (이 문제를 푸는 키포인트 단어!)

문제 4

質問 男(おとこ)の人(ひと)が留学生(りゅうがくせい)について話(はな)しています。男の人はどれを見(み)ていますか。

男：ええ、では、こちらをご覧(らん)ください。私たちの大学(だいがく)に来(く)る留学生(りゅうがくせい)は1970年ごろから、だんだん増(ふ)え始(はじ)めましたが、80年代(ねんだい)には一度(いちど)増えなくなりました。しかし、90年代に入(はい)ると、また多(おお)くなり、2000年には1970年の大体(だいたい)2倍(ばい)ぐらいになりました。

질문 남자가 유학생에 대해서 이야기하고 있습니다. 남자는 무엇을 보고 있습니까?

남 : 예, 그럼, 이쪽을 봐주세요. 우리 대학에 오는 유학생은 1970년쯤부터 점점 늘기 시작했습니다만 80년대에는 한 번 증가하지 않게 되었습니다. 그러나 90년대에 들어오면서 다시 많아져서 2000년에는 1970년의 대략 2배정도가 되었습니다.

중요표현
1. ご覧(らん)ください는 見(み)てください(봐 주세요)의 경어적 표현.
2. 増(ふ)えない(증가하지 않다) → 増(ふ)えなくなる(증가하지 않게 되다), だんだん増(ふ)え始(はじ)める(점점 증가하기 시작하다) (이 문제를 푸는 키포인트 표현!)

N4

뉴 일본어 능력시험

Part 05

문자/어휘 **chapter 01**
필수 동사/ 필수 い형용사

문법/독해 **chapter 02**
추측표현

청해 **chapter 03**
날씨 파악 문제

chapter 01 문자/어휘

N4 1교시

필수 동사

思おもい出だす 생각이 나다	走はしる 달리다
知しる 알다	売うる 팔다
集あつまる 모이다	集あつめる 모으다
考かんがえる 생각하다	開あける 열다
足たりる 충분하다	通かよう 다니다
送おくる 보내다	働はたらく 일하다
歩あるく 걷다	借かりる 빌리다
習ならう 배우다	住すむ 살다
起おきる 일어나다	持もつ 가지다, 들다
別わかれる 헤어지다	運はこぶ 나르다, 운반하다
会あう 만나다	作つくる 만들다
使つかう 사용하다	待まつ 기다리다
答こたえる 대답하다	止とまる 멈추다, 서다
止とめる 세우다	写うつす 찍다
始はじまる 시작되다	始はじめる 시작하다
教おしえる 가르치다	着つく 도착하다

필수 い형용사

弱よわい 약하다	高たかい 비싸다, 높다	旨うまい 맛있다
寒さむい 춥다	楽たのしい 즐겁다	危あぶない 위험하다
細ほそい 가늘다, 길이 좁다	浅あさい 얕다	珍めずらしい 희귀하다
悲かなしい 슬프다	大おおきい 크다	小ちいさい 작다
柔やわらかい 부드럽다	滑すべりやすい 미끄러지기 쉽다	
履はきにくい 신기불편하다	眠ねむい 졸리다	深ふかい 깊다
苦にがい 쓰다(맛이)	細こまかい 잘다, 상세하다	つまらない 재미없다
間違まちがえやすい 틀리기 쉽다		難むずかしい 어렵다
煩うるさい 시끄럽다	悪わるい 나쁘다	恥はずかしい 창피하다
寂さびしい 쓸쓸하다	辛からい 맵다	ひどい 잔인하다, 심하다
易やさしい 쉽다	優やさしい 상냥하다, 다정다감하다	
素晴すばらしい 멋지다, 훌륭하다		多おおい 많다
強つよい 강하다, 세다	厳きびしい 엄하다	若わかい 젊다
重おもい 무겁다		

もんだい 1　　_____の ことばは どう よみますか。1・2・3・4から
　　　　　　いちばん いい ものを ひとつ えらんで ください。

1　急(きゅう)に 彼(かれ)を 思い出して 電話を かけました。
　　1　いいだして　　2　おもいだして　　3　おいだして　　4　かいだして

2　走って 行ったら 間に合いますよ。
　　1　はしって　　2　まって　　3　もって　　4　たって

3　あぶないから 子供(こども)は 通らないように 注意(ちゅうい)させて ください。
　　1　とおらない　　2　かよらない　　3　ふらない　　4　すわらない

4　学費(がくひ)が 足りないので バイトを しょうと 思って います。
　　1　かりない　　2　こりない　　3　たりない　　4　おりない

5　この 辺(へん)に 花を 売って いる 店(みせ)は ありませんか。
　　1　おくって　　2　うって　　3　かざって　　4　かって

6　コンサートに 人が たくさん 集まりました。
　　1　あつまりました　　　　2　しまりました
　　3　とまりました　　　　　4　きまりました

7　考えすぎると 疲(つか)れますよ。
　　1　つたえ　　2　おぼえ　　3　まちがえ　　4　かんがえ

PRACTICE TEST

8 暑いから 窓を 開けて おきましょうか。

1　つけて　　　2　あけて　　　3　かけて　　　4　しめて

もんだい 2　＿＿＿の ことばは どう かきますか。1・2・3・4から いちばん いい ものを ひとつ えらんで ください。

1 休みの日の 朝は いつもより 早く おきます。

1　越きます　　2　赴きます　　3　超きます　　4　起きます

2 子供は かばんを もって 家を 出ました。

1　待って　　　2　持って　　　3　特って　　　4　峙って

3 空港に ついたら 電話を ください。

1　都いたら　　2　羨いたら　　3　着いたら　　4　者いたら

4 健康が 大切だという ことを しる ように なりました。

1　和る　　　　2　加る　　　　3　如る　　　　4　知る

5 お好み焼きが つくれますか。

1　作れ　　　　2　咋れ　　　　3　昨れ　　　　4　炸れ

123

6 3年　付き合った　彼女と　わかれました。
　　1　別れました　　2　分かれました　　3　倒れました　　4　触れました

7 荷物を　部屋まで　はこんで　くださいませんか。
　　1　連んで　　　　2　転んで　　　　3　運んで　　　　4　軍んで

8 来月から　銀行で　はたらく　ことに　なりました。
　　1　動く　　　　2　働く　　　　3　衝く　　　　4　勤く

もんだい3　（　　）に　なにを　いれますか。1・2・3・4から　いちばん　いい　ものを　ひとつ　えらんで　ください。

1 彼女は　小さい　時から　体が　（　　　　）です。
　　1　さむかった　　2　あまかった　　3　たかかった　　4　よわかった

2 （　　　　）映画は　いやです。
　　1　かなしい　　2　こい　　　　3　ほそい　　　　4　ふとい

3 こんなに　（　　　　）刺身は　食べた　ことが　ない。
　　1　よわい　　　2　うまい　　　3　くらい　　　　4　こわい

PRACTICE TEST

4 日本は（　　　）デザインの　車が　多いですね。
　　1　からい　　　2　めずらしい　　3　あぶらっこい　　4　うすい

5 景色（けしき）の　いい　所（ところ）で　彼（かれ）と　（　　　）散歩（さんぽ）しました。
　　1　たのしく　　2　おいしく　　　3　ただしく　　　　4　あたらしく

6 夜（よる）　おそく　子供（こども）　一人で　歩（ある）くのは　（　　　）ですよ。
　　1　ふとい　　　2　あぶない　　　3　にがい　　　　　4　おもい

7 山道（やまみち）が　（　　　）二人では　歩（ある）けません。
　　1　ひくくて　　2　ひろくて　　　3　ふとくて　　　　4　ほそくて

8 川が　（　　　）ので　歩（ある）いて　渡（わた）る　ことが　できます。
　　1　あさい　　　2　ふかい　　　　3　たかい　　　　　4　ひくい

もんだい4　＿＿＿の　ぶんと　だいたい　おなじいみの　ぶんが　あります。1・2・3・4から　いちばん　いい　ものを　ひとつ　えらんで　ください。

1　映画が　つまらなかったです。
　1　映画が　きびしくなかったです。
　2　映画が　きびしかったです。
　3　映画が　おもしろかったです。
　4　映画が　おもしろくなかったです。

2　この　問題(もんだい)は　まちがえやすい。
　1　この　問題は　まちがえる　人が　多(おお)い。
　2　この　問題は　まちがえる　人が　少(すく)ない。
　3　この　問題は　まちがえる　人が　ぜんぜん　いない。
　4　この　問題は　まちがえる　人が　少(すこ)ししか　いない。

3　父(ちち)は　口(くち)が　うるさいです。
　1　父(ちち)は　食(た)べ物が　好きです。
　2　父(ちち)は　話(はなし)が　短(みじか)いです。
　3　父(ちち)は　小言(こごと)が　多いです。
　4　父(ちち)は　口(くち)が　荒(あら)いです。

PRACTICE TEST

もんだい 5 つぎの ことばの つかいかたで いちばん いい ものを
1・2・3・4から ひとつ えらんで ください。

1 はずかしい
1 簡単（かんたん）な 問題（もんだい）を まちがえて、はずかしいです。
2 家族（かぞく）に 会えなくて、はずかしいです。
3 ピアノが ひけるように なって、はずかしいです。
4 見たい 番組（ばんぐみ）が なくて、はずかしいです。

2 からい
1 この カレーは 美味（お）しいですが、ちょっと からいです。
2 砂糖（さとう）を 入れすぎて からいです。
3 ジャムを ぬりすぎると からく なりますよ。
4 醤油（しょうゆ）を たくさん 入れて からく なりました。

3 ひどい
1 ひとめぼれを した 彼（かれ）に 会って ひどかったです。
2 プレゼントを もらった 時は ひどいです。
3 テレビの 音（おと）が とても ひどいです。
4 子供（こども）を 捨（す）てるのは ひどいです。

chapter 02 문법/독해

N4 2교시

01　~だろう ~할 것이다

「~だろう」는 「~할 것이다(~일 것이다)」라는 추측을 나타내는 표현이다. だろう의 공손한 표현은 でしょう이며 일기예보 등 객관적인 예상을 할 때 자주 쓰인다. 그리고 의문사와 함께 쓰이면 「~일까?」라는 뜻이 된다.

> 午後からは　晴れるだろう。 오후부터는 갤 것이다.
> 彼は　2時ごろ　帰って　来るだろう。 그는 2시쯤 돌아 올 것이다.
> これは　いったい　何だろう。 이것은 도대체 무엇일까?

02　~だろうと思(おも)う ~할 것이라고 생각한다

「~だろう」가 객관적인 추측에 사용된다면 「~だろうと思(おも)う」는 주관적인 추측에 주로 쓰인다. 「~と思う」는 일본 사람들이 단정을 피해 자신의 의견을 완곡하게 표현할 때 자주 사용하는 표현이다.

> 今度の　試験は　難しいだろうと　思います。
> 이번 시험은 어려울 것이라고 생각합니다.

03　추측의 そうだ ~할 것 같다/~일 것 같다

동사의 경우 「동사의 ます형+そうだ」의 형태로 전후 상황을 미루어 볼 때 실현 가능성이 있을 것 같다고 추측하는 표현이다. 흔히 「양태의 そう」라고 부른다.
형용사의 경우 「형용사어간+そうだ」의 형태로 「~일 것 같다」라는 주관적인 추측표현이다. 단 いい는 よさそう(좋을 것 같다), ない는 なさそう(없을 것 같다)라는 예외적인 형태를 띠므로 주의하자.

명사	없음
い형용사	高そうだ 비쌀 것 같다
な형용사	親切そうだ 친절할 것 같다
동사	落ちそうだ 떨어질 것 같다

문법 필수 문형 – 추측표현

今(いま)にも 雪(ゆき)が 降(ふ)りそうです。 지금이라도 눈이 내릴 것 같습니다.
当分(とうぶん) つゆが 続(つづ)きそうです。 당분간 장마가 계속될 것 같습니다.
外(そと)は 暑(あつ)そうです。 바깥은 더울 것 같습니다.
彼女(かのじょ)は 高(たか)そうな かばんを 持(も)って いる。
그녀는 비싸 보이는 가방을 가지고 있다.
ここは 静(しず)かそうです。 여기는 조용할 것 같습니다.
性格(せいかく)が よさそうです。 성격이 좋을 것 같습니다.
彼(かれ)は お金(かね)が なさそうです。 그는 돈이 없을 것 같습니다.

04 ようだ ~한 것 같다/~인 것 같다

불확실하지만 상황을 판단했을 때 아마 그런 것 같다고 짐작하는 주관적이 추측표현이다.
명사와 な형용사의 활용형태가 달라 틀리기 쉬우니 잘 외워두도록 하자.

명사	恋人(こいびと)のようだ	애인인 것 같다.
い형용사	高(たか)いようだ	비싼 것 같다.
な형용사	親切(しんせつ)なようだ	친절한 것 같다
동사	落(お)ちるようだ	떨어지는 것 같다

まだ 学生(がくせい)の ようです。
아직 학생인 것 같습니다.
月末(げつまつ)なので 仕事(しごと)が 忙(いそが)しい ようです。
월말이라서 일이 바쁜 것 같습니다.
山田(やまだ)さんは 英語(えいご)も 上手(じょうず)な ようです。
야마다씨는 영어도 잘하는 것 같습니다.
人(ひと)が たくさん 集(あつ)まって います。何(なに)か 事故(じこ)が あった ようです。
사람들이 많이 모여 있네요. 뭔가 사고가 있었던 것 같습니다.

05 〜らしい ~한 것 같다/~인 것 같다

외부 정보를 근거로 한 추측표현이다. 보통 전문(들은 이야기)을 전제로 추측하는 경우가 많다.

명사	友達らしい	친구인 것 같다(들은 말에 의하면)
い형용사	高いらしい	비싼 것 같다(들은 말에 의하면)
な형용사	親切らしい	친절한 것 같다(들은 말에 의하면)
동사	行くらしい	가는 것 같다(들은 말에 의하면)

彼は 留学生らしいです。 그는 유학생 인 것 같습니다.
明日は 寒いらしいです。 내일은 춥다는 것 같습니다.
この 店は 平日は 暇らしいです。
이 가게는 평일은 한가한 것 같습니다.
山田さんは 家族と 外食を したらしいです。
야마다씨는 가족과 외식을 한 것 같습니다.

06 〜かもしれない ~할지도 모른다

가능성이 50%정도일 경우, 즉 그럴지도 모르고 아닐지도 모를 상황에서 하는 추측표현이다. 〜かもしれない를 〜かもしらない로 잘못 쓰는 경우가 많으니 조심하자.

명사	友達かもしれない	친구일지도 모른다
い형용사	高いかもしれない	비쌀지도 모른다
な형용사	親切かもしれない	친절할지도 모른다
동사	行くかもしれない	갈지도 모른다

背が 高いので モデルかもしれない。 키가 크니까 모델일지도 모른다.
今度の 試験は 難しいかもしれない。 이번 시험은 어려울지도 모른다.
ここは 静かかもしれません。 여기는 조용할지도 모릅니다.
山田さんは 英語が 話せるかもしれません。
야마다씨는 영어를 할 수 있을지도 모릅니다.

07 ～はずだ ～할 것이다

(당연히, 틀림없이) ~할 것이다 라는 추측이다. 앞 문장에 당연히 그럴만한 근거를 제시한 후 그러므로 분명히 그럴 것이다 라는 식의 문장이 많다.

명사	友達のはずだ	친구일 것이다(분명히)
い형용사	高いはずだ	비쌀 것이다(분명히)
な형용사	親切なはずだ	친절할 것이다(분명히)
동사	行くはずだ	갈 것이다(분명히)

彼女は きっと 留守のはずです。
그녀는 분명히 집에 없을 것입니다.

中古車なので 安いはずです。
중고차이기 때문에 쌀 것입니다.

写真が 趣味だから、カメラも 好きなはずだ。
사진이 취미라서 카메라도 좋아할 것이다.

明日から 試験なので、彼は 図書館に いるはずだ。
내일부터 시험이니까 그는 도서관에 있을 것이다.

08 ～はずがない ～할 리가 없다

객관적인 이유와 근거를 제시하여 그렇게 할 리가 없다는 것을 나타낸다.

真面目な 彼が うそを つくはずがない。
성실한 그가 거짓말을 할 리가 없다.

彼は 昨日 アメリカに 行ったから、今日の 会議に 来るはずがないです。
그는 어제 미국에 갔기 때문에 오늘 회의에 올 리가 없습니다.

かっこいいから、モテないはずがない。
잘생겨서 인기가 없을 리가 없다.

日本語を 習った ことが ないから、日本語が 上手なはずがないです。
일본어를 배운 적이 없기 때문에, 일본어를 잘 할리가 없습니다.

もんだい 1　（　　）に 何を 入れますか。1・2・3・4から いちばん いい ものを 一つ えらんで ください。

1　玄関の ベルが なったけれど いまごろ 誰（　　　）。
　　1　らしい　　　2　ようだ　　　3　みたい　　　4　だろう

2　「あっ、ボタンが （　　　　）そうですよ」
　　「気が つきませんでした。ありがとうございます」
　　1　とれる　　　2　とれ　　　3　とれた　　　4　とれるだろう

3　とちゅうで 雨が （　　　）かもしれないから、傘を 持って 行きましょう。
　　1　降った　　　2　降って　　　3　降り　　　4　降る

4　あの 人は まだ （　　　）だろうと 思います。
　　1　学生　　　2　学生に　　　3　学生で　　　4　学生の

5　山田先生は いつも （　　　）そうな 本を 読んで います。
　　1　むずかしい　　2　むずかしいの　　3　むずかし　　4　むずかしく

6　たぶん 明日も 風が （　　　）だろう。
　　1　強く　　　2　強い　　　3　強くて　　　4　強いで

PRACTICE TEST

7 連絡したので、中山さんも 知って いる (　　　)です。

　1 まま　　　2 はず　　　3 つもり　　　4 ため

8 「今、雨は 降って いますか」

　「ええ、傘を さして いる 人が いるから、降って いる (　　　)」

　1 そうです　　2 らしいです　　3 ようです　　4 ためです

9 研究室の ドアが 閉まって います。先生は 今日は おやすみ (　　　) ようですね。

　1 の　　　2 な　　　3 で　　　4 だ

10 木村さんは 今日も 大学に 来なかった。(　　　)かもしれない。

　1 病気　　2 病気な　　3 病気の　　4 病気だ

11 「彼は 猫を 3匹も 飼って いるそうですよ」

　「猫が ほんとうに 好き(　　　)」

　1 の そうですね　　　　2 な そうですね
　3 の ようですね　　　　4 な ようですね

12 あの 人は 入院して いるので、明日の 旅行に 来る(　　　)。

　1 はずだ　　2 はずがない　　3 はずじゃない　　4 はずだった

13 これを 一人で 全部 やるのは (　　　)かもしれません。

　1 大変　　2 大変だ　　3 大変に　　4 大変で

14 昨日、おそくまで　テレビを　見て　いたから、本田さんは、今日は　とても　ねむい（　　　）。

1　からだ　　　2　までだ　　　3　はずだ　　　4　ばかりだ

15 野村さんは　昨日　フランスへ　（　　　　）らしいですよ。

1　行き　　　2　行く　　　3　行って　　　4　行った

もんだい2　＿＿＿★＿＿＿に　入る　ものは　どれですか。1・2・3・4から　いちばん　いい　ものを　一つ　えらんで　ください。

1　山田さんは　＿＿＿　＿＿＿　＿★＿　＿＿＿。

1　らしい　　　2　だった　　　3　病気　　　4　先月から

2　彼女が　＿★＿　＿＿＿　＿＿＿　＿＿＿ありません。

1　そんな　　　2　はずが　　　3　する　　　4　ことを

3　喉も　＿＿＿、＿＿＿　＿＿＿　＿★＿です。

1　風邪を　　　2　よう　　　3　引いた　　　4　痛いし

4　机の　上に　＿＿＿　＿★＿　＿＿＿　＿＿＿。

1　りんごが　　　2　あります　　　3　おいし　　　4　そうな

PRACTICE TEST

5 ＿＿＿＿ ＿★＿。 ＿＿＿＿ ＿＿＿＿。

1　明日は　　　　　　　　2　運動会は

3　雨らしい　　　　　　　4　だめかもしれない

もんだい3　1から 5に 何を 入れますか。1・2・3・4から いちばん いい ものを 一つ えらんで ください。

(1)

田中君が 今 使って いる 自転車は とても 古いので もうすぐ こわれそうです。新しいのを ┃1┃ とても 高いから もっと アルバイトを しないと お金が 足りません。でも 今は 勉強も 忙しいので そんな 時間は ┃2┃ です。

1　　1　買ったそうですが
　　 2　買いたいようですが
　　 3　買うはずがないですが
　　 4　買ったようですが

2　　1　あるそう　　　　　　2　ありそう
　　 3　なそう　　　　　　　4　なさそう

135

(2)

夜　となりの　人の　部屋で　へんな　音が　した。となりの　人は　今　旅行中なので　 3 　。どろぼうかも　 4 　と　思った。こわかったが　心配だったので　そっと　見に　行った。けれども　だれも　いなかった。窓が　 5 　いて、そこから　風が　入って　音が　して　いたのだ。

3 　1　家に　いる　はずがない
　　2　家に　いる　そうだ
　　3　家に　いる　はずだ
　　4　家に　いる　ようだ。

4 　1　しらない　　2　しれない　　3　しない　　4　しられない

5 　1　閉まって　　2　閉めて　　3　開いて　　4　開けて

PRACTICE TEST

もんだい 4 つぎの文章を読んで、質問に答えてください。答えは1・2・3・4から、いちばんいいものを一つえらんでください。

手紙

中村さん、長い間小説の本を返せなくてごめんなさい。実は机の引き出しの中に入れておいて、引き出しの鍵をどこかでなくしてしまいました。それで、今まで本を読めませんでした。昨日やっと引き出しが開いたので、読み始めました。あさってなら返せると思います。

羽田　一郎

---

1 一郎さんはどうして本が読めなかったのですか。

1　小説の本を買わなかったので。
2　本を返してしまったので。
3　引き出しの鍵をなくしたので。
4　引き出しに本がなかったので。

2 中村さんが貸した本は今どこにありますか。

1　どこにあるか分かりません。
2　引き出しの中にあります。
3　中村さんが持っています。
4　一郎さんが読んでいます。

もんだい 5　つぎの文章を読んで、質問に答えてください。答えは1・2・3・4から、いちばんいいものを一つえらんでください。

川田さんは絵を見るのが大好きです。一人でゆっくりと好きな絵を見るために、今年は5月の連休に外国へ行きました。でも、一人で飛行機に乗るのは初めてなので、少し心配でした。
旅行した国では、日本と時間が違うので、はじめは少し眠くなりました。また、食べ物も辛かったので、水をたくさん飲みすぎておなかが痛くなってしまいました。でも、見たかった絵をゆっくり見ることができたので、そんなことはすぐ忘れてしまいました。
写真と違って、自分の目で見た絵は、忘れることのできない美しさでした。川田さんは、旅行中に友達になった人に、今でも手紙を書いています。

1　川田さんはどんなことが好きですか。
1　外国に行って友達に手紙を書くこと
2　一人でゆっくり絵を見ること
3　友達と美術館に行くこと
4　5月の休みに旅行をすること

PRACTICE TEST

2 川田さんはなにが「少し心配でした」か。
1. 旅行した国で眠くなってしまうこと
2. 初めて一人で飛行機に乗ること
3. 水を飲みすぎておなかが痛くなること
4. 食べ物が辛くて水を飲みすぎること

3 川田さんの旅行をいちばん正しく説明しているのはどれですか。
1. 川田さんが自分の目で見た絵は写真と同じぐらい美しかった。
2. 前から見たかった大好きな絵を見ることができてよかった。
3. 嫌なことをすぐに忘れたので、好きな絵を見ることができた。
4. 川田さんが見た絵を友達も好きだと言ったので、嬉しかった。

4 旅行中に友達になった人とは今でも何をしていますか。
1. 今でも手紙を書いています。
2. 今でもよく絵を見ています。
3. 今でも電話をかけています。
4. 今でもよく会っています。

139

PRACTICE TEST

もんだい6 　日本語学校のパーティーの案内を見ながら質問に答えてください。答えは1・2・3・4から、いちばんいいものを一つえらんでください。

1　パーティーへ行きたい人はどうすればいいですか。
1　米田さんに電話をします。
2　さくら市民センターに行きます。
3　ダンスの練習をします。
4　米田さんに3,000円払います。

2　パーティーはいつですか。
1　11月15日　　　　　　　2　11月30日
3　12月15日　　　　　　　4　12月30日

パーティーの案内

1．時間：　　12月30日(金)18時〜22時
2．場所：　　さくら市民センター1階大ホール
3．参加費用：3,000円
　　　　　　（パーティーが始まるまえに払ってください。）
4．申し込み：11月30日〜12月15日の間に
　　　　　　米田(TEL. 047-2478-****)に連絡してください。

chapter 03 청해

N4 3교시

날씨 파악 문제

날씨를 파악하는 문제에는 주로 날씨의 변화에 대해 묻는 문제가 나올 수 있다. 지금은 날씨가 좋지만 나중에 비가 올 것 같다 라던가, 지금은 흐리지만 나중엔 날씨가 갠다던가, 또는 일기예보에는 이렇게 말했지만 실제 날씨는 다르다는 식의 문제가 나올 수 있다. 자주 나오는 표현으로는 晴(は)れ(맑음), 曇(くも)り(흐림), 晴(は)れる(개다), 曇(くも)る(흐리다), 雨(あめ)が降(ふ)る(비가 내리다), 雨(あめ)が止(や)む(비가 그치다), 降(ふ)りそうだ(내릴 것 같다), 風(かぜ)(바람), 雪(ゆき)(눈), 空(そら)(하늘), 強(つよ)い(강하다), 弱(よわ)い(약하다), 暗(くら)い(어둡다), ひどい(심하다) 가 있다.

대화를 잘 듣고 맞는 답을 하나 고르시오.

1 ばん

① 曇りです
② 晴れです
③ 強い雨です
④ 弱い雨です

2 ばん

① 曇っている
② 雨が強く降っている
③ 雨が少し降っている
④ 晴れている

PRACTICE TEST

3 ばん

① 晴はれです
② 曇くもりです
③ 雨あめです
④ 雪ゆきです

4 ばん

① 雨あめが降ふっています
② 曇くもっています
③ 晴はれています
④ 雪ゆきが降ふっています

스크립트

문제 1

質問 女(おんな)の人(ひと)と男(おとこ)の人(ひと)が電話(でんわ)で話(はな)しています。男の人のいる場所(ばしょ)は今(いま)どんな天気(てんき)ですか。男の人のいる場所です。

女：もしもし。私、今(いま)駅(えき)。これから電車(でんしゃ)に乗(の)って、後(あと)30分ぐらいでそっちに行(い)けると思(おも)う。
男：うん、わかった。そっち、雨(あめ)降(ふ)ってるんじゃない。
女：もうすごいよ。服(ふく)も濡(ぬ)れちゃうし。そっちも降ってるの？
男：こっちも空(そら)が暗(くら)くて、いつ降(ふ)り出(だ)してもおかしくないけど、まだ降ってはいない。でも、もうすぐ降ってくるかもね。

1．曇(くも)りです。
2．晴(は)れです。
3．強(つよ)い雨(あめ)です。
4．弱(よわ)い雨(あめ)です。

질문 여자와 남자가 전화로 이야기하고 있습니다. 남자가 있는 장소는 지금 어떤 날씨입니까? 남자가 있는 장소입니다.

여 : 여보세요. 나 지금 역이야. 지금 전철을 타고 가면 30분도 후에는 그쪽으로 갈 수 있을 것 같아.
남 : 응. 알았어. 거기 비 오지 않아?
여 : 엄청 내리고 있어. 옷도 다 젖고. 거기도 비 오니?
남 : 여기도 하늘이 깜깜한 것이, 언제라도 퍼부을 기세지만 아직은 안 내려. 하지만 곧 내릴지도 모르겠어.

1. 흐립니다.
2. 맑습니다.
3. 강한 비입니다.
4. 약한 비입니다.

> **중요표현**
> 1. 동사ます형+出(だ)す는 ~하기 시작하다(갑자기) 라는 복합동사. 降(ふ)り出(だ)す(내리기 시작하다), 泣(な)き出(だ)す(울기 시작하다)
> 2. まだ~ていない는 아직~않다 라는 뜻. 본문에서 남자가 まだ降(ふ)っていない(아직 내리지 않는다) 라고 말하고 있기 때문에 남자가 있는 곳의 날씨는 비는 오지 않고 흐리다는 것을 알 수 있다.

문제 2

質問 女(おんな)の人(ひと)と男(おとこ)の人(ひと)が電話(でんわ)で話(はな)しています。男の人がいるところは今(いま)どんな天気(てんき)ですか。

女：もしもし、私ですけど、そっちの天気(てんき)はどう？
男：天気？うーん、朝(あさ)は雨(あめ)が強(つよ)かったんだけど、今(いま)はそれほどでもないよ。こっちに着(つ)くごろには止(や)むかもね。
女：そっか、でも、傘(かさ)もってくね。
男：うん、そうだね。気(き)をつけてきてね。

1. 曇(くも)っている。
2. 雨が強く降っている。
3. 雨が少(すこ)し降っている。
4. 晴(は)れている。

질문 여자와 남자가 전화로 이야기하고 있습니다. 남자가 있는 곳은 지금 어떤 날씨입니까?

여 : 여보세요. 난데. 거기 날씨 어때?
남 : 날씨? 으음.. 아침에는 비가 심하게 내렸지만 지금은 그 정도는 아니야. 이곳에 도착할 즈음이면 그칠지도 모르겠다.
여 : 그래? 하지만 우산은 가지고 갈게.
남 : 응. 그래. 조심히 와.

1. 흐려있다.
2. 비가 심하게 내리고 있다.
3. 비가 조금 내리고 있다.
4. 개어 있다.

> **중요표현**
> 1. 이 문제를 푸는 키포인트는 **それほどでもない**(그 정도는 아니다) 라는 부분이다. 아침에 비가 많이 왔으나 지금은 그 정도는 아니니까 비가 조금 내린다고 유추할 수 있다.

스크립트

문제 3

質問 男(おとこ)の人(ひと)と女(おんな)の人(ひと)が会社(かいしゃ)で話(はな)しています。今(いま)どんな天気(てんき)ですか。

男：おはようございます。寒(さむ)いですね。
女：本当(ほんとう)、天気(てんき)も悪(わる)いし。雨(あめ)が降(ふ)り出(だ)しそうな天気ですね。
男：そういえば、雪(ゆき)になるそうですよ。天気予報(てんきよほう)で言(い)ってました。
女：そうなんですか。

1. 晴(は)れです。
2. 曇(くも)りです。
3. 雨です。
4. 雪です。

질문 남자와 여자가 회사에서 이야기를 하고 있습니다. 지금 어떤 날씨입니까?

남 : 안녕하세요. 춥네요.
여 : 정말 그러네요. 날씨도 나쁘고. 비가 내릴 것 같은 날씨네요.
남 : 그러고 보니 눈이 온다고 했어요. 일기예보에서 그랬어요.
여 : 그래요?

1. 맑습니다.
2. 흐립니다.
3. 비입니다.
4. 눈입니다.

> **중요표현**
> 1. 동사ます형+そうだ(양태) ~할 것 같다. **降(ふ)り出(だ)す**(내리기시작하다)→**降(ふ)り出(だ)しそうだ**(내리기 시작할 것 같다), **晴(は)れる**(개다) → **晴(は)れそうだ**(갤 것 같다)
> 2. 동사 기본형+そうだ(전문) ~라고 합니다. **雪(ゆき)になるそうです**(눈이 내린다고 합니다), **雨(あめ)が止(や)むそうです**(비가 그친다고 합니다)

& 해설

문제 4

質問 お母(かあ)さんと娘(むすめ)が話(はな)しています。今(いま)どんな天気(てんき)ですか。今(いま)です。

娘：行(い)ってきます。あ、お母(かあ)さん、傘(かさ)取(と)って。
母：え、降(ふ)ってるの。
娘：まだだけど、空(そら)も暗(くら)いし、降(ふ)りそうよ。
母：変(へん)ねえ。天気予報(てんきよほう)じゃ、一日中(いちにちじゅう)晴(は)れるって言(い)っていたわよ。
娘：寒(さむ)いから、帰(かえ)りは雪(ゆき)かもしれない。

1. 雨が降っています。
2. 曇(くも)っています。
3. 晴(は)れています。
4. 雪が降っています。

질문 어머니와 딸이 이야기를 하고 있습니다. 지금 어떤 날씨입니까? 지금입니다.

딸 : 다녀오겠습니다. 아, 어머니. 우산 주세요.
어머니 : 어, 비오니?
딸 : 아직 안 내리지만 하늘도 어둡고 꼭 내릴 것 같아.
어머니 : 이상하네. 일기예보에서는 하루 종일 갤 거라고 그랬어.
딸 : 추워서 돌아오는 길엔 눈이 올지도 모르겠어.

1. 비가 내리고 있습니다.
2. 흐려 있습니다.
3. 개어 있습니다.
4. 눈이 내리고 있습니다.

중요표현

1. 取(と)る는 물건을 집다 라는 뜻. 取(と)って(집어 줘)는 取(と)ってください(집어 주세요)의 반말 투이다.
2. ~かもしれない ~일지도 모르겠다(추측) 雪(ゆき)かもしれない(눈일지도 모르겠다), 雨(あめ)が降(ふ)るかもしれない(비가 내릴지도 모르겠다)

N4

뉴 일본어 능력시험

Part 06

문자/어휘 chapter 01
필수 い형용사/필수 な형용사

문법/독해 chapter 02
전달/비유, 예시

청해 chapter 03
병의 증상, 약의 복용 문제

chapter 01 문자/어휘

필수 い형용사

重おもい 무겁다	早はやい 빠르다, 이르다(시기적으로)
速はやい 빠르다(속도)	強つよい 강하다, 세다
明あかるい 밝다	暗くらい 어둡다
古ふるい 오래되다	広ひろい 넓다
近ちかい 가깝다	遠とおい 멀다
正ただしい 바르다	長ながい 길다
短みじかい 짧다	黒くろい 검다
黄色きいろい 노랗다	赤あかい 빨갛다
青あおい 푸르다	白しろい 희다
暑あつい 덥다	厚あつい 두껍다
熱あつい 뜨겁다	悪わるい 나쁘다
良いい 좋다	低ひくい 낮다

필수 な형용사

熱心ねっしんだ 열심이다	便利べんりだ 편리하다
不便ふべんだ 불편하다	丈夫じょうぶだ 튼튼하다
安全あんぜんだ 안전하다	失礼しつれいだ 실례다
大切たいせつだ 소중하다, 중요하다	無理むりだ 무리다
結構けっこうだ 괜찮다	必要ひつようだ 필요하다
危険きけんだ 위험하다	残念ざんねんだ 유감스럽다
丁寧ていねいだ 정중하다	真面目まじめだ 성실하다
自由じゆうだ 자유롭다	不自由ふじゆうだ 부자유스럽다
きらいだ 싫어하다	駄目だめだ 안 된다, 불가능하다
適当てきとうだ 적당히 하다	得意とくいだ 잘 하다, 아주 잘하다
苦手にがてだ 서툴다, 잘하지 못하다	盛さかんだ 왕성하다, 번성하다
上手じょうずだ 능숙하다	下手へただ 서투르다
安全あんぜんだ 안전하다	

もんだい1　＿＿＿の　ことばは　どう　よみますか。1・2・3・4から
　　　　　いちばん　いい　ものを　ひとつ　えらんで　ください。

1　グランドピアノは　とても　重いです。
　　1　おもい　　　　2　ふとい　　　　3　かるい　　　　4　たかい

2　昨日(きのう)より　早く　来ました。
　　1　やすく　　　　2　かるく　　　　3　はやく　　　　4　おそく

3　秋(あき)の　青い　空が　とても　好きです。
　　1　たかい　　　　2　あおい　　　　3　きいろい　　　4　あかい

4　彼女(かのじょ)は　性格(せいかく)が　明るくて　人に　やさしいです。
　　1　かわいくて　　2　かるくて　　　3　くらくて　　　4　あかるくて

5　コンピューターが　古く　なって　新しいのを　買いました。
　　1　やすく　　　　2　あまく　　　　3　ふるく　　　　4　おもしろく

6　この　町(まち)は　けっこう　広いですね。
　　1　せまい　　　　2　ひろい　　　　3　おおきい　　　4　ちいさい

7　近い　所(ところ)に　公園(こうえん)が　ありますか。
　　1　ちかい　　　　2　とおい　　　　3　せまい　　　　4　ひろい

PRACTICE TEST

8 外国語（がいこくご）を 正（ただ）しく 発音（はつおん）するのは 難（むずか）しいです。

1 したしく　　2 あたらしく　　3 いとしく　　4 ただしく

もんだい 2　　_____の ことばは どう かきますか。1・2・3・4からい ちばん いい ものを ひとつ えらんで ください。

1 あの くろい 箱（はこ）だけ 運（はこ）んで ください。

1 黄色い　　2 赤い　　3 白い　　4 黒い

2 子供なのに 力（ちから）が とても つよいですね。

1 弱い　　2 強い　　3 軽い　　4 重い

3 鳥は 寒（さむ）く なると とおい ところへ 行って しまいます。

1 遠い　　2 近い　　3 広い　　4 狭い

4 私は さむい 日より あつい 日のほうが 好きです。

1 冷たい　　2 涼しい　　3 暑い　　4 暖かい

5 だんだん 環境（かんきょう）が わるく なります。

1 易しく　　2 汚く　　3 良く　　4 悪く

6 この 部屋は くらいので 電気を つけましょう。
1 暗い　　　2 黒い　　　3 白い　　　4 明い

7 椅子が ひくくて 黒板が よく 見えないです。
1 丸くて　　2 浅くて　　3 低くて　　4 高くて

8 彼女は 足が みじかいのが コンプレックスです。
1 細い　　　2 短い　　　3 長い　　　4 太い

もんだい 3 （　　）に なにを いれますか。1・2・3・4から いちばん いい ものを ひとつ えらんで ください。

1 仕事に （　　　　） 人は かっこいいです。
1 ねっしんな　2 てきとうな　3 ふまじめな　4 ゆうめいな

2 もし （　　　　） ところが ありましたら、店員を 呼んで ください。
1 じょうずな　2 じょうぶな　3 べんりな　4 ふべんな

3 （　　　　）体を つくるのは 大事です。
1 にぎやかな　2 しずかな　3 じょうぶな　4 きらいな

PRACTICE TEST

4 ここなら 地震(じしん)が おきても （　　　）です。

　　1　きけん　　　2　あんぜん　　　3　ふくざつ　　　4　とくい

5 授業中(じゅぎょうちゅう)に 電話を するのは （　　　）と 思います。

　　1　まんぞくだ　2　しずかだ　　　3　しあわせだ　　4　しつれいだ

6 初恋(はつこい)の 人に もらった （　　　） 手紙(てがみ)です。

　　1　たいせつな　2　ひつような　　3　ふまんな　　　4　げんきな

7 一日(いちにち)で これを 全部(ぜんぶ) やるのは （　　　）です。

　　1　きれい　　　2　げんき　　　　3　あんしん　　　4　むり

8 （　　　） サークル活動(かつどう)が したいです。

　　1　ふべんな　　2　にがてな　　　3　じゆうな　　　4　しんせつな

もんだい 4 　　_____の　ぶんと　だいたい　おなじいみの　ぶんが　あります。1・2・3・4から　いちばん　いい　ものを　ひとつ　えらんで　ください。

[1] 子供(こども)は　運動(うんどう)が　きらいです。
1　子供は　運動を　するのを　いやがります。
2　子供は　運動を　するのを　うれしがります。
3　子供は　運動を　するのを　待(ま)って　います。
4　子供は　運動を　するのを　たのしみに　して　います。

[2] ここなら　あんぜんです。
1　ここなら　うるさいです。
2　ここなら　うるさく　ないです。
3　ここなら　あぶないです。
4　ここなら　あぶなく　ないです。

[3] この　町(まち)は　買い物に　ふべんですね。
1　この　町(まち)は　家が　あまり　ないですね。
2　この　町(まち)は　店(みせ)が　あまり　ないですね。
3　この　町(まち)は　学校が　あまり　ないですね。
4　この　町(まち)は　公園(こうえん)が　あまり　ないですね。

PRACTICE TEST

もんだい 5　つぎの　ことばの　つかいかたで　いちばん　いい　ものを　1．2．3．4から　ひとつ　えらんで　ください。

1 　だめだ

1　バラの　花が　だめに　咲いて　います。
2　明日は　忙しくて　飲み会は　だめです。
3　あの　選手は　背が　だめで、バスケットボールが　上手です。
4　運動を　して　体が　だめに　なりました。

2 　てきとうだ

1　やっぱり　てきとうな　店員が　いいです。
2　私は　日本の　音楽が　とても　てきとうです。
3　彼は　最近　てきとうに　なって　仕事を　がんばって　います。
4　てきとうに　仕事を　しては　困ります。

3 　にがてだ

1　駅も　近いし　交通が　にがてです。
2　ひさしぶりですね。おにがてですか。
3　姉は　料理が　にがてです。
4　私の　理想は　顔が　にがてな　人です。

chapter 02 문법/독해

N4 2교시

01 ~そうだ ~라고 하다

남에게 들은 이야기를 전달하는 표현이다. 흔히 「전문의 そうだ」라고 부른다. 활용은 각 품사의 기본형에 붙이면 되는데 명사의 현재형일 경우 「명사 だ+そうだ」의 형태이니 주의하자. 다른 곳에서 들은 것의 출처나 추측의 근거를 나타내는 ~によると(~에 의하면) 이라는 표현도 함께 알아두자.

明日　山田さんの　誕生日だそうです。
내일 야마다씨의 생일이라고 합니다.

この　映画は　怖いそうです。
이 영화는 무섭다고 합니다.

田中さんの　彼女は　きれいだそうです。
타나까씨의 여자친구는 예쁘다고 합니다.

新聞によると　来年は　景気が　よくなるそうです。
신문에 의하면 내년에는 경기가 좋아진다고 합니다.

02 ~と言(い)う ~라고 말하다, ~라고 하다

인용을 나타내는 표현이다.

木村さんは　私に　「おやすみ」と　言いました。
기무라씨는 내게 「잘 자」라고 말했습니다.

日本では　ご飯を　食べる　とき　「いただきます」と　言います。
일본에서는 밥을 먹을 때 「잘 먹겠습니다」라고 말합니다.

先生は　金曜日は　授業が　ないと　言いました。
선생님은 금요일은 수업이 없다고 했습니다.

문법 필수 문형 – 전달/비유, 예시

03 ～ようだ ~같다

비유, 예시 표현이다. まるで(마치)와 같은 부사와 함께 쓰이는 경우가 많다. 보통 「명사 の+ようだ」「동사기본형+ようだ」와 같은 형태로 주로 사용된다.

彼は　背が　高くて　モデルの　ようです。
그는 키가 커서 모델 같습니다.

顔が　赤くて　まるで　お酒を　飲んだ　ようです。
얼굴이 빨개서 마치 술을 마신 것 같습니다.

04 ～ような ~같은

비유, 예시 표현이다. まるで(마치)와 같은 부사와 함께 쓰이는 경우가 많다. 보통 「명사 の+ような」「동사기본형+ような」와 같은 형태로 주로 사용된다.

まるで　夢の　ような　話ですね。
마치 꿈같은 이야기이네요.

どこかで　見た　ような　デザインです。
어딘가에서 본 것 같은 디자인입니다.

05 ～ように ~같이, ~처럼

비유, 예시 표현이다. まるで(마치) 같은 부사와 함께 쓰이는 경우가 많다. 보통 「명사 の+ように」「동사기본형+ように」와 같은 형태로 주로 사용된다.

まるで　夜中の　ように　暗いです。
마치 한밤중처럼 어둡네요.

資料に　書いて　ある　ように　よく　売れて　います。
자료에 쓰여 있는 것처럼 잘 팔리고 있습니다.

もんだい1　（　　）に　何を　入れますか。1・2・3・4から　いちばん　いい　ものを　一つ　えらんで　ください。

1　誰でも　魚の　（　　　）　泳ぎたいと　思った　ことが　あるでしょう。
　　1　ように　　　2　ような　　　3　ようだ　　　4　ようで

2　山下さんは　「また　電話します」（　　　）　言って　いました。
　　1　で　　　　　2　に　　　　　3　と　　　　　4　か

3　天気予報（　　　）、今夜は　雪が　降るそうです。
　　1　になると　　2　によると　　3　だったら　　4　だから

4　そんな　夢の　（　　　）　話は　うそだと　思います。
　　1　ようで　　　2　ような　　　3　ように　　　4　ような

5　友達の　話では　新しい　辞書は　とても　（　　　）そうです。
　　1　いい　　　　2　よく　　　　3　いいだ　　　4　よくて

6　山田さんは　つかれて、（　　　）　ように　寝て　いる。
　　1　死に　　　　2　死ぬ　　　　3　死ねば　　　4　死んだ

7　ニュースによると、北海道で　大きい　地震が　（　　　）そうです。
　　1　あった　　　2　あり　　　　3　あります　　4　あって

PRACTICE TEST

8 二人は まるで ほんとうの 兄弟（きょうだい）（　　　）。
　　1 ようだ　　　2 のようだ　　　3 そうだ　　　4 らしい

9 東京（とうきょう）は 夜でも 昼間（ひるま）の （　　　） 明るいですね。
　　1 より　　　2 ような　　　3 ように　　　4 ようだ

10 彼は まるで お酒を （　　　） ような 顔（かお）を して います。
　　1 飲み　　　2 飲んで　　　3 飲んだ　　　4 飲むの

11 母は はじめて ひこうきに 乗って、子供の （　　　） よろこんだ。
　　1 ぐらい　　　2 そうに　　　3 らしい　　　4 ように

12 集（あつ）まりは （　　　）そうです。
　　1 日曜日だ　　　2 日曜日の　　　3 日曜日な　　　4 日曜日で

13 どこかで 聞いた （　　　） 話です。
　　1 ようだ　　　2 ように　　　3 よう　　　4 ような

14 この 湖（みずうみ）は 広くて まるで （　　　） ようですね。
　　1 海　　　2 海だ　　　3 海の　　　4 海に

15 木村（きむら）さんは 野菜（やさい）が （　　　）そうです。
　　1 嫌（きら）いな　　　2 嫌（きら）いだ　　　3 嫌（きら）いに　　　4 嫌（きら）いの

もんだい2　＿＿＿★＿＿＿に　入（はい）る　ものは　どれですか。1・2・3・4から
　　　　　　いちばん　いい　ものを　一（ひと）つ　えらんで　ください。

1　ニュースに　＿＿＿、＿＿＿　＿＿＿　＿＿★＿＿　そうです。
　　1　よると　　　2　火事（かじ）が　　3　あった　　　4　渋谷（しぶや）で

2　みんなが　＿＿＿　＿★＿　＿＿＿　＿＿＿。
　　1　歌（うた）いはじめた　　　2　元気に
　　3　ように　　　　　　　　　　4　子供の

3　日本では　＿★＿　＿＿＿、＿＿＿　＿＿＿。
　　1　「さようなら」と　　　　2　言います
　　3　時（とき）　　　　　　　4　別（わか）れる

4　＿＿＿　＿＿＿　＿＿＿　＿＿★＿＿　いいと　思います。
　　1　ように　　　2　鳥（とり）の　　3　飛（と）べたら　　4　空（そら）が

5　まるで　＿＿＿　＿★＿　＿＿＿　＿＿＿ですね。
　　1　赤ちゃん　　2　の　　　3　ような　　4　人形（にんぎょう）

PRACTICE TEST

もんだい3　1から 5に 何を 入れますか。1・2・3・4から いちばん いい ものを 一つ えらんで ください。

(1)

日本に 来て はじめての 春、おもしろかったのは 花見 [1] しゅうかん です。もちろん 私の 国でも、花を 見て、みんなで 楽しみますが、日本 の [2] さくらという 特別な 花の [3] 特別な しゅうかんは あり ません。

(2)

この アパートは、20年前から 誰も 住んで いません。しかし、夜 おそ く なると、中から いろいろな 声や 音が [4] と 言います。それで、み んな この アパートを 「お化けアパート」と 呼んで いる [5] 。

[1]　1 という　　2 となる　　3 とする　　4 とくる

[2]　1 よう　　　2 ように　　3 ような　　4 ようだ

[3]　1 ためだ　　2 ため　　　3 ために　　4 ための

[4]　1 聞く　　　2 聞こえる　3 聞いて　　4 聞こう

[5]　1 ようにです　2 ためです　3 そうです　4 からです

もんだい 4　つぎの文章を読んで、質問に答えてください。答えは1・2・3・4から、いちばんいいものを一つえらんでください。

昨日の大雨がうそのように今日はとても好天です。さっそく有子と一緒に湖でボートに乗る約束をして、12時にデパートの前で会うことにしました。でも、今日にかぎってバスが遅れました。バスがなかなか来なくて15分も遅れて約束の場所に着きました。

1　今日の天気はどうですか。

　1　大雨です。
　2　とてもいいです。
　3　午前中は大雨です。
　4　午後からはいい天気になります。

2　この人はどうして約束の場所に遅れて行きましたか。

　1　おそく起きたから。
　2　電車が遅れて来たから。
　3　有子が遅れて来たから。
　4　バスが遅れて来たから。

PRACTICE TEST

もんだい 5　つぎの文章を読んで、質問に答えてください。答えは1・2・3・4から、いちばんいいものを一つえらんでください。

昨日私はタローを病院へ連れて行きました。タローは去年私が友達からもらったかわいい子犬です。数日前からタローは元気がなく、食べ物もほとんど食べなくなりました。それで心配だったので近くの動物病院へ連れて行ったのです。病院でタローは注射をされて痛そうに鳴いていました。毎日薬も飲ませなければならないそうです。医者は、そうすれば1週間ぐらいでよくなるだろうと言いました。タローは注射も薬も嫌がっていましたが、私は医者の言葉を聞いて少し安心しました。

1　なぜ動物病院へ行きましたか。
1　タローが痛そうに鳴いていたから。
2　元気がないタローが心配だったから。
3　食べ物がほとんどなかったから買うために。
4　タローが注射や薬を嫌がっていたから。

2　子犬は誰からもらいましたか。
1　昨日医者からもらいました。
2　昨日友達からもらいました。
3　去年動物病院からもらいました。
4　去年友達からもらいました。

3 どうして「安心しました」か。
 1 毎日薬を飲ませればよくなると聞いたから。
 2 毎日注射をすればよくなると聞いたから。
 3 友達の家へ連れて行かせればよくなると聞いたから。
 4 ずっと寝かせればよくなると聞いたから。

4 この人のことを正しく説明しているのはどれですか。
 1 数日前から食べ物が食べられなかった。
 2 最初から心配ないだろうと思っていた。
 3 はじめは心配だったが後で少し安心した。
 4 痛くて鳴いていたが、1週間ぐらいでよくなった。

PRACTICE TEST

もんだい 6　次の旅行の予定を見ながら質問に答えてください。答えは1・
2・3・4から、いちばんいいものを一つえらんでください。

1　5月1日4時半ごろから何をしますか。
　1　ホテルに到着します。　　2　買い物をします。
　3　昼ごはんを食べます。　　4　カラオケに行きます。

2　今度の旅行でしないことは何ですか。
　1　歌を歌うこと　　　　　　2　海でボートに乗ること
　3　日本文化体験　　　　　　4　温泉

旅行の予定

日にち	時間	場所
5月1日	7:30	東京出発
	11:30	ホテル到着
	12:30	昼食
	13:00	湖でボートに乗る
	15:00	神社見学
	16:30	買い物
	18:00	夕食
	19:00	カラオケ
	21:00	部屋に戻る

日にち	時間	場所
5月2日	7:30	朝食
	8:30	散歩
	11:00	温泉
	12:00	旅館で昼食
	13:00	焼き物体験
	15:00	ホテル出発
	18:00	東京到着
	18:30	家に帰る

chapter 03 청해

병의 증상, 약의 복용 문제

병의 증상이나 약의 복용에 관한 문제도 출제 될 가능성이 높다. 이런 유형의 문제를 풀기 위해서는 다음과 같은 신체 부위나 병의 증상에 관한 표현들을 잘 익혀두는 것이 좋다. 頭(あたま)(머리), 目(め)(눈), 歯(は)(이), 喉(のど)(목), 手(て)(손), 足(あし)(다리,발), お腹(なか)(배), 腰(こし)(허리), 風邪(かぜ)を引(ひ)く(감기에 걸리다), 痛(いた)い(아프다), お腹(なか)をこわす(배탈이 나다), 怪我(けが)をする(다치다, 부상을 입다), 熱(ねつ)がある(열이 있다), 体(からだ)の調子(ちょうし)が悪(わる)い(몸 상태가 나쁘다)

대화를 잘 듣고 맞는 답을 하나 고르시오.

1ばん

2ばん

① ヒロシさんが手に怪我をしました
② ヒロシさんが足に怪我をしました
③ ヒロシさんの奥さんが手に怪我をしました
④ ヒロシさんの奥さんが足に怪我をしました

PRACTICE TEST

3 ばん

① 頭が痛いですが、熱はありません
② 頭が痛くて、熱もあります
③ お腹が痛いですが、熱はありません
④ お腹が痛くて、熱もあります

4 ばん

① 1日2回食事の前に飲みます
② 1日2回食事の後に飲みます
③ 1日3回食事の前に飲みます
④ 1日3回食事の後に飲みます

스크립트

문제 1

質問　女(おんな)の人(ひと)と男(おとこ)の人(ひと)が病院(びょういん)で話(はな)しています。男の人が今日(きょう)してはいけないのはどれですか。

女：どうしましたか。
男：昨日(きのう)からのどが痛(いた)いんです。
女：ちょっと口(くち)を開(あ)けてください。ああ、赤(あか)いですね。風邪(かぜ)ですね。今日(きょう)はゆっくりお風呂(ふろ)に入(はい)って、早(はや)く寝(ね)てください。
男：あのー、お酒(さけ)やたばこは。
女：あまりよくないですが、お酒は少(すこ)しならかまいません。たばこはやめてください。
男：これから会社(かいしゃ)に行(い)きたいんですが。
女：あまり無理(むり)しないで、今日は早(はや)めに帰(かえ)るようにしてくださいね。
男：はい。

질문　여자와 남자가 병원에서 이야기를 하고 있습니다. 남자가 오늘 해서는 안 되는 것은 어느 것입니까?

여 : 무슨 일이십니까?
남 : 어제부터 목이 아픕니다.
여 : 입을 좀 벌려 보세요. 아~ 빨갛군요. 감기네요. 오늘은 편안히 목욕을 한 후 일찍 주무세요.
남 : 저기, 술이나 담배는?
여 : 별로 좋지 않지만 술은 조금이라면 상관없습니다. 담배는 피우지 마세요.
남 : 지금부터 회사에 가고 싶은데요.
여 : 너무 무리하지 마시고 오늘은 일찍 돌아가도록 하세요.
남 : 예.

중요표현
1. ~なら ~이면, 少(すこ)しならかまいません(조금이면 상관없습니다) 본문에서 술은 조금 마시는 거라면 괜찮다고 말하고 있다.
2. 동사기본형+ようにする(~하도록 하다) 帰(かえ)るようにする(돌아가도록 하다)

문제 2

質問　男(おとこ)の人(ひと)と女(おんな)の人(ひと)が話(はな)しています。正(ただ)しいのはどれですか。

男：ヒロシさんが怪我(けが)で入院(にゅういん)しているそうですね。
女：いいえ、ヒロシさんじゃなくて、奥(おく)さんですよ。
男：あっ、そうですか。足(あし)の怪我らしいですね。
女：いいえ、手(て)ですよ。
男：あっ、そうですか。よく知(し)っていますね。
女：ええ、だって、昨日(きのう)、お見舞(みまい)に行きましたから。

1．ヒロシさんが手に怪我をしました。
2．ヒロシさんが足に怪我をしました。
3．ヒロシさんの奥さんが手に怪我をしました。
4．ヒロシさんの奥さんが足に怪我をしました。

질문　남자와 여자가 이야기를 하고 있습니다. 올바른 것은 어느 것입니까?

남 : 히로시씨가 다쳐서 입원해 있다고 합니다.
여 : 아니에요. 히로시씨가 아니라 부인입니다.
남 : 아, 그래요? 다리 부상이라는 것 같아요.
여 : 아니에요. 손이에요.
남 : 앗, 그렇습니까? 잘 알고 계시네요.
여 : 예. 왜냐면 어제 병문안을 갔었으니까요.

1. 히로시씨가 손에 부상을 입었습니다.
2. 히로시씨가 다리에 부상을 입었습니다.
3. 히로시씨의 부인이 손에 부상을 입었습니다.
4. 히로시씨의 부인이 다리에 부상을 입었습니다.

중요표현
1. ~らしい는 추측성 표현으로 ~인 것 같다, ~인 듯하다라는 뜻. **怪我(けが)らしい**(부상인 것 같다)

스크립트

문제 3

質問　子供(こども)とお母(かあ)さんが話(はな)しています。この男の子は今(いま)どんな具合(ぐあい)ですか。

子：お母(かあ)さん、薬(くすり)の箱(はこ)、どこ？頭(あたま)が痛(いた)くて。
母：熱(ねつ)は？
子：ない。
母：お腹(なか)は？
子：朝(あさ)はちょっと痛(いた)かったけど、今は治(なお)った。
母：風邪(かぜ)かしらねえ。

1．頭が痛いですが、熱はありません。
2．頭が痛くて、熱もあります。
3．お腹が痛いですが、熱はありません。
4．お腹が痛くて、熱もあります。

질문　아이와 어머니가 이야기하고 있습니다. 이 남자아이는 지금 어떤 상태입니까?

아이 : 어머니, 약 상자, 어디에요? 머리가 아파서.
어머니 : 열은?
아이 : 없어요.
어머니 : 배는?
아이 : 아침에는 조금 아팠지만 지금은 나았어요.
어머니 : 감기일지도 모르겠네.

1. 머리가 아프지만 열은 없습니다.
2. 머리가 아프고 열도 있습니다.
3. 배가 아픕니다만 열은 없습니다.
4. 배가 아프고 열도 있습니다.

중요표현
1. **治(なお)る** 병이 낫다. 본문에서 아이가 **今(いま)**は治(なお)った(지금은 나았다)라고 말하고 있으므로 지금은 배가 아프지 않다는 것을 유추할 수 있다.
2. **～かしら** 의문의 뜻을 나타냄. …일지[인지] 몰라. …을까. …일까.

문제 4

質問　女(おんな)の人(ひと)と男(おとこ)の人(ひと)が話(はな)しています。男の人は薬(くすり)をどのように飲(の)まなければなりませんか。

女：山田(やまだ)さん、これが薬(くすり)ですよ。1日(いちにち)3回(かい)、食事(しょくじ)の後(あと)に、飲(の)んでください。

男：わかりました。あのう、私は朝(あさ)ごはんを食べないときもありますが、そのときは、2回でもいいですか。

女：薬はきちんと1日3回飲まなければ治(なお)りませんよ。朝ごはんもきちんと食べてくださいね。

男：はい、わかりました。

1．1日2回食事の前に飲みます。
2．1日2回食事の後に飲みます。
3．1日3回食事の前に飲みます。
4．1日3回食事の後に飲みます。

질문　여자와 남자가 이야기를 하고 있습니다. 남자는 약을 어떤 식으로 먹어야합니까?

여 : 야마다씨. 이게 약이에요. 하루에 3번 식사 후에 드세요.

남 : 알겠습니다. 저기요, 저는 아침을 먹지 않을 때도 있는데요. 그럴 때는 2번 먹어도 됩니까?

여 : 약은 정확히 하루에 3번 먹지 않으면 낫지 않아요. 아침밥도 꼭 드세요.

남 : 예. 알겠습니다.

1.하루에 2번 식사 전에 먹습니다.
2.하루에 2번 식사 후에 먹습니다.
3.하루에 3번 식사 전에 먹습니다.
4.하루에 3번 식사 후에 먹습니다.

> **중요표현**
> 1. 薬(くすり)(약)은 食(た)べる(먹다)아니라 반드시 飲(の)む(마시다)라는 동사를 사용한다.
> 2. きちんと 정확히, 꼭

N4

뉴 일본어 능력시험

Part 07

문자/어휘 chapter 01
필수 い형용사/필수 부사

문법/독해 chapter 02
시점/목적, 이유/습관

청해 chapter 03
지시하거나 부탁하는 문제

chapter 01 문자/어휘

필수 い형용사

赤あかい 빨갛다	狭せまい 좁다	多おおい 많다
新あたらしい 새것이다	柔やわらかい 부드럽다	怖こわい 무섭다
眠ねむい 졸리다	恥はずかしい 창피하다	深ふかい 깊다
親したしい 친하다	激はげしい 격렬하다	正ただしい 바르다
悪わるい 나쁘다	悲かなしい 슬프다	嬉うれしい 기쁘다
甘あまい 달다	酸すっぱい 시다	油あぶらっこい 기름기가 많다
珍めずらしい 희귀하다	厳きびしい 엄하다	煩うるさい 시끄럽다
暖あたたかい 따뜻하다	暗くらい 어둡다	

필수 부사

そろそろ 슬슬, 이제	なるべく 가능한 한
かならず 반드시	たまに 가끔
ずっと 계속, 쭉	さっき 좀 전
いちばん 가장	いっしょうけんめい 열심히
やっと 겨우	まじめに 성실하게
とうとう 드디어, 마침내, 결국	なかなか 좀처럼, 꽤, 상당히
ゆっくり 천천히, 느긋하게	すくなくとも 적어도
ひじょうに 상당히	

PRACTICE TEST

もんだい 1 ＿＿＿の ことばは どう よみますか。1・2・3・4から いちばん いい ものを ひとつ えらんで ください。

1 友達は 酒を 飲むと 顔が 赤く なります。
　1 くろく　　2 あおく　　3 しろく　　4 あかく

2 今の 部屋は 狭くて 不便です。
　1 せまくて　　2 ひろくて　　3 ながくて　　4 みじかくて

3 この 町は 人が 多くて いつも 賑やかです。
　1 おおきくて　2 すくなくて　3 あおくて　4 おおくて

4 正月を むかえて、新しい 気分に なりました。
　1 うれしい　　2 あたらしい　3 おかしい　　4 たのしい

5 油っこい ものは あまり 好きじゃ ありません。
　1 あぶらっこい　　　　2 かっこい
　3 やすらっこい　　　　4 すばらっこい

6 子供の 時は 父が とても 怖かったです。
　1 よわかった　2 こわかった　3 つよかった　4 ちいさかった

7 眠いけれど 試験勉強を しなければ ならない。
　1 にがい　　2 おもい　　3 ねむい　　4 かるい

179

[8] 皆（みんな）の 前で 発表（はっぴょう）して とても 恥ずかしかったです。
　　1　みずかしかった　　　　　　2　めずかしかった
　　3　むずかしかった　　　　　　4　はずかしかった

もんだい 2　＿＿＿の ことばは どう かきますか。1・2・3・4から いちばん いい ものを ひとつ えらんで ください。

[1] あの 川は とても ふかいです。
　　1　探い　　　2　深い　　　3　究い　　　4　侵い

[2] 体（からだ）の 具合（ぐあい）が わるいです。
　　1　悪い　　　2　亜い　　　3　唖い　　　4　椏い

[3] 恋人（こいびと）と わかれて とても かなしいです。
　　1　誹しい　　2　緋しい　　3　非しい　　4　悲しい

[4] 試験（しけん）に 合格（ごうかく）して うれしかったです。
　　1　薬しかった　2　善しかった　3　嬉しかった　4　楽しかった

[5] 砂糖（さとう）を 入れると コーヒーが あまく なります。
　　1　辛く　　　2　甘く　　　3　苦く　　　4　酸っぱく

PRACTICE TEST

6 <u>めずらしい</u> 動物を 見た ことが ありますか。
   1 惨しい　　2 珍しい　　3 欲しい　　4 瑞しい

7 娘には <u>きびしい</u>です。
   1 憂しい　　2 優しい　　3 厳しい　　4 嚴しい

8 外が <u>うるさい</u>から 窓を 閉めて ください。
   1 繁い　　2 静い　　3 煩い　　4 賑い

もんだい3　（　　）に なにを いれますか。1・2・3・4から いちばん いい ものを ひとつ えらんで ください。

1 （　　　　）帰りましょうか。
   1 やっと　　2 とくに　　3 なかなか　　4 そろそろ

2 会議が あるので、（　　　　）はやく 来て ください。
   1 ずっと　　2 さっき　　3 なるべく　　4 よく

3 （　　　　）復習を して います。
   1 さっき　　2 かならず　　3 そろそろ　　4 それほど

4 冬に なると、（　　　　）風邪を ひきます。
　　1　よく　　　　2　それほど　　　3　ゆっくり　　　4　さっき

5 彼と 遠距離なので（　　　　）しか 会えません。
　　1　たまに　　　2　よく　　　　3　やっと　　　　4　ずっと

6 外で（　　　　）彼女を 待ちました。
　　1　かならず　　2　なるべく　　　3　ずっと　　　　4　そろそろ

7 （　　　　）社長から 電話が ありました。
　　1　すこし　　　2　さっき　　　　3　まだ　　　　　4　すっかり

8 レポートが（　　　　）書きおわりました。
　　1　ゆっくり　　2　たまに　　　　3　ぜひ　　　　　4　やっと

PRACTICE TEST

もんだい 4 　＿＿＿＿の ぶんと だいたい おなじいみの ぶんが あります。1・2・3・4から いちばん いい ものを ひとつ えらんで ください。

1   なるべく はやく 来て ください。
   1 できるだけ はやく 来て ください。
   2 かならず はやく 来て ください。
   3 きっと はやく 来て ください。
   4 いつも はやく 来て ください。

2   たまに 犬と 散歩を します。
   1 犬と 散歩を よく します。
   2 犬と 散歩を あまり しません。
   3 犬と 散歩を 必ず します。
   4 犬と 散歩を 絶対に しません。

3   まじめに 勉強して ください。
   1 ゆっくり 勉強して ください。
   2 たまに 勉強して ください。
   3 いっしょうけんめい 勉強して ください。
   4 暇な 時に 勉強して ください。

4 弟は 一時間 ずっと 勉強を して います。
1 一時間も 勉強して いません。
2 ぜんぜん 勉強して いません。
3 一時間 やすんで 勉強して います。
4 一時間 つづけて 勉強して います。

もんだい 5　つぎの ことばの つかいかたで いちばん いい ものを 1・2・3・4から ひとつ えらんで ください。

1 とうとう
1 彼は いつも とうとう して くれます。
2 分からない 時は とうとう 辞書を 見ても いいです。
3 汚いから、とうとう 掃除を して ください。
4 とうとう 面接の 日が 来ました。

2 なかなか
1 なかなか 結婚して ください。
2 バスが なかなか 来ないですね。
3 なかなか 勉強しては いけません。
4 彼は なかなか 来るでしょう。

PRACTICE TEST

3 ゆっくり

1　もっと　ゆっくり　話して　ください。
2　秋（あき）に　なると　ゆっくり　話して　ください。
3　12月に　なって　ゆっくり　なりました。
4　風邪薬（かぜぐすり）を　飲んで　ゆっくり　なりました。

4 ひじょうに

1　明日は　ひじょうに　行く　ように　努力（どりょく）します。
2　日本の　ドラマを　毎日　見て　日本語が　ひじょうに　なりました。
3　これは　ひじょうに　便利（べんり）な　ものです。
4　彼は　ひじょうに　来る　はずです。

chapter 02 文法/독해

N4 2교시

01 〜ところだ 〜하려는 참이다

今から 出かける ところです。
지금 외출하려는 참입니다.
今 電話を かける ところです。
지금 전화를 걸려는 참입니다.

02 〜ているところだ 〜하고 있는 중이다

今 新聞を 読んで いる ところです。
지금 신문을 읽고 있는 중입니다.
今 食事の 支度を して いる ところです。
지금 식사준비를 하고 있는 중입니다.

03 〜たところだ 막〜한 참이다

今 ちょうど 着いた ところです。
지금 막 도착했습니다.
たった今 起きた ところです。
지금 막 일어났습니다.

04 〜ため(に) 〜때문에/〜하기 위해서

「〜ために」는 「〜때문에」라는 뜻으로 원인이나 이유를 나타낸다. 또한 「〜하기 위해서」라는 뜻으로 동작의 목적을 나타내는 표현으로 사용되기도 한다. 명사의 경우 「Aのために(A를 위해서)」라는 형태로 쓰인다.

事故が あった ために、道が こんで います。(원인)
사고가 있었기 때문에 길이 막히고 있습니다.
病気の ため、学校を やめました。(원인)
아파서 학교를 그만뒀습니다.

문법 필수 문형 – 시점/목적, 이유/습관

試験を うける ために 勉強して います。(목적)
시험을 치기 위해서 공부하고 있습니다.
健康の ために 運動を して います。(목적)
건강을 위해서 운동을 하고 있습니다.

05 ～ことがある ～하는 경우가 있다

「동사현재형+ことがある」는 「～하는 경우가 있다」라는 뜻으로 현재에도 하고 있는 동작을 나타낸다. 「동사과거형+ことがある」는 「～한 적이 있다」라는 경험의 유무를 나타내는 표현이므로 헷갈리지 말자.

ときどき 自転車で 会社に 行く ことが あります。
가끔 자전거로 회사에 가는 일이 있습니다.
ときどき 歌舞伎を 見る ことが あります。
가끔 가부키(일본 전통극)를 보는 경우가 있습니다.
英語で メールを 書いた ことが あります。
영어로 메일을 쓴 적이 있습니다.

もんだい1 （　　）に 何を 入れますか。1・2・3・4から いちばん いい ものを 一つ えらんで ください。

1　冬、だんぼうを 使わない（　　　）が ときどき あります。
　　1　の　　　　2　ほう　　　　3　もの　　　　4　こと

2　台風の（　　　）、木が たくさん たおれました。
　　1　ので　　　2　ために　　　3　から　　　　4　のに

3　天気が いい 日は ここから 遠くの 山が（　　　）。
　　1　見る ことを できます　　　2　見える ことが できます
　　3　見る ことが あります　　　4　見える ことが あります

4　携帯電話を（　　　）ために、連絡できませんでした。
　　1　わすれた　2　わすれる　　3　わすれて　　4　わすれ

5　「おそく なって すみません。待ちましたか」
　　「いいえ、私も 今（　　　）ところです」
　　1　来る　　　2　来て いる　　3　来た　　　　4　来て いた

6　雪が たくさん 降った（　　　）、試合が 中止された。
　　1　ほど　　　2　ため　　　　3　より　　　　4　ばかり

PRACTICE TEST

7 病気の（　　　）、会社を やめます。
　1　ため　　　2　こと　　　3　よう　　　4　わけ

8 「その 本、借りても いいですか」
　「どうぞ。今 ちょうど 読み終わった（　　　）ですから」
　1　らしい　　　2　かた　　　3　ところ　　　4　はず

9 これから パンを（　　　）ところです。
　1　やいて いる　　　　　2　やいた
　3　やく　　　　　　　　　4　やいて いた

10 英語の 先生に なる（　　　）、大学に 入りました。
　1　からに　　　2　ように　　　3　ことに　　　4　ために

11 娘は 今 でかけた（　　　）です。
　1　ところ　　　2　ほう　　　3　とき　　　4　こと

12 「山田さん、おれいの 手紙は もう 出しましたか」
　「いいえ、今（　　　）」
　1　書いて いる はずです　　　2　書いて いる つもりです
　3　書いて いる ようです　　　4　書いて いる ところです

13 今から 母に 電話を（　　　）ところです。
　1　かける　　　2　かけて　　　3　かけた　　　4　かけて いる

189

14 大雨（　　　）、電車が おくれました。

1　ために　　　2　の ために　　　3　ように　　　4　の ように

15 顔は 思い出しても、名前が 思い出せない ことが ときどき （　　　）。

1　います　　　2　します　　　3　あります　　　4　なります

もんだい2　＿＿★＿＿に 入る ものは どれですか。1・2・3・4から いちばん いい ものを 一つ えらんで ください。

1 今から ＿＿＿＿ ＿＿＿＿ ＿★＿＿ ＿＿＿＿。

1　なんですが　　2　食事に　　3　行く　　4　ところ

2 日本の ＿＿＿＿ ＿★＿ ＿＿＿＿ ＿＿＿＿。

1　ことが　　2　ある　　3　歌う　　4　歌を

3 試合に ＿★＿ ＿＿＿＿ ＿＿＿＿ ＿＿＿＿います。

1　勝つ　　2　れんしゅう　　3　して　　4　ために

4 今 ＿＿＿＿ ＿＿＿＿ ＿★＿ ＿＿＿＿です。

1　ちょうど　　2　ところ　　3　きた　　4　帰って

PRACTICE TEST

5 　今　＿＿＿＿　★＿＿＿＿　＿＿＿＿　＿＿＿＿です。

　　1　作って　　2　料理を　　3　ところ　　4　いる

もんだい 3 　1から　5に　何を　入れますか。1・2・3・4から　いちばん　いい　ものを　一つ　えらんで　ください。

(1)

私は　ときどき　将来の　ことについて　[1]　ことが　あります。高校を　卒業　[2]、大学に　入ろうと　思って　います。将来　先生に　なりたいからです。先生に　なる　[3]　は、大学で　いろいろ　勉強しなければ　なりません。

(2)

私は　今から　明日　出す　レポートを　[4]　ところです。レポートを　書く　ために　図書館で　本を　2[5]　も　借りました。早く　書き終わったら　友達の　家に　遊びに　行きたいです。

[1]　1　考えて　　2　考える　　3　考えた　　4　考え

[2]　1　すれば　　2　するなら　　3　したら　　4　すると

191

| 3 | 1 ために | 2 ための | 3 ためだ | 4 ためで |

| 4 | 1 書いて いた | 2 書く | 3 書いた | 4 書いて いる |

| 5 | 1 台(だい) | 2 枚(まい) | 3 本(ほん) | 4 冊(さつ) |

PRACTICE TEST

もんだい 4　　つぎの文章を読んで、質問に答えてください。答えは1・2・3・4から、いちばんいいものを一つえらんでください。

郵便局の行き方

この道をまっすぐ行くと橋があります。その橋を渡って、二つ目の交差点を右に曲がってください。角を曲がると三軒目にあります。あ、道の左側です。

[1] 郵便局へ行くためには橋をいくつ渡りますか。

1　ひとつ渡る。
2　ふたつ渡る。
3　みっつ渡る。
4　ひとつも渡らない。

[2] 二つ目の交差点からはどう行けばいいですか。

1　まっすぐ行って右に曲がります。
2　まっすぐ行きます。
3　左に曲がります。
4　右に曲がります。

もんだい 5　　つぎの文章を読んで、質問に答えてください。答えは1・2・3・4から、いちばんいいものを一つえらんでください。

山本さんは大学生です。毎日午後5時から8時まで、大学の近くにある喫茶店でアルバイトをしています。一時間働くと900円もらえます。
山本さんは、大学の学費は、両親に払ってもらいます。そのほかにも毎月10万円送ってもらいますが、生活のためのお金は、それだけでは十分ではありません。また、夏休みに旅行に行ったり、友達と遊んだりするお金も必要です。
アルバイトの中で、時給が一番高いのは、道やビルを作るのを手伝う仕事で、一日で一万円もらえます。でも、この仕事はとても大変で、一日8時間以上も働かなければなりません。ですから、学生にはすこし無理です。
また、図書館で本を貸す手伝いをする仕事があります。これは、座ってする仕事ですから簡単なのですが、一時間で600円しかもらえません。
山本さんは、喫茶店の仕事は、そんなに大変ではないし、もらえるお金も悪くないので、一番好きだと言っています。

1　山本さんは両親から毎月送ってもらうお金はどうしていますか。
　1　喫茶店に払っています。
　2　旅行や遊びのために使っています。
　3　大学に全部払っています。
　4　生活のために使っています。

2　どうして「学生にはすこし無理です」か。
　1　仕事が大変で、働く時間が長いから。

PRACTICE TEST

2 仕事が大変で、もらえるお金も少ないから。
3 座ってする仕事で簡単だから。
4 仕事が大変で、服が汚くなるから。

3 山本さんは今のアルバイトをどう思っていますか。

1 仕事もあまり大変ではないし、もらえるお金も悪くないと思っている。
2 今の仕事は早くやめてもっと勉強する時間を作りたいと思っている。
3 もっとたくさんお金がもらえる仕事がしたいと思っている。
4 仕事が忙しくて大学に行けないのでやめたいと思っている。

4 アルバイトのことを正しく説明しているのはどれですか。

1 喫茶店のアルバイトは一日1時間しかできません。
2 学生はよく道やビルを作るのを手伝うアルバイトをします。
3 両親から10万円送ってもらえるとアルバイトをしなくてもいいです。
4 図書館で本を貸す手伝いをするアルバイトはもらえるお金が少ないです。

PRACTICE TEST

もんだい6　次のチラシを見ながら質問に答えてください。答えは1・2・3・4から、いちばんいいものを一つえらんでください。

1　この子犬を見た人はどうすればいいですか。

1　ユリさんの家にすぐ行けばいいです。
2　ユリさんに電話をすればいいです。
3　子犬に食べ物をやればいいです。
4　子犬と動物病院へ行けばいいです。

2　チラシの内容と合っているのはどれですか。

1　ユリさんの背は60cmぐらいです。
2　子犬の目は白いです。
3　ユリさんは6才です。
4　子犬は3月4日にいなくなりました。

知りませんか？

私の子犬が3月4日、家からいなくなりました。
この子犬を見たら、私に連絡してください。

- ◆　体の色は白です。（目は黒です）
- ◆　名前はビンゴです。（首に名札があります）
- ◆　大きさは７０cmぐらいです。（6才です）

☎　０４－５６７７－＊＊＊＊
　　羽田ユリ

chapter 03 청해

N4 3교시

지시하거나 부탁하는 문제

지시하거나 부탁하는 문제는 ~てください(~해 주세요). ~なさい(해라!) 같은 표현을 사용해 상대방에게 어떤 식으로 하라는 등 간단하게 지시를 내리는 경우가 많다. 간혹 상대방이 사정이야기를 하고 처음의 지시를 바꾸는 경우가 있으니 끝까지 주의해서 듣도록 하자.

대화를 잘 듣고 맞는 답을 하나 고르시오.

1ばん

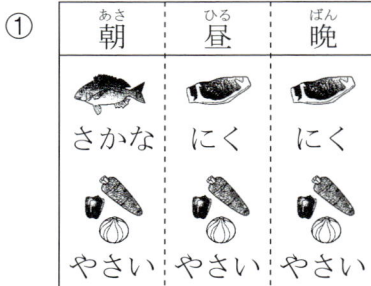
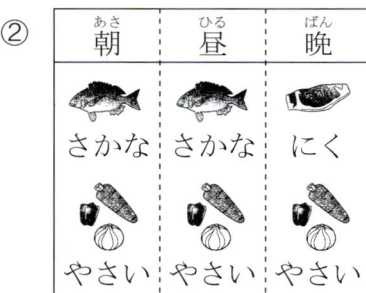
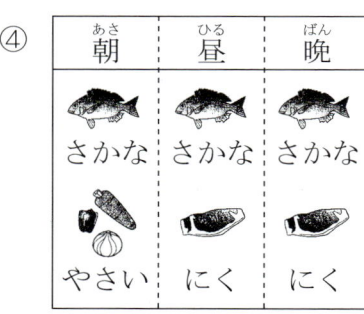

2ばん

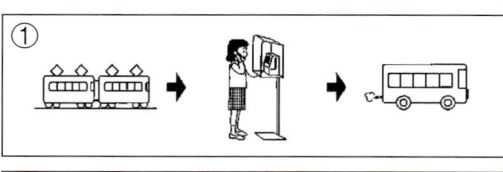
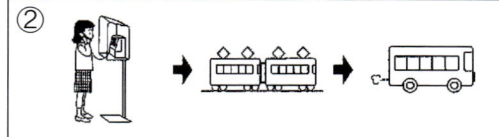
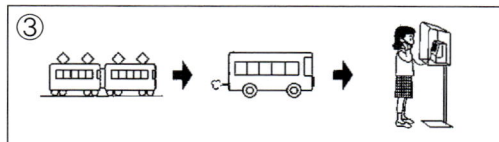

PRACTICE TEST

3 ばん

① 4キロです
② 6キロです
③ 7キロです
④ 10キロです

4 ばん

① うちを出るときに入れなさい
② この前と同じように入れなさい
③ すぐかばんに入れなさい
④ 自分で作って入れなさい

스크립트

문제 1

質問　女(おんな)の人(ひと)が話(はな)しています。この女の人は一日(いちにち)にどんなものを食(た)べるように言(い)っていますか？

女：みなさんは1日(いちにち)3回(かい)食事(しょくじ)をしますね。この3回のうち、2回は魚(さかな)を食べましょう。肉(にく)や卵(たまご)は1日1回にします。そして、野菜(やさい)はかならず3回食べましょう。これを1ヵ月(いっかげつ)続(つづ)けてください。そうすれば、今(いま)より5キロ痩(や)せます。

질문　여자가 이야기를 하고 있습니다. 이 여자는 하루에 어떤 것을 먹도록 이야기하고 있습니까?

여 : 여러분은 하루에 세 번 식사를 하시지요? 이 세 번 중에 두 번은 생선을 먹읍시다. 고기와 달걀은 하루에 한 번으로 합시다. 그리고 야채는 반드시 세 번 먹읍시다. 이것을 한 달 동안 계속하세요. 그렇게 하면 지금 보다 5킬로 살이 빠집니다.

> **중요표현**
> 1. Aのうちは A 중에 라는 뜻이다. 3回(かい)のうち(세 번 중에)
> 2. かならず 반드시, 꼭

문제 2

質問　男(おとこ)の人(ひと)と女(おんな)の人(ひと)が話(はな)しています。男の人は女の人にどうするように言(い)いましたか。

男：じゃあ、明日(あした)11時ごろうちへ来(き)てください。
女：電車(でんしゃ)を降(お)りて、そこからバスに乗(の)るんですね？
男：ええ、バス停(てい)まで迎(むか)えに行きますから。
女：はい、電車に乗る前(まえ)に電話(でんわ)しますね。
男：あ、それより、バスを降りてから電話してください。

질문　남자와 여자가 이야기를 하고 있습니다. 남자는 여자에게 어떻게 하라고 말했습니까?

남 : 그럼, 내일 11시쯤 집에 와주세요.
여 : 전철에서 내려서 거기서 버스를 타는 거죠?
남 : 예. 버스정거장까지 마중 나갈게요.
여 : 예. 전철 타기 전에 전화할게요.
남 : 아, 그것보다 버스에서 내려서 전화해주세요.

> **중요표현**
> 1. ～より ～보다(비교) それよりは 그것보다. 본문에서 それ는 '전철타기 전에 전화 하겠다'는 앞 문장 전체를 말한다.

문제 3

質問 女(おんな)の人(ひと)と男(おとこ)の人(ひと)が話(はな)しています。男の人は先生(せんせい)に何(なん)キロ走(はし)るように言(い)われましたか。

女：先輩(せんぱい)、10キロまであと4キロですよ。
男：はあはあ、まだ6キロしか走(はし)っていない？もうだめだ。
女：いけませんよ。先生(せんせい)に言(い)われたとおり走ってください。
男：はあはあ、あと4キロなんて無理(むり)だよ。
女：じゃあ、あと1キロだけ頑張(がんば)りましょう。
男：はあはあ、わかった。それだけなら、頑張るよ。

1. 4キロです。
2. 6キロです。
3. 7キロです。
4. 10キロです。

질문 여자와 남자가 이야기를 하고 있습니다. 선생님은 남자에게 몇 킬로 달리라고 했습니까?

여 : 선배. 10킬로까지 앞으로 4킬로에요.
남 : 헉헉. 아직 6킬로밖에 안 뛰었어? 이제 안 되겠다.
여 : 안 돼요. 선생님께서 말씀하신 거리만큼 뛰세요.
남 : 헉헉. 앞으로 4킬로라니 무리야.
여 : 그럼, 앞으로 1킬로만 더 힘냅시다.
남 : 헉헉. 알았어. 그 만큼 만이라면 힘낼게.

1. 4킬로입니다.
2. 6킬로입니다.
3. 7킬로입니다.
4. 10킬로입니다.

중요표현
1. あと+숫자는 앞으로~ 라는 표현이다. あと4キロ(앞으로 4킬로), あと１０分(ぷん)(앞으로 10분)
2. 동사+とおりに ~대로. 言(い)われたとおりに(들은 대로), 話(はな)したとおりに(말한 대로)

스크립트

문제 4

質問　お母(かあ)さんと娘(むすめ)が話(はな)しています。お母さんは娘にお弁当(べんとう)をどうしなさいと言(い)っていますか。

母：美智子(みちこ)、かばんにお弁当(べんとう)入(い)れておきなさい。

娘：大丈夫(だいじょうぶ)。後(あと)でうちを出(で)るときに入れるから。

母：この前(まえ)も同(おな)じことを言(い)って忘(わす)れたでしょ。すぐ入れなさい。

娘：はーい。

1．うちを出るときに入れなさい。
2．この前と同じように入れなさい。
3．すぐかばんに入れなさい。
4．自分(じぶん)で作(つく)って入れなさい。

질문　어머니와 딸이 이야기를 하고 있습니다. 어머니는 딸에게 도시락을 어떻게 하라고 말하고 있습니까?

어머니 : 미치꼬, 가방에 도시락을 넣어 두렴!
딸　　 : 괜찮아. 나중에 집에서 나갈 때 넣을게.
어머니 : 요전에도 그렇게 똑같이 말하고 잊어버렸잖아? 당장 넣어라!
딸　　 : 예~

1. 집을 나갈 때 넣어라!
2. 요전과 똑같이 넣어라!
3. 당장 가방에 넣어라!
4. 스스로 만들어 넣어라!

> **중요표현**
> 1. 동사 ます형+なさい는 ～해라! 라는 가벼운 명령표현. 入(い)れなさい(넣어!), 起(お)きなさい(일어나!)

N4

뉴 일본어 능력시험

Part 08

문자/어휘 chapter 01
필수 な형용사/필수 부사

문법/독해 chapter 02
필수 문형 – 수동형

청해 chapter 03
숫자 파악 문제(수량, 가격, 점수, 인원수)

chapter 01 문자/어휘

N4 1교시

필수 な형용사

残念ざんねんだ 유감이다	心配しんぱいだ 걱정이다
失礼しつれいだ 실례다	大丈夫だいじょうぶだ 괜찮다
邪魔じゃまだ 방해다	確たしかだ 정확하다, 확실하다
熱心ねっしんだ 열심이다	真面目まじめだ 성실하다
丁寧ていねいだ 정중하다	大事だいじだ 소중하다, 중요하다
十分じゅうぶんだ 충분하다	結構けっこうだ 괜찮다
同おなじだ 똑같다	特別とくべつだ 특별하다
大切たいせつだ 소중하다, 중요하다	得意とくいだ 아주 잘하다, 자신 있다

필수 부사

すっかり 완전히, 아주, 남김없이		しばらく 잠시
ゆっくり 천천히, 느긋하게	とくに 특별히	いくら 아무리
やっと 겨우	だんだん 점점, 차차	さきに 먼저
まず 우선	ぐっすり 푹(깊은 잠을 자는 모양)	
はっきり 분명히	さっそく 바로, 곧	いよいよ 드디어
全部ぜんぶ 전부	ほとんど 거의	急きゅうに 갑자기
もうすぐ 이제 곧	ちっとも 조금도	そろそろ 이제 슬슬
どんどん 점점(순조롭게 나아가는 모양), 척척, 술술, 자꾸자꾸		
必かならず 꼭	しっかり 단단히, 튼튼히, 똑똑히	
最もっとも 가장	ずいぶん 상당히	

PRACTICE TEST

もんだい1 　　＿＿＿の　ことばは　どう　よみますか。1・2・3・4から
　　　　　　いちばん　いい　ものを　ひとつ　えらんで　ください。

1　それは　残念ですね。
　　1　げんき　　　2　べんり　　　3　ゆうめい　　　4　ざんねん

2　田舎（いなか）に　いる　母の　ことが　いつも　心配です。
　　1　ふべん　　　2　しんぱい　　3　にぎやか　　　4　じょうぶ

3　失礼な　ことを　して　すみません。
　　1　けっこう　　2　ざんねん　　3　しつれい　　　4　だめ

4　この　コーヒーを　飲んでも　大丈夫ですか。
　　1　じょうぶ　　2　だいじょうぶ　3　よろしい　　4　いい

5　今　入ると　邪魔に　なります。
　　1　じゃま　　　2　しつれい　　3　きけん　　　　4　しんぱい

6　確かに　ここに　置きましたけど。
　　1　ただかに　　2　にぎやかに　3　しずかに　　　4　たしかに

7　研究室（けんきゅうしつ）で　熱心に　研究（けんきゅう）を　して　います。
　　1　けんめい　　2　ねっしん　　3　むちゅう　　　4　ていねい

8 真面目に バイトを して 旅行する つもりです。
　1　まじめ　　　2　なまけ　　　3　じょうず　　　4　へた

もんだい 2　＿＿＿の ことばは どう かきますか。1・2・3・4から
　　　　　　いちばん いい ものを ひとつ えらんで ください。

1　ていねいな 言葉で 話して ください。
　1　亭寧　　　　2　定寧　　　　3　底寧　　　　4　丁寧

2　仕事に ついて だいじな 話が あります。
　1　大事　　　　2　代事　　　　3　第事　　　　4　太事

3　その 仕事は 一日で じゅうぶんですよね。
　1　柔分　　　　2　重分　　　　3　中分　　　　4　十分

4　「もういっぱい いかがですか」「いや、もう けっこうです」
　1　潔構　　　　2　結構　　　　3　決構　　　　4　欠構

5　私と 名前が おなじですね。
　1　恫じ　　　　2　銅じ　　　　3　同じ　　　　4　洞じ

PRACTICE TEST

6　今日は　とくべつに　やる　ことは　ないです。
　　1　特別　　　2　待別　　　3　持別　　　4　寺別

7　週末は　たいせつな　仕事が　あります。
　しゅうまつ
　　1　大雪　　　2　大切　　　3　大説　　　4　大設

8　私は　サッカーが　とくいです。
　　1　得居　　　2　得異　　　3　得位　　　4　得意

もんだい 3　（　　）に　なにを　いれますか。1・2・3・4から　いちばん　いい　ものを　ひとつ　えらんで　ください。

1　弟は　私の　ケーキまで　（　　　）食べて　しまいました。
　　1　すっかり　　2　すくなく　　3　ぜひ　　　4　きっと

2　彼が　来るまで　（　　　）待ちましょうか。
　　1　それほど　　2　たまに　　　3　しばらく　　4　おおく

3　（　　　）雨が　降り出しました。
　　1　すっかり　　2　ほとんど　　3　もうすぐ　　4　きゅうに

4 （　　　）好きじゃないけど、健康の ために 野菜を 食べて います。
　　1　ぐっすり　　2　とくに　　3　どんどん　　4　きゅうに

5 （　　　）話しても 理解できません。
　　1　なぜ　　2　どうして　　3　いくつ　　4　いくら

6 仕事の 経験が （　　　） ないです。
　　1　やっと　　2　ほとんど　　3　もうすぐ　　4　ぐっすり

7 日本語は 勉強すれば するほど （　　　） 難しく なります。
　　1　どきどき　　2　ぜんぜん　　3　そろそろ　　4　だんだん

8 一日中 （　　　） 寝たら 元気に なりました。
　　1　ぐっすり　　2　びっくり　　3　はっきり　　4　きゅうに

PRACTICE TEST

もんだい 4　＿＿＿の　ぶんと　だいたい　おなじいみの　ぶんが　あります。1・2・3・4から　いちばん　いい　ものを　ひとつ　えらんで　ください。

1　<u>全部(ぜんぶ)　食べて　しまいました。</u>
1　少(すこ)ししか　残(のこ)って　いません。
2　少(すこ)し　残(のこ)って　います。
3　一つも　残(のこ)って　いません。
4　一つ　残(のこ)って　います。

2　<u>仕事が　ほとんど　終(お)わりました。</u>
1　仕事が　まだ　終(お)わりました。
2　仕事が　だいたい　終(お)わりました。
3　仕事が　ほんとうに　終(お)わりました。
4　仕事が　やっと　終(お)わりました。

3　<u>友達が　きゅうに　来ました。</u>
1　友達が　電話を　かけて　くれました。
2　友達が　電話に　出ませんでした。
3　友達が　連絡(れんらく)を　して　来ました。
4　友達が　連絡も　しないで　来ました。

4　果物の　中でも　すいかが　もっとも　好きです。

1　すいかは　あまり　好きじゃ　ありません。
2　すいかが　にばんめに　好きです。
3　すいかが　いちばん　きらいです。
4　すいかが　いちばん　好きです。

もんだい5　つぎの　ことばの　つかいかたで　いちばん　いい　ものを　1・2・3・4から　ひとつ　えらんで　ください。

1　もうすぐ

1　もうすぐ　食べました。
2　もうすぐ　忘れた　ところです。
3　もうすぐ　春です。
4　もうすぐ　寝て　います。

2　ちっとも

1　彼は　ちっとも　心配しません。
2　ビールを　ちっとも　飲みました。
3　木村さんが　ちっとも　かっこいいです。
4　9時の　電車に　ちっとも　乗りおくれました。

PRACTICE TEST

3 どんどん

1 宿題(しゅくだい)を　どんどん　忘(わす)れて　しまいました。
2 子供(こども)の　背(せ)が　どんどん　高く　なります。
3 兄は　肉が　どんどん　好きじゃ　ありません。
4 何を　言って　いるか　どんどん　聞こえません。

4 いくら

1 いくら　友達に　こられて　勉強できなかった。
2 明日の　飲(の)み会(かい)に　いくら　きて　ほしい。
3 ワインは　好きですが、ウイスキーは　いくら　好きじゃない。
4 いくら　努力(どりょく)しても　私には　無理(むり)。

211

chapter 02 문법/독해 N4 2교시

01 동사의 수동형

보통 동사의 수동형은 「~되다, ~피해를 받다, ~함을 당하다」는 뜻이다.

1그룹동사 : う단 → あ단+れる

盗(ぬす)む 훔치다 → 盗(ぬす)まれる 도둑맞다
作(つく)る 만들다 → 作(つく)られる 만들어지다

2그룹 동사 : る → られる

ほめる 칭찬하다 → ほめられる 칭찬받다
いじめる 괴롭히다 → いじめられる 괴롭힘을 당하다

3그룹 동사

くる 오다 → こられる 오게 되다/오다
する 하다 → される ~받다/~당하다

02 수동형으로 자주 쓰는 동사

시험에 자주 수동형으로 나오는 동사들은 그냥 외워버리기.

殴(なぐ)る 때리다 → 殴(なぐ)られる 맞다
叱(しか)る 꾸짖다 → 叱(しか)られる 혼나다
踏(ふ)む 밟다 → 踏(ふ)まれる 밟히다
頼(たの)む 부탁하다 → 頼(たの)まれる 부탁받다
呼(よ)ぶ 부르다 → 呼(よ)ばれる 불리다
読(よ)む 읽다 → 読(よ)まれる 읽혀지다
書(か)く 쓰다 → 書(か)かれる 쓰이다
建(た)てる 세우다 → 建(た)てられる 세워지다
はねる 치다 → はねられる 치이다
捨(す)てる 버리다 → 捨(す)てられる 버려지다
招待(しょうたい)する 초대하다 → 招待(しょうたい)される 초대되다

문법 필수 문형 – 수동형

部屋(へや)の 掃除(そうじ)を しなくて、母(はは)に 叱(しか)られました。
방 청소를 하지 않아서 어머니에게 혼났습니다.

この 本(ほん)は 若(わか)い 人(ひと)に よく 読(よ)まれて います。
이 책은 젊은 사람들에게 많이 읽혀지고 있습니다.

03 피해수동

수동문장 중에서 해석이 힘든 수동이 있다. 「Aに ~られる」라는 문장을 한국어로 해석했을 때 직역이 되지 않고 어색할 때는 한국어에서는 수동으로 사용하지 않는 문장이므로 능동으로 해석한다. 흔히 이런 수동형을 피해수동이라고 부른다. 상대방의 행동으로 인해 피해를 받았다는 피해의식이 강한 표현이다. 주로 한국어에서는 수동이 될 수 없는 자동사가 수동이 되는 경우가 많다. 따라서 피해수동의 경우 「Aに ~られる」는 「A(상대방)가 어떤 동작을 해서 피해를 많이 받다」라는 식으로 해석하면 된다.

Aに 読(よ)まれる　A가 내 것을 (몰래) 읽다
Aに 泣(な)かれる　A가 울어서 피해를 봤다
Aに 食(た)べられる　A가 내 것을 (몰래)먹어버리다
Aに やめられる　A가 그만둬서 피해를 보다
Aに 死(し)なれる　A가 죽어서 많이 힘들거나 슬프다
Aに 持(も)っていかれる　A가 내 것을 (몰래) 들고 가다
Aに 見(み)られる　A가 보여주고 싶지 않은 나의 모습을 보다. 들키다. 발각되다
Aに 来(こ)られる　A가 와서 피해를 입다

妹(いもうと)に 日記(にっき)を 読(よ)まれました。
여동생이 내 일기를 훔쳐봤습니다.

小(ちい)さい 頃(ころ)、父(ちち)に 死(し)なれて 大変(たいへん)でした。
어릴 적에 아버지가 돌아가셔서 힘들었습니다.

夕(ゆう)べ、友達(ともだち)に 遊(あそ)びに 来(こ)られて 勉強(べんきょう)が できなかった。
어젯밤에 친구가 놀러 와서 공부를 못했다.

雨(あめ)に 降(ふ)られて、風邪(かぜ)を 引(ひ)いた。
비를 맞아서 감기에 걸렸다.

もんだい1　（　　）に 何を 入れますか。1・2・3・4から いちばん いい ものを 一つ えらんで ください。

1 この メールを 誰かに （　　　）と こまる。
   1 見れれる　　2 見られる　　3 見える　　4 見る

2 お腹が 痛くて 病院に 行ったら、1時間も （　　　）。
   1 待たれさせた　　　　　　2 待たせさせた
   3 待たされた　　　　　　　4 待たされられた

3 誰かに 財布（　　　） とられた。
   1 の　　　2 に　　　3 か　　　4 を

4 兄と 弟は まわりの 人に いつも （　　　）しまう。
   1 くらべらて　　　　　　　2 くらべられて
   3 くらべらせて　　　　　　4 くらべられさせて

5 来週 ここで テニスの 試合（　　　） 行われます。
   1 が　　　2 を　　　3 に　　　4 で

6 ここに 工場（　　　） 建てられるそうです。
   1 に　　　2 を　　　3 へ　　　4 が

PRACTICE TEST

7 私は 昨日 夜の 11時に 友達（　　　） 来られて、こまって しまった。

　　1　に　　　　2　を　　　　3　は　　　　4　が

8 私は まわりの 人たちに （　　　）、とても はずかしかったです。

　　1　笑って　　2　笑えて　　3　笑われて　　4　笑わせて

9 妹に カメラ（　　　） こわされた。

　　1　を　　　　2　に　　　　3　へ　　　　4　と

10 父に 入院（　　　）、私は とても こまって います。

　　1　しないで　　2　して　　3　されて　　4　すると

11 「今日の 午後 3時に 来て ください」と うけつけの 人に （　　　）。

　　1　言っれた　　2　言われた　　3　言わられた　　4　言あれた

12 電車を 待って いた とき、私は 友達（　　　） 名前を 呼ばれました。

　　1　を　　　　2　が　　　　3　で　　　　4　に

13 家族に 結婚を 反対（　　　）、私は こまって います。

　　1　して　　　2　されて　　3　しても　　4　されても

215

14 会議に おくれて （　　　） しまいました。
1 注意されて　　2 注意させて　　3 注意して　　4 注意に なって

15 まちがい電話に （　　　）、そのあと なかなか ねむれなかった。
1 起きて　　2 起こして　　3 起きされて　　4 起こされて

もんだい 2　＿＿＿★＿＿＿に 入る ものは どれですか。1・2・3・4から いちばん いい ものを 一つ えらんで ください。

1 明日　10時 ＿＿＿ ＿★＿ ＿＿＿ ＿＿＿ます。
1 大切な　　2 会議が　　3 行われ　　4 から

2 びじゅつかんから ＿＿＿ ＿★＿ ＿＿＿ ＿＿＿。
1 絵が　　2 有名　　3 な　　4 ぬすまれました

3 ＿＿＿ ＿＿＿ ＿＿＿ ＿★＿んです。
1 かまれた　　2 犬　　3 に　　4 手を

4 ＿★＿ ＿＿＿ ＿＿＿ ＿＿＿。
1 彼女に　　2 したら　　3 別れ話を　　4 泣かれた

PRACTICE TEST

⑤ _____ _____★_____ _____しまいました。

1 雨に　　2 ぬれて　　3 降られて　　4 服が

もんだい3　1から5に 何を 入れますか。1・2・3・4から いちばん いい ものを 一つ えらんで ください。

(1)

先週、友達の ミンさんの 学校で 文化祭 ① 行われました。私は ミンさんに 招待 ②、遊びに 行きました。文化祭で ミンさんは 剣道 の 発表を して、おおぜいの 人に ③。

① 1 が　　2 を　　3 に　　4 と

② 1 して　　2 されて　　3 させて　　4 られて

③ 1 ほめました
　2 ほめられました
　3 ほめてしまいました
　4 ほめさせました

217

(2)

今も、コンピューターは いろいろな 授業で 使われて いるが、将来は、もっと おおぜいの 人が コンピューターを 〔4〕 勉強するように なるだろう。〔5〕、学校に 行かなくても、家で コンピューターを 使って、授業が うけられるように なるだろう。

〔4〕　1　使わせられて
　　　2　使わせて
　　　3　使われて
　　　4　使って

〔5〕　1　そして　　　2　でも　　　3　しかし　　　4　やっぱり

PRACTICE TEST

もんだい 4　つぎの文章を読んで、質問に答えてください。答えは1・2・3・4から、いちばんいいものを一つえらんでください。

デパートで買い物をしている時はとても楽しい。あの服がいいかな、この靴がいいかなと、いろいろ着てみたり、はいてみたり、どれがいいか考えるのが楽しい。そうして一番いいと思ったものを買う。しかし、買い物が終わった後は少しつまらなくなる。楽しい時間が長くなるように、私はわざとゆっくり買い物をする。

1　どうして「少しつまらなくなる」のですか。
1　いい服がほかにないから。
2　どれがいいかよく分からないから。
3　ほかの服がもう買えないから。
4　楽しい時間が終わってしまったから。

2　この人は何をする時が楽しいですか。
1　服や靴を作る時
2　服を売る時
3　買い物をしている時
4　買い物をした時

もんだい 5　つぎの文章を読んで、質問に答えてください。答えは1・2・3・4から、いちばんいいものを一つえらんでください。

家族の紹介

私の弟を紹介します。弟は私より2歳下で大学4年生です。大学では経済を勉強していますが、音楽が好きで、去年までギターをひいていました。ギターといっても古いギターで、弟は友達と4人でバンドを作っていました。去年の秋には大学の文化祭にも出てみんなの前で歌っていました。とてもいい歌だったので、その後CDも作りました。

それから、弟はもっといいギターを買うために、アルバイトを始めました。今年は、4年生なので、会社に入るために、いろいろ調べたり見学に行ったりしています。今はとても厳しい時代だと弟は言っていました。弟はまだ大学生ですから、勉強と音楽とアルバイトと会社見学を全部することはできません。ですから、今年だけ音楽を休むそうです。

去年まで、弟はまだ子供だと思っていましたが、4年生になって弟の顔が少し大人に見えるようになりました。

1　弟は去年何をしましたか。
1　旅行をするためにアルバイトをしました。
2　文化祭に出た後CDを作りました。
3　大学の4年生になったので音楽を止めました。
4　大企業に入りました。

PRACTICE TEST

2 内容（ないよう）と合（あ）っているものはどれですか。

1 弟（おとうと）は今アルバイトをしていません。
2 音楽の会社に入（はい）るのは厳（きび）しいです。
3 弟（おとうと）はいろいろな会社を見学（けんがく）しました。
4 今一番大事（いちばんだいじ）なのは音楽です。

3 どうして弟（おとうと）は「アルバイトを始めました」か。

1 いいギターを買うために。
2 いい会社へ入るために。
3 会社を見学（けんがく）するために。
4 旅行（りょこう）をするために。

4 今この人は弟（おとうと）をどう思っていますか。

1 まだ子供（こども）だと思っています。
2 自分（じぶん）と同（おな）じだと思っています。
3 少（すこ）し大人（おとな）になったと思っています。
4 体（からだ）が大きくなったと思っています。

PRACTICE TEST

もんだい 6　次の予定表を見ながら質問に答えてください。答えは1・2・3・4から、いちばんいいものを一つえらんでください。

1　予定表の内容と合っていないものはどれですか。

1　テストは一年に3回あります。
2　卒業式は3月に行います。
3　夏休みは8月にあります。
4　学園祭は10月に1回あります。

2　新入生の入学式はいつですか。

1　1月です。
2　2月です。
3　3月です。
4　4月です。

＊＊大学の20＊＊年度予定表

1月	創立60周年記念	7月	テスト
2月	テスト	8月	夏休み
3月	卒業式，春休み	9月	
4月	入学式	10月	学園祭
5月		11月	海外研修
6月		12月	冬休み

chapter 03 청해

N4 3교시

숫자 파악 문제

숫자를 파악하는 문제에는 물건을 살 때나 주문을 할 때 수량을 파악하는 문제, 사람의 인원수를 파악하는 문제, 그리고 가격을 묻는 문제 등이 나올 수 있다. 대체적으로 전반부에 일정한 수량이나 가격, 인원수를 제시하고 나중에 돌발 변수를 제시해 혼란을 줄 수 있으니 바뀌는 내용에 신경을 써서 듣도록 하자.

대화를 잘 듣고 맞는 답을 하나 고르시오.

1ばん

① 1100円
② 1550円
③ 1600円
④ 1650円

2ばん

① コーヒー三つと紅茶一つです
② コーヒー三つと紅茶二つです
③ コーヒー五つと紅茶一つです
④ コーヒー五つと紅茶二つです

PRACTICE TEST

3 ばん

① 5人です

② 6人です

③ 7人です

④ 8人です

4 ばん

① 20円です

② 100円です

③ 120円です

④ 300円です

스크립트

문제 1

質問 男(おとこ)の人(ひと)と女(おんな)の人(ひと)が話(はな)しています。女の人は初(はじ)めにいくら出(だ)しましたか。

男：はい、お客(きゃく)さん。全部(ぜんぶ)で1,600円(えん)です。
女：はい。
男：あれ、50円足(た)りませんよ。
女：あら。

1．1100円(えん)　　2．1550円(えん)
3．1600円(えん)　　4．1650円(えん)

질문 남자와 여자가 이야기하고 있습니다. 여자는 처음에 얼마를 냈습니까?

남 : 자, 손님. 전부 합쳐서 1,600엔입니다.
여 : 예.
남 : 어, 50엔 부족한데요.
여 : 어머.

1. 1100엔　　2. 1550엔
3. 1600엔　　4. 1650엔

중요표현
1. 全部(ぜんぶ)で 전부 합쳐서
2. 足(た)りない 부족하다, 모자라다.(이 문제를 푸는 키포인트!) 50엔이 부족하니까 처음에 1,550엔을 낸 것이다.

문제 2

質問 レストランでみんな話(はな)しています。これからコーヒーと紅茶(こうちゃ)をいくつずつ頼(たの)みますか。

女：お料理(りょうり)おいしかったですね。
男：そうですね。さあ、じゃあ、飲(の)み物(もの)でも頼(たの)みましょうか。
女：いいですね。頼みましょう。
男：ええと、皆(みな)さん、コーヒーでいいですか。じゃあ、コーヒー五(いつ)つですね。
男1：あ、すみません。私はコーヒーじゃなくて、紅茶(こうちゃ)にします。
女：じゃあ、私もそうしてください。
男：はい。

질문 레스토랑에서 다함께 이야기를 하고 있습니다. 지금부터 커피와 홍차를 몇 개씩 주문할 겁니까?

여 : 요리 맛있었지요.
남 : 네. 자, 그럼 마실 거라도 주문할까요?
여 : 좋아요. 주문합시다.
남 : 으음, 여러분! 커피로 괜찮으시겠습니까? 그럼, 커피가 다섯 잔이네요.
남1 : 아, 죄송합니다. 저는 커피 말고 홍차로 할게요.
여 : 그럼, 저도 그렇게 해 주세요.
남 : 예.

해설

1. コーヒー三つと紅茶一つです。
2. コーヒー三つと紅茶二つです。
3. コーヒー五つと紅茶一つです。
4. コーヒー五つと紅茶二つです。

1. 커피 셋과 홍차 하나입니다.
2. 커피 셋과 홍차 둘입니다.
3. 커피 다섯과 홍차 하나입니다.
4. 커피 다섯과 홍차 둘입니다.

> **중요표현**
> 1. Aにする는 A로 하다. 즉 A로 결정하다 라는 표현이다. **紅茶(こうちゃ)にします**(홍차로 하겠습니다), **何(なに)にしますか**(무엇으로 하겠습니까?)
> 2. そうしてください는 그렇게 해 주세요. 문장의 내용상 홍차로 주문해달라는 이야기이다.

문제 3

質問 女(おんな)の人(ひと)と男(おとこ)の人(ひと)が話(はな)しています。パーティーに来(く)る人は何人(なんにん)になりましたか？

女：日曜日(にちようび)のパーティーは何人(なんにん)来(く)るんですか。
男：えっと、全部(ぜんぶ)で6人(にん)です。
女：あ、そうそう、山田(やまだ)さん日曜日は都合(つごう)が悪(わる)くなったそうですよ。
男：では、山田さんは来(こ)られないですね。
女：ええ。それから、高橋(たかはし)さんは娘(むすめ)さんを2人(ふたり)連(つ)れて来るそうです。
男：そうですか。わかりました。

1. 5人です。
2. 6人です。
3. 7人です。
4. 8人です。

질문 여자와 남자가 이야기를 하고 있습니다. 파티에 올 사람은 몇 명이 되었습니까?

여 : 일요일 파티는 몇 명 오나요?
남 : 그게, 전부 6명입니다.
여 : 아, 맞다! 야마다씨 일요일은 사정이 있다고 합니다.
남 : 그러면 야마다씨는 올 수가 없다는 거네요.
여 : 예. 그리고 타카하시씨는 딸들을 2명 데리고 온다고 합니다.
남 : 그래요? 알겠습니다.

1. 5명입니다.
2. 6명입니다.
3. 7명입니다.
4. 8명입니다.

> **중요표현**
> 1. 来(こ)られる(올 수 있다)는 来(く)る(오다)의 가능형. 따라서 来(こ)られない는 올 수 없다.
> 2. 連(つ)れて来(く)る는 데리고 오다.

스크립트

문제 4

質問 お店(みせ)の人(ひと)と女(おんな)の人(ひと)が話(はな)しています。女の人は全部(ぜんぶ)でいくら払(はら)いましたか。

男：このりんご、3個(こ)で300円、安(やす)いよ。

女：じゃあ、それ一個ください。えーと、100円よね、はい。

男：お客(きゃく)さん、これ、1個だと120円なんだよ。3個買(か)ったら、安いよ。どう？

女：うーん。そんなに食(た)べられないから、1個でいいわ。じゃあ、はい、あと２０円ね。

男：はいはい。

1．20円です。
2．100円です。
3．120円です。
4．300円です。

질문 가게 직원과 여자가 이야기를 하고 있습니다. 여자는 전부 얼마 지불했습니까?

남 : 이 사과, 세 개 300엔, 쌉니다~

여 : 그럼, 그거 한 개 주세요. 저어, 100엔이지요? 여기요.

남 : 손님, 이거 한 개면 120엔이에요. 세 개 사면 싸지는 거예요. 어떠세요?

여 : 으~음. 그렇게 많이 못 먹으니까 한 개면 돼요. 자 여기 나머지 20엔이요.

남 : 예예.

1. 20엔입니다.
2. 100엔입니다.
3. 120엔입니다.
4. 300엔입니다.

> **중요표현**
> 1. 食(た)べる(먹다)의 가능형은 食(た)べられる(먹을 수 있다) 따라서 食(た)べられない는 먹을 수 없다.

N4

뉴 일본어 능력시험

Part 09

문자/어휘 chapter 01
필수 숫자, 조수사/필수 카타카나

문법/독해 chapter 02
필수 문형 – 기타 문법 1

청해 chapter 03
대상물의 상태 파악 문제

chapter 01 文字/語彙

N4 1교시

필수 숫자, 조수사

一羽いちわ 한 마리(조류)	一週間いっしゅうかん 일주일	
二週間にしゅうかん 이주일	毎週まいしゅう 매주	先週せんしゅう 지난 주
今週こんしゅう 이번 주	来週らいしゅう 다음 주	土曜日どようび 토요일
一着いっちゃく 한 벌	一隻いっせき 한 척	午前ごぜん 오전
正午しょうご 정오	午後ごご 오후	今年ことし 올해
去年きょねん 작년	来年らいねん 다음주	今朝けさ 오늘 아침
今晩こんばん 오늘 저녁	夕方ゆうがた 저녁 때	夜中よなか 한밤중
夜明よあけ 새벽	四日よっか 나흘, 4일	八日ようか 여드렛날, 8일
六匹ろっぴき 여섯 마리(작은 동물)		三杯さんばい 세잔
三本さんぼん 세병	十本じゅっぽん 열 그루	二足にそく 두 켤레

필수 카타카나

ページ 페이지	アルバイト 아르바이트	レポート 리포트
ステーキ 스테이크	エスカレーター 에스컬레이터	
ガソリンスタンド 주유소	エレベーター 엘리베이터	ホテル 호텔
タバコ 담배	ライス 밥	ワイン 와인
ヨーロッパ 유럽	バックパック旅行りょこう 배낭여행	
レジ 계산대	消けしゴム 지우개	パソコン 개인용 컴퓨터(PC)
カップ 컵	アナウンサー 아나운서	カーテン 커튼
パート 파트타임	リットル 리터	スケジュール 스케줄
プラン 플랜, 계획	メニュー 메뉴	

PRACTICE TEST

もんだい1 ＿＿＿の ことばは どう よみますか。1・2・3・4から
いちばん いい ものを ひとつ えらんで ください。

1　木の 上に 鳥が 一羽 います。
　　1　いつわ　　2　いっぱ　　3　いちわ　　4　いっぱ

2　レポートが 書きおわるのには 2週間は かかります。
　　1　にしゅうかん　　　　2　いっしゅうかん
　　3　さんしゅうかん　　　4　ごしゅうかん

3　日本の 会社は 土曜日も 休みですか。
　　1　どようび　　2　とようび　　3　どよび　　4　とよび

4　成人式(せいじんしき)の 時 スーツを 一着(か)って もらいました。
　　1　いっちゃく　　2　ひとちゃく　　3　いちちゃく　　4　いっちゃく

5　川に 小(ちい)さい 船(ふね)が 一隻 あります。
　　1　いつせき　　2　いっせき　　3　ひとせき　　4　ついせき

6　明日の 午後、私たちは 山登(やまのぼ)りに 行きます。
　　1　ごこ　　2　こご　　3　ごご　　4　ここ

7　来週の 水曜日、会議(かいぎ)が あります。
　　1　こんしゅう　　2　せんしゅう　　3　さらいしゅう　　4　らいしゅう

8 今年の 冬は いつもの 年より 雪が 多い。

　　1　ことし　　　2　おととし　　　3　らいねん　　　4　こんとし

もんだい 2　＿＿＿の ことばは どう かきますか。1・2・3・4から
　　　　　　　いちばん いい ものを ひとつ えらんで ください。

1　けさから、ずっと 雨が 降って います。

　　1　今朝　　　2　令朝　　　3　今月　　　4　今潮

2　きょねんの 旅行は 本当に よかった。

　　1　今年　　　2　昨年　　　3　去年　　　4　来年

3　昨日の ゆうがた 友達が 来ました。

　　1　有方　　　2　夕方　　　3　友方　　　4　優方

4　私の 誕生日は 5月 よっかです。

　　1　九日　　　2　八日　　　3　三日　　　4　四日

5　魚が ろっぴき います。

　　1　三匹　　　2　四匹　　　3　五匹　　　4　六匹

PRACTICE TEST

6 ビールを さんばい ください。
    1　三木　　　2　三杯　　　3　三不　　　4　三林

7 庭に 木が じゅっぽん 植えて あります。
    1　十本　　　2　十大　　　3　十木　　　4　十材

8 靴が にそくしか ありません。
    1　二朴　　　2　二踊　　　3　二足　　　4　二走

もんだい3　（　　）に なにを いれますか。1・2・3・4から いちばん いい ものを ひとつ えらんで ください。

1 冬休みなので 本屋で 3時間 （　　　）を して います。
    1　コーヒー　　　　　　2　エスカレーター
    3　エレベーター　　　　4　アルバイト

2 （　　　）を 書くのに、 まる一日 かかりました。
    1　レポート　　2　リポーター　　3　パート　　4　オートバイ

3 （　　　）を 焼くのは けっこう 難しいです。
    1　ピアノ　　　2　レジ　　　3　ステーキ　　　4　ビール

4 （　　　　　）で　2階に　あがります。
1　パソコン　　　　　　　　2　エスカレーター
3　メートル　　　　　　　　4　ビル

5 （　　　　　）で　ガソリンを　入れて　行きましょうか。
1　ホテル　　　　　　　　　2　バスケットボール
3　バレーボール　　　　　　4　ガソリンスタンド

6 トイレは　（　　　　　）の　左(ひだり)に　あります。
1　エレベーター　　　　　　2　ハンバーグ
3　テニス　　　　　　　　　4　アルバイト

7 （　　　　　）に　泊(と)まった　ことが　ありますか。
1　ワープロ　　2　レジ　　3　ホテル　　4　ラーメン

8 本屋の　（　　　　　）で　仕事を　して　います。
1　パパ　　　2　ソフト　　3　サンダル　　4　レジ

PRACTICE TEST

もんだい４　＿＿＿＿の　ものは　どんな　ときに　つかいますか。
１・２・３・４から　いちばん　いい　ものを　ひとつ　えらんで　ください。

[1] けしゴム
1　2階に　上がる　時に　使います。
2　足が　痛い　時に　使います。
3　暑い　時に　使います。
4　字を　消す　時に　使います。

[2] パソコン
1　仕事を　する　時に　使います。
2　掃除を　する　時に　使います。
3　シャワーを　浴びる　時に　使います。
4　ご飯を　食べる　時に　使います。

[3] カップ
1　洗濯物を　洗う　時に　使います。
2　連絡を　とる　時に　使います。
3　コーヒーを　飲む　時に　使います。
4　計算を　する　時に　使います。

4　メニュー
1　ご飯を　注文する　時に　使います。
2　二階に　あがる　時に　使います。
3　手紙を　書く　時に　使います。
4　運転を　する　時に　使います。

もんだい5　つぎの　ことばの　つかいかたで　いちばん　いい　ものを
1・2・3・4から　ひとつ　えらんで　ください。

1　アナウンサー
1　アナウンサーへ　行きたいです。
2　私は　アナウンサーに　なりたいです。
3　耳に　アナウンサーを　つけました。
4　アナウンサーを　着て　会社へ　行きました。

2　カーテン
1　お菓子を　買いに　カーテンへ　行って　きました。
2　友達は　カーテンに　住んで　います。
3　彼は　カーテンに　強いです。
4　暗いから　カーテンを　あけましょう。

PRACTICE TEST

3 パート

1 6歳から　パートを　ひきました。
2 ご飯の　かわりに　パートを　食べました。
3 母は　パン屋で　3時間　パートを　して　います。
4 駅まで　パートで　行きました。

4 タバコ

1 コンビニで　タバコを　買って　きますね。
2 京都では　タバコに　泊まりましたか。
3 夏休みの　タバコは　立てましたか。
4 計算は　タバコの　方で　お願いします。

chapter 02 文法/独해

N4 2교시

01 〜でも 〜라도

「〜でも」는 「〜라도」라는 뜻으로 예시를 할 때 사용한다. 또한 「의문사+でも」는 「〜든지」라는 뜻으로 전면적인 긍정을 나타낸다.

> 映画でも 見ませんか。
> 영화라도 안 보실래요?
>
> いつでも 行けます。
> 언제라도 갈 수 있습니다.

02 〜までに 〜까지

「〜まで」는 기간을 나타내는 표현으로 정해진 시점까지 행위가 계속 됨을 나타내며, 「〜までに」는 기한을 나타내는 표현으로 정해진 시점 안에 행위가 완료되면 되는 것을 말한다.

> この 本は 金曜日までに 返して ください。
> 이 책은 금요일까지 돌려주세요.(금요일 전에만 돌려주면 됨-기한)
>
> 昨日は 忙しくて 10時まで 仕事を しました。
> 어제는 바빠서 10시까지 일을 했습니다.(10시까지 계속 일을 했음-기간)

03 〜とか 〜라든가

> 机の 上には 本とか パソコンが あります。
> 책상 위에는 책이라든가 컴퓨터가 있습니다.

04 〜ばかり 〜만, 〜뿐

「명사+ばかり」는 「〜만, 〜뿐」이라는 뜻이다. 「동사て형+ばがりいる」는 「〜하고만 있다」라는 표현이며 「동사た형+ばかりだ」는 「〜한 지 얼마 안됐다」는 뜻이다.

문법 필수 문형 – 기타 문법 1

彼は ゲームばかり して、勉強は しません。
그는 게임만 하고 공부는 안 합니다.

弟は 仕事も せずに 遊んでばかり いる。
남동생은 일도 하지 않고 놀고만 있다.

まだ 入社した ばかりです。
아직 입사한지 얼마 안 되었습니다.

05 ～し ~하고

열거를 하거나 원인과 이유를 나타낼 때 사용한다.

山田さんの アパートは きれいだし、広いし、駅からも 近い。
야마다씨의 아파트는 깨끗하고 넓고 역에서도 가깝다.

頭も 痛いし、今日は 家で 休みたい。
머리도 아프고 오늘은 집에서 쉬고 싶다.

06 ～ので ~이므로

電車の 事故が あったので、授業に おくれた。
전철 사고가 있어서 수업에 늦었다.

この 公園は 静かなので、よく 散歩に 来ます。
이 공원은 조용해서 자주 산책하러 옵니다.

明日は 試験なので、今日は 早く 寝ます。
내일은 시험이라서 오늘은 일찍 잘 겁니다.

07 ～のに ~인데도, ~하는 데

「～のに」는 「～인데도」라는 역접의 기능과 「～하는데(~하기 위해)」라는 목적이나 용도를 나타내는 기능이 있다.

あの 人は 40℃も 熱が あるのに 外で 運動して います。
저 사람은 40도나 열이 있는데도 밖에서 운동하고 있어요.

この ビルを 建てるのに 3年 かかりました。
이 빌딩을 세우는데 3년 걸렸습니다.

08 ～の ～것

の는 형식명사로서 주로 구체적인 일이나 동작을 나타낸다. 見(み)る(보다), 見(み)える(보이다), 聞(き)く(듣다), 聞(き)こえる(들리다)와 같은 지각동사 앞에서는 の가 쓰인다. 단 聞(き)く는 소리나 목소리를 듣다라는 뜻으로 사용할 때이다. 어떤 이야기를 듣다 라고 할 때는 こと를 써야한다

誰かが 泣いて いるのが 聞こえます。
누군가가 울고 있는 것이 들립니다.

公園で 子供が 遊んで いるのが 見えます。
공원에서 아이가 놀고 있는 것이 보입니다.

めざまし時計が 鳴るのを 聞きました。
알람시계가 울리는 것을 들었습니다.

村田さんが 試験に 落ちた ことを 聞きましたか。
무라타씨가 시험에 떨어졌다는 것을 들었습니까.

09 ～こと ～것

ことと는 형식명사로서 주로 사항, 사실, 내용 등 추상적인 것을 나타낸다.

あなたが 聞いた ことを 全部 話して ください。
당신이 들은 것을 전부 이야기해 주세요.

今日 テストが ある ことを 知って いますか。
오늘 테스트가 있는 것을 알고 있습니까?

10　～ということ　~라는 것

皆(みな)　無事(ぶじ)だという　ことを　知(し)って、安心(あんしん)しました。
모두 무사하다는 것을 알고 안심했습니다.

大人(おとな)に　なるという　ことは　どういう　ことでしょう。
어른이 된다는 것은 어떤 것일까.

もんだい1　（　　）に 何を 入れますか。1・2・3・4から いちばん いい ものを 一つ えらんで ください。

1　お金も ない（　　　）、時間も ないから、遊びに 行けない。
　　1　や　　　　2　で　　　　3　し　　　　4　とか

2　さっき 起きた（　　　）で、まだ ねむいです。
　　1　とき　　　2　ほう　　　3　こと　　　4　ばかり

3　3時（　　　）、会社に 戻らなければ ならない。
　　1　までに　　2　まで　　　3　までは　　4　までしか

4　あの 大きな 橋を つくるの（　　　）7年 かかったそうです。
　　1　を　　　　2　に　　　　3　が　　　　4　で

5　テレビ（　　　）見て いると、目が 悪く なりますよ。
　　1　ばかり　　2　しか　　　3　までに　　4　ほど

6　私は 朝 山田さんが 一人で（　　　）を 見ました。
　　1　走る　　　　　　　　　2　走って いるの
　　3　走る こと　　　　　　4　走って いる こと

7　昨日 山田さんが 入院した（　　　）を 聞きましたか。
　　1　もの　　　2　はず　　　3　ため　　　4　こと

PRACTICE TEST

8 そこに ある 雑誌（　　　）読んで、待って いて ください。
1　でも　　　　2　しか　　　　3　ほど　　　　4　ごろ

9 田中さんは ちこくを しないと 言った（　　　）、また ちこくを した。
1　から　　　　2　でも　　　　3　ので　　　　4　のに

10 銀行の 名前が かわった（　　　）知りませんでした。
1　ものを　　　2　ことを　　　3　ように　　　4　のが

11 この 宿題は 10日（　　　）出して ください。
1　まで　　　　2　までに　　　3　までは　　　4　までも

12 彼は 来月（　　　）という ことを まだ 誰にも 知らせて いない。
1　結婚する　　2　結婚して　　3　結婚しろ　　4　結婚しよう

13 鳥が 鳴いて いる（　　　）が 聞こえる。
1　こと　　　　2　も　　　　　3　の　　　　　4　に

14 今から アルバイトに 行く（　　　）、先に 帰らせて ください。
1　が　　　　　2　とき　　　　3　のに　　　　4　ので

15 シャツ（　　　）靴下とか、いろいろ 買いました。
1　も　　　　　2　が　　　　　3　とか　　　　4　など

243

もんだい2　＿＿＿★＿＿＿に 入る ものは どれですか。1・2・3・4から いちばん いい ものを 一つ えらんで ください。

1　試験 ＿＿＿＿ ★＿＿＿＿ ＿＿＿＿ ＿＿＿＿ 寝ませんでした。
　　1　勉強　　　2　まで　　　3　で　　　4　朝

2　私 ＿＿＿＿ ＿＿＿＿ ★＿＿＿＿ ＿＿＿＿。
　　1　でも　　　2　は　　　3　寝られます　　　4　どこで

3　山田さんは ＿＿＿＿ ★＿＿＿＿ ＿＿＿＿ ＿＿＿＿。
　　1　歌も　　　2　ひけるし　　　3　上手です　　　4　ギターも

4　この 駅が ＿＿＿＿ ＿＿＿＿ ★＿＿＿＿ ＿＿＿＿。
　　1　いちばん　　　2　ことが　　　3　便利だという　　　4　わかった

5　人に ＿★＿＿＿ ＿＿＿＿ ＿＿＿＿ ＿＿＿＿ なります。
　　1　自分の　　　2　ということは　　　3　勉強にも　　　4　教える

PRACTICE TEST

もんだい 3　　1から　5に　何を　入れますか。1・2・3・4から　いちばん　いい　ものを　一つ　えらんで　ください。

(1)

今週の　金曜日　[1]　出さなければ　ならない　宿題も　ある　[2]　、借りたい　本も　あるので　図書館へ　行った。図書館には　おもしろい　本とか　雑誌が　たくさん　あった。　それで　宿題は　しないで　[3]　。

[1] 　1　までは　　　2　までで　　　3　まで　　　4　までに

[2] 　1　で　　　　　2　のに　　　　3　ので　　　4　し

[3] 　1　本を　読んでいるのが　見えた
　　　2　本を　読まなければ　ならなかった
　　　3　本を　読みたがっていた
　　　4　本ばかり　読んでしまった

(2)

私は 山登りが 大好きで、世界中の 山に 登りました。そして、気づいた ことが あります。それは、高い 山にも ゴミが たくさん 落ちて いる ４ いう ことです。山に 登る 人は、山が 好きな はずです。それなのに、山に ゴミを 捨てて 行く 人が ５ 。

４　1　と　　　2　の　　　3　で　　　4　か

５　1　いる　はずが　ないんです
　　2　いるかもしれません
　　3　いるんです
　　4　いるか　どうか　わかりません

PRACTICE TEST

もんだい 4 　つぎの文章を読んで、質問に答えてください。答えは1・2・3・4から、いちばんいいものを一つえらんでください。

私は子供の時牛乳がきらいで、全然飲まなかった。しかし、中学校に入ってから、飲むようになった。それは、「牛乳を飲むと背が高くなる」と本に書いてあったからだ。はじめは飲むのがとても嫌だった。けれども、だんだん牛乳の美味しさが分かるようになった。今は毎日たくさん飲んでいる。今は背が高くなりたいから飲んでいるのではない。牛乳は本当に美味しいと思うからだ。

1　この人はどうして牛乳を飲みはじめたのですか。

1　中学校に入りたかったから。
2　背が高くなりたかったから。
3　牛乳の美味しさが分かるようになったから。
4　牛乳は本当に美味しいと思ったから。

2　今はどうして牛乳を飲んでいますか。

1　牛乳が本当に美味しいと思うから。
2　背が高くなりたいから。
3　体にいいと思うから。
4　毎日飲むのが習慣になっているから。

もんだい5　つぎの文章を読んで、質問に答えてください。答えは1・2・3・4から、いちばんいいものを一つえらんでください。

文化の紹介

昨日私は同じ会社の人たちと一緒にお花見に行きました。桜の木がたくさんある公園に着いた時は、もう暗くなっていましたが、そこは花見客でいっぱいでとても賑やかでした。

会社の人が5時間も前から場所をとっていてくれたので、私たちは桜の木の下に座ることができました。遠くから来ても場所をとれずに帰らなければならない人もいると聞いて、花を見るだけなのに大変だと思いました。

桜の木の下で一緒に食べたり飲んだりしていると、ときどき賑やかな歌声や話し声が聞こえなくなることがあって、その時は桜の花が本当にきれいに見えました。

桜の花は咲くとすぐに飛んで行ってしまいます。そう考えると桜の花がもっときれいに見えてきました。

私も桜の美しさが少し分かったような気がしました。

1　どんな時桜はきれいに見えましたか。

1　まわりが静かになった時です。
2　食べたり飲んだりして賑やかな時です。
3　木の下に座った時です。
4　公園に着いた時です。

PRACTICE TEST

2 昨日この人は何をしましたか。

1　桜の花を遠くから見て帰りました。
2　桜の木の下で飲んだり食べたりしました。
3　桜の花を見て大変だと思いました。
4　桜の木がたくさんある公園を散歩しました。

3 この人たちはどうやって「木の下に座ることができました」か。

1　公園がとても広かったから
2　会社の人がおととい場所をとっておいたから
3　公園に来た人が少なかったから
4　会社の人が5時間も前に場所をとっていてくれたから

4 内容と合っているものはどれですか。

1　昼見る桜が一番きれいです。
2　桜を見に遠くから来るはずがないです。
3　桜は一年中いつでも見られます。
4　この人は花見に行って桜の美しさが分かるようになりました。

PRACTICE TEST

もんだい 6 次の長谷川さんのスケジュールを見ながら質問に答えてください。答えは1・2・3・4から、いちばんいいものを一つえらんでください。

1 長谷川さんは昨日何時からバイトをしましたか。

1　午前7時からしました。
2　午前9時からしました。
3　午後2時からしました。
4　午後3時からしました。

2 長谷川さんは昨日夜8時から10時までは何をしましたか。

1　レポートを書きました。
2　授業をうけました。
3　夕飯を食べました。
4　シャワーを浴びました。

昨日のスケジュール

時間	内容	時間	内容
7:00	起きました。	13:00〜15:00	学校の授業をうけました。
7:30	顔を洗いました。	15:00〜19:00	アルバイトをしました。
7:40	朝ご飯を食べました。	19:30〜20:00	夕飯を食べました。
9:00〜12:00	学校の授業をうけました。	20:00〜22:00	レポートを書きました。
12:00〜13:00	昼休み	22:30〜	寝ました。

chapter 03 청해

N4 3교시

대상물의 상태 파악 문제

대상물의 상태를 파악하는 문제는 현재 대상물의 상태가 어떤지를 묻는 문제라던가 대상물의 상태가 앞으로 어떻게 바뀔지 묻는 문제가 출제 될 수 있다. 대상물을 직접 설명해주는 경우도 있지만 전체적인 상황을 이해해서 대상물의 상태를 유추해 알아내도록 하기도 한다.

대화를 잘 듣고 맞는 답을 하나 고르시오.

1 ばん

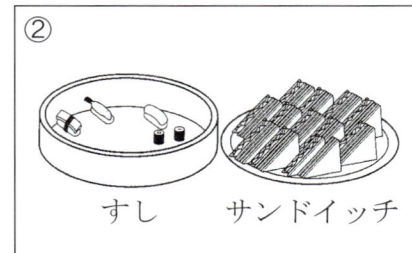
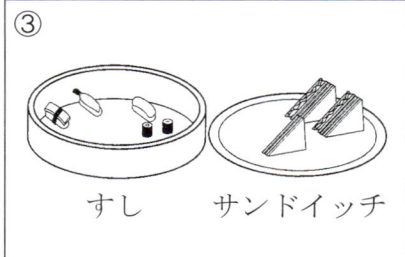
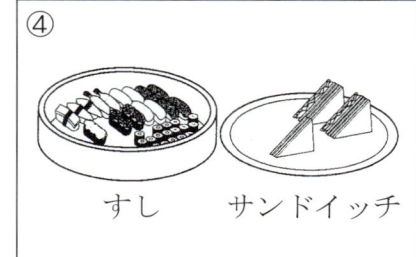

2 ばん

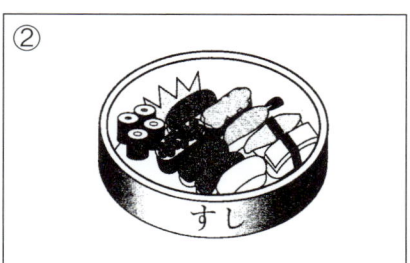

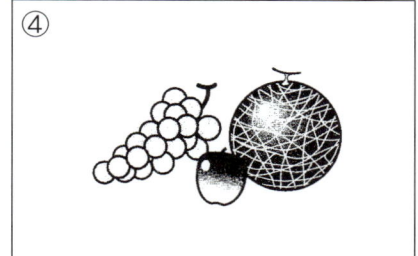

3ばん

4ばん

① 値段が安くなって、簡単になります
② 値段が安くなって、小さくなります
③ 値段が高くなって、小さくなります
④ 値段が高くなって、簡単になります

스크립트

문제 1

質問　男(おとこ)の人(ひと)と女(おんな)の人(ひと)がパーティーで話(はな)しています。今(いま)、料理(りょうり)はどうなっていますか。

男：そのサンドイッチ、おいしそうだね。
女：すごくおいしいわよ。早(はや)く食べないと、もうすぐなくなりそうよ。
男：あ、ほんとだ。もう少(すこ)ししかないね。
女：お寿司(すし)のほうはまだたくさん残(のこ)っているのにね。

질문　남자와 여자가 파티에서 이야기를 하고 있습니다. 지금 요리는 어떻게 되어있습니까?

남 : 그 샌드위치, 맛있어 보이네.
여 : 굉장히 맛있어. 빨리 먹지 않으면 곧 없어질 것 같아.
남 : 아, 정말이다. 벌써 조금밖에 없어.
여 : 초밥 쪽은 아직 많이 남아있는데 말이지.

중요표현
1. 형용사어간+そうだ(추측) ~일 것 같다. おいしい(맛있다) → おいしそうだ(맛있을 것 같다), 静(しず)かだ(조용하다) → 静(しず)かそうだ(조용할 것 같다), 동사ます형+そうだ(추측) ~할 것 같다. なくなる(없어지다) → なくなりそうだ(없어질 것 같다)
2. ~しか　~밖에　少(すこ)ししかない(조금밖에 없다), 一(ひと)つしかない(하나 밖에 없다)
3. のに　~인데　残(のこ)っているのに(남아있는데)

문제 2

質問　男(おとこ)の人(ひと)と女(おんな)の人(ひと)が話(はな)しています。この人(ひと)たちの家(うち)に今(いま)あるものは何(なん)ですか。

男：みんな、6時(じ)ごろ来(く)るよ。もう準備(じゅんび)はできた? お寿司(すし)は?
女：もうすぐ来るはずよ。頼(たの)んであるから。
男：ビールは。
女：冷蔵庫(れいぞうこ)に入(い)れてある。えーと、果物(くだもの)は中野(なかの)さんが、持(も)ってきてくれるし…。あ、そうだ。駅前(えきまえ)のケーキ屋(や)で、ケーキ買(か)ってきて。
男：わかった。

질문　남자와 여자가 이야기를 하고 있습니다. 이 사람들의 집에 지금 있는 것은 무엇입니까?

남 : 다들 6시에 올 거야. 준비 다됐어? 초밥은?
여 : 이제 곧 올 거야. 부탁해 놨으니까.
남 : 맥주는?
여 : 냉장고에 들어 있어. 음..과일은 나카노씨가 가지고 와 줄 거고…. 아, 맞다. 역 앞의 케이크 가게에서 케이크 사와.
남 : 알았어.

중요표현

1. **はず** 그럴 예정임을 나타냄. …할 예정. …할 것. **もうすぐ来るはずだ**(이제 곧 올 것이다)
2. 타동사+**てある**는 상태를 나타내는 표현이다. **頼(たの)んである**(부탁해 놓은 상태이다), **入(い)れてある**(넣어 놓은 상태이다)

문제 3

質問　男(おとこ)の人(ひと)と女(おんな)の人(ひと)が話(はな)しています。部屋(へや)は今(いま)、どうなっていますか。

女：へんねえ。
男：どうした。
女：窓(まど)、閉(し)めて出(で)たはずなんだけど。
男：忘(わす)れたんだろう。
女：そうかなあ。あ、花瓶(かびん)が倒(たお)れてる。
男：本当(ほんとう)だ。泥棒(どろぼう)に入(はい)られたかな。

질문　남자와 여자가 이야기를 하고 있습니다. 방은 지금 어떻게 되어있습니까?

여 : 이상하네.
남 : 무슨 일이야?
여 : 창문 닫고 나왔었는데.
남 : 잊어버렸겠지!
여 : 그런가…. 아, 꽃병이 쓰러져있어.
남 : 정말이다. 도둑이 들어왔었나….

중요표현

1. **はず**는 과거에 있었던 일을 확인하는 뜻을 나타내기도 한다. …했을 터. **閉(し)めて出(で)たはずだ**(닫고 나왔다)
2. **~だろう**는 다짐이나 동의를 구하는 뜻을 나타낸다. **忘(わす)れたんだろう**(잊어버렸겠지!)

스크립트

문제 4

質問　男(おとこ)の人(ひと)と女(おんな)の人(ひと)が話(はな)しています。男の人は新(あたら)しいカメラがどうなると言(い)っていますか。

女：あ、いいカメラ！小(ちい)さいのね。
男：うん、簡単(かんたん)でいいよ。
女：私も、これ、買(か)おうかな。
男：あ、少(すこ)し待(ま)ったほうがいいよ。
女：どうして。
男：もうすぐ、新(あたら)しいのが出(で)るんだよ。今度(こんど)は、もっと値段(ねだん)が安(やす)いらしいよ。
女：へえ、そして、もっと小(ちい)さくなるの。
男：それはないんだけど、もっと簡単(かんたん)になるって。

1. 値段が安くなって、簡単になります。
2. 値段が安くなって、小さくなります。
3. 値段が高くなって、小さくなります。
4. 値段が高くなって、簡単になります。

질문　남자와 여자가 이야기를 하고 있습니다. 남자는 새로운 카메라가 어떻게 될 것이라고 말하고 있습니까?

여 : 와! 좋은 카메라다! 작네.
남 : 응. 간단해서 좋아.
여 : 나도 이거 살까?
남 : 아. 조금 기다리는 편이 좋아.
여 : 왜?
남 : 이제 곧 새로운 것이 나와. 이번에는 훨씬 더 가격이 저렴하다는 것 같아.
여 : 우와, 그리고 더 작아지는 거야?
남 : 그건 아니지만 더 간단해진다고 해.

1. 가격이 싸지고 간단해집니다.
2. 가격이 싸지고 작아집니다.
3. 가격이 비싸지고 작아집니다.
4. 가격이 비싸지고 간단해집니다.

중요표현

1. ~かな　~할까(나) 자기 자신에게 묻는 기분을 나타냄. 買(か)おうかな(살까나), 飲(の)もうかな(마실까나), 食(た)べようかな(먹을까나)
2. ~たほうがいい　~하는 편이 좋다(낫다) 待(ま)ったほうがいい(기다리는 편이 좋다), 休(やす)んだほうがいい(쉬는 편이 좋다)

N4

뉴 일본어 능력시험

Part 10

문자/어휘 chapter 01
필수 숙어

문법/독해 chapter 02
필수 문형 – 기타 문법2

청해 chapter 03
설명문을 통한 내용 파악 문제

chapter 01 문자/어휘

N4 1교시

필수 숙어

髪かみを洗あらう 머리를 감다	顔かおを洗あらう 세수를 하다
手てを洗あらう 손을 씻다	シャツを洗あらう 셔츠를 빨다
お皿さらを洗あらう 접시를 씻다	病気びょうきが治なおる 병이 낫다
迎むかえに行いく 마중가다	電気でんきを付つける 전기 불을 켜다
連絡れんらくを取とる 연락을 취하다	授業じゅぎょうを受うける 수업을 받다
薬くすりを飲のむ 약을 먹다	お金かねを下おろす 돈을 찾다, 인출하다
お腹なかを壊こわす 배탈이 나다	寒気さむけがする 한기가 들다
心配しんぱいをかける 걱정을 끼치다	車くるまを止とめる 차를 세우다
大学だいがくに受うかる 대학에 합격하다	お風呂ふろに入はいる 목욕을 하다
風邪かぜを引ひく 감기에 걸리다	音楽おんがくを聞きく 음악을 듣다
風かぜが吹ふく 바람이 불다	スカートを履はく 스커트를 입다
写真しゃしんを撮とる 사진을 찍다	手紙てがみを出だす 편지를 부치다
音おとを立たてる 소리를 내다	道みちに迷まよう 길을 잃다
会社かいしゃを辞やめる 회사를 그만두다	病気びょうきになる 병이 나다
気きを使つかう 신경을 쓰다	椅子いすにかける 의자에 걸터앉다
気きを配くばる 신경을 쓰다, 배려하다	目めを閉とじる 눈을 감다
世話せわをする 돌보다	世話せわになる 신세를 지다
計画けいかくを立たてる 계획을 세우다	休やすみを取とる 휴가를 얻다
家いえに戻もどる 집으로 돌아오다	대상+におこられる ~에게 혼나다
ご飯はんをめしあがる 밥을 드시다	

PRACTICE TEST

もんだい 1 ＿＿＿の ことばは どう よみますか。1・2・3・4から
いちばん いい ものを ひとつ えらんで ください。

1 シャツは いつも 手で 洗います。

　　1　さそい　　　2　かい　　　　3　よい　　　　4　あらい

2 病気が 治りました。

　　1　なおり　　　2　かえり　　　3　すわり　　　4　はいり

3 空港まで 姉を むかえに 行きました。

　　1　かき　　　　2　とき　　　　3　いき　　　　4　きき

4 電気を 付けても いいですか。

　　1　かけ　　　　2　つけ　　　　3　とけ　　　　4　さけ

5 電話は 連絡を 取る ときに 使います。

　　1　ふる　　　　2　とる　　　　3　する　　　　4　のる

6 学校で 授業を 受けて 帰ります。

　　1　さけて　　　2　とけて　　　3　かけて　　　4　うけて

7 毎日 何時に お風呂に 入りますか。

　　1　はいり　　　2　きり　　　　3　ふり　　　　4　とり

259

8 風邪を 引いたから 外に 出ない ほうが いいです。
　　1 はいた　　2 ひいた　　3 すいた　　4 といた

もんだい 2　＿＿＿の ことばは どう かきますか。1・2・3・4から いちばん いい ものを ひとつ えらんで ください。

1 私の 趣味は 音楽を きく ことです。
　　1 書く　　　2 聞く　　　3 解く　　　4 着く

2 台風で 強い 風が ふいて います。
　　1 聞いて　　2 咲いて　　3 引いて　　4 吹いて

3 スカートを はいた ことが ありません。
　　1 復いた　　2 履いた　　3 服いた　　4 複いた

4 写真を とりに 公園へ 行きます。
　　1 撮りに　　2 最りに　　3 取りに　　4 採りに

5 郵便局へ 行って 手紙を だして ください。
　　1 指して　　2 貸して　　3 話して　　4 出して

PRACTICE TEST

6 大きな 音を たてて 食べないで ください。
　　1　建てる　　2　立てて　　3　経てる　　4　育てる

7 ひさしぶりに 休みを とって 温泉に 行きます。
　　1　捕って　　2　撮って　　3　取って　　4　採って

8 5歳の 時 道に まよった ことが あります。
　　1　迷った　　2　米った　　3　舞った　　4　枚った

もんだい 3　（　　）に なにを いれますか。1・2・3・4から いちばん いい ものを ひとつ えらんで ください。

1 風邪を ひいて 薬を （　　） 寝ました。
　　1　飲んで　　2　食べて　　3　噛んで　　4　買って

2 コンビニの ATMで お金を （　　） 帰ります。
　　1　貯めて　　2　下ろして　　3　集めて　　4　儲て

3 アイスクリームを 食べすぎて お腹を （　　）ました。
　　1　ペコペコ　　2　いっぱい　　3　空き　　4　壊し

４ 寒気が　（　　　）　ストーブを　つけました。
　　１　はなして　　　２　のんで　　　　３　して　　　　　４　みて

５ 親に　心配を　（　　　）は　いけません。
　　１　あげて　　　　２　して　　　　　３　かけて　　　　４　もらって

６ 駐車場に　車を　（　　　）。
　　１　止めました　　２　留めました　　３　泊めました　　４　富めました

７ 病気が　治って、病院から　家に　（　　　）ました。
　　１　送り　　　　　２　入院し　　　　３　戻り　　　　　４　入り

８ 最近　疲れて　会社を　（　　　）たいです。
　　１　読め　　　　　２　冷め　　　　　３　泊め　　　　　４　辞め

PRACTICE TEST

もんだい 4 　_____の ぶんと だいたい おなじいみの ぶんが あります。1・2・3・4から いちばん いい ものを ひとつ えらんで ください。

[1] 髪（かみ）を 洗（あら）いました。

1　シャツを 洗（あら）いました。
2　お皿（さら）を 洗（あら）いました。
3　頭（あたま）を 洗（あら）いました。
4　手を 洗（あら）いました。

[2] 先生に おこられました。

1　先生に いわれました。
2　先生に ほめられました。
3　先生に よばれました。
4　先生に しかられました。

[3] ご飯を めしあがります。

1　ご飯を 飲みます。
2　ご飯を 食べます。
3　ご飯を 作（つく）ります。
4　ご飯を 買います。

4 子供の 世話を するのは 大変ですね。

1　子供の 面倒を みるのは 大変ですね。
2　子供を 生むのは 大変ですね。
3　子供に お世話に なるのは 大変ですね。
4　子供が たくさん いるのは 大変ですね。

もんだい 5　　つぎの ことばの つかいかたで いちばん いい ものを 1・2・3・4から ひとつ えらんで ください。

1 病気に なる
1　掃除を して 部屋が 病気に なりました。
2　歌の 練習を して 歌が 病気に なりました。
3　ゆっくり 休んで 病気に なりました。
4　仕事を しすぎて 病気に なりました。

2 気を 使う
1　気を 使って 映画が おもしろかったです。
2　蓋を してから 洗濯物と 気を 使いましょう。
3　つまらない ことに 気を 使います。
4　気を 使って 失敗して ください。

PRACTICE TEST

3 椅子に かける

1 <u>椅子に かけて</u>から、料理を しました。
2 どうぞ、<u>椅子に かけて</u> ください。
3 来週から テストだから、<u>椅子に かける</u> つもりです。
4 <u>椅子に かける</u> 前に 電車に 乗りました。

4 大学に 受かる

1 妹は いよいよ <u>大学に 受かり</u>ました。
2 試験の 点数が 悪くて <u>大学に 受かって</u> しまいました。
3 お風呂に 入ってから <u>大学に 受かり</u>ました。
4 デパートで 買い物を して <u>大学に 受かって</u> ください。

chapter 02 문법/독해

N4 2교시

01 ～のだ ～인 것이다

「～のだ」는 강조를 하거나 설명을 할 때 쓰는 표현이다. 명사나 な형용사는 「なのだ」의 형태가 되므로 주의하자. 「～のだ」의 회화체는 「～んだ」이다.

> それは　うそなのです。(うそなんです)
> 그것은 거짓말입니다.
>
> この　本は　難しいのです。(難しいんです)
> 이 책은 어렵습니다.
>
> 彼は　ほんとうに　まじめなのです。(まじめなんです)
> 그는 정말로 성실합니다.
>
> どこで　買ったのですか。(買ったんですか)
> 어디에서 샀습니까?

02 ～がする ～이 나다

보통 におい(냄새), 味(あじ)(맛), 音(おと)(소리) 등의 단어와 함께 쓰인다.

> どこかで　コーヒーの　においが　します。
> 어딘가에서 커피 냄새가 납니다.
>
> この　お酒、いちごの　味が　しますね。
> 이 술, 딸기 맛이 나네요.

03 ～ても ～하더라도

「～ても」는 「동사의 て형+も」의 형태로 「～하더라도」라는 역접의 뜻을 나타낸다.

> これは　たくさん　食べても　太りません。
> 이것은 많이 먹어도 살이 안찝니다.
>
> 雨が　降っても　行きます。
> 비가 오더라도 갈 겁니다.

문법 필수 문형 – 기타 문법 2

04　も　~이나

この　せまい　部屋に　客が　20人も　来ました。
이 좁은 방에 손님이 20명이나 왔습니다.

05　あいだに　~동안에, ~사이에

電車を　待って　いる　あいだに　本を　読んで　います。
전철을 기다리고 있는 동안에 책을 읽고 있습니다.

子どもが　テレビを　見て　いる　あいだに　夕食の　支度を　した。
아이가 텔레비전을 보고 있는 동안에 저녁식사 준비를 했다.

06　こんな/そんな/あんな/どんな　이런/그런/저런/어떤

私も　あんな　すてきな　人に　なりたい。
나도 저런 멋진 사람이 되고 싶다.

どんな　色が　好きですか。
어떤 색을 좋아합니까?

07　こう/そう/ああ/どう　이렇게/그렇게/저렇게/어떻게

彼女は　子どもが　二人も　いるそうだが、そうは　見えません。
그녀는 아이가 둘이나 있다고 하는데 그렇게 보이지 않습니다.

この　漢字は　どう　読みますか。
이 한자는 어떻게 읽습니까?

08 いくら〜ても, どんなに〜ても 아무리〜해도

いくら 待っても 彼は 来なかった。
아무리 기다려도 그는 오지 않았다.

どんなに 忙しくても 朝ごはんは 食べましょう。
아무리 바빠도 아침밥은 먹읍시다.

09 〜さ (い형용사와 な형용사의 명사화)

犬は 暑さに 弱い。
개는 더위에 약하다.

家族の 大切さに 気づきました。
가족의 소중함을 깨달았습니다.

10 〜らしい 〜답다

접미사「〜らしい」는 명사 뒤에 붙어서「〜답다」라는 뜻으로 쓰인다.

私は 女らしい 人が 好きです。
나는 여성스러운 사람을 좋아합니다.

そんな ことで 泣くなんて, 男らしくない。
그런 일로 울다니 남자답지 않다.

こんな 服装は 学生らしくないですよ。
이런 복장은 학생답지 않아요.

11 〜がる ~해 하다

「〜がる」는 형용사의 어간에 붙어 제3자가 「〜하게 여기다(~해 하다)」라는 뜻으로 쓰인다. 보통 「〜がっている」의 형태로 현재의 감정 상태를 말할 때 사용된다.

弟は 車を ほしがって います。
남동생은 차를 갖고 싶어 합니다.

木村さんは 先生を こわがって います。
기무라씨는 선생님을 무서워하고 있습니다.

12 〜の ~니?

회화체에서 가벼운 질문을 할 때 쓰인다.

顔色が 悪いけど どうしたの。
안색이 나쁜데 왜 그래?

今日は どこか 行くの。
오늘은 어딘가 가니?

もんだい1　（　　）に　何を　入れますか。1・2・3・4から　いちばん
いい　ものを　一つ　えらんで　ください。

1　あの　人は　同じ　歌を　10回（　　　）歌いました。
　　1　で　　　　2　を　　　　3　に　　　　4　も

2　今日は　春（　　　）いい　天気ですね。
　　1　ような　　2　とおり　　3　らしい　　4　そうな

3　台所から　いい　におい（　　　）します。
　　1　が　　　　2　を　　　　3　に　　　　4　と

4　赤ちゃんが　（　　　）あいだに、洗濯を　しました。
　　1　寝て　　　2　寝た　　　3　寝ます　　4　寝て　いる

5　ストーブが　ないので、子どもたちは　（　　　）。
　　1　寒く　いる　　　　　　　2　寒がって　いる
　　3　寒くて　いる　　　　　　4　寒いで　いる

6　この　ゲームは　（　　　）やって　遊びます。
　　1　これ　　　2　こちら　　3　こう　　　4　こんな

7　どんなに　練習（　　　）、テニスが　うまく　なりません。
　　1　しても　　2　したら　　3　すると　　4　するなら

PRACTICE TEST

8 その 写真は どこで (　　　)んですか。
　1　撮り　　　2　撮った　　　3　撮ろう　　　4　撮って いて

9 その かばんの (　　　)に おどろいた。
　1　軽い　　　2　軽く　　　3　軽さ　　　4　軽くて

10 今日は 早く 帰らせて ください。実は 子どもが 病気(　　　)。
　1　なんです　　　2　からです　　　3　から　　　4　んです

11 私も (　　　) 家に 住みたいです。
　1　ああ　　　2　あれ　　　3　あそこ　　　4　あんな

12 キムさんは いつ 国へ 帰る(　　　)。
　1　な　　　2　の　　　3　し　　　4　わ

13 (　　　) 電話を かけても 誰も 出なかった。
　1　どこ　　　2　いくら　　　3　いくつ　　　4　どれくらい

14 学生(　　　) もっと 勉強しなさい。
　1　らしく　　　2　みたいな　　　3　みたい　　　4　らしい

15 私は (　　　) つまらない 本でも、最後まで 読みます。
　1　どう　　　2　どれ　　　3　なに　　　4　どんなに

もんだい2　___★___に　入る　ものは　どれですか。1・2・3・4から　いちばん　いい　ものを　一つ　えらんで　ください。

1 となりの　_____　__★__　_____　_____。
　　1　教室で　　　2　変な　　　3　しました　　　4　音が

2 ここに　__★__　_____　_____　_____。
　　1　学生が　　　2　いる　　　3　住みたがって　　　4　多い

3 _____　__★__　_____、_____かわきました。
　　1　3時間　　　2　歩いたので　　　3　も　　　4　のどが

4 この　_____　__★__　_____　_____ですか。
　　1　山　　　2　どのくらい　　　3　高さは　　　4　の

5 「ふ」_____　_____　__★__　_____　くださいね。
　　1　こう　　　2　ひらがなは　　　3　書いて　　　4　という

PRACTICE TEST

もんだい 3　1から 5に 何を 入れますか。1・2・3・4から いちばん いい ものを 一つ えらんで ください。

(1)

私は 今 漢字の 勉強を して います。でも、 1 勉強しても、なかなか 漢字が 2 。それで 先生に 相談しました。すると、先生が 「 3 すれば 上手に なりますよ」と 教えて くださいました。

1　　1, どんなの　　2 どこ　　3 どんなに　　4 どうも

2　　1 覚えやすいです
　　　2 覚えられません
　　　3 覚えたいです
　　　4 覚えていません

3　　1 こんな　　2 これ　　3 こちら　　4 こう

273

(2)

私の 友達の 吉村(よしむら)さんは やさしいし、顔(かお)も きれいだし、本当(ほんとう)に [4]。でも、そんな 彼女に まだ 彼氏が いないんです。彼女は 今 男らしくて かっこいい 彼氏を [5]。

[4]　1　女そうな人です
　　　2　女みたいな人です
　　　3　女のような人です
　　　4　女らしい人です

[5]　1　すきです
　　　2　ほしいです
　　　3　ほしがって います
　　　4　会いたいです

PRACTICE TEST

もんだい 4 つぎの文章を読んで、質問に答えてください。答えは1・2・3・4から、いちばんいいものを一つえらんでください。

大学病院のように規模が大きいところは、新しい機械もあるし、衛生的だし、お医者さんもたくさんいるから安心です。
しかし、悪いところもあります。それは、毎日患者がたくさん来るので、いつもこんでいて、早くみてもらえないということです。それで、大きな病院へ行くためには会社を休む時もあります。
風邪などの軽い病気の場合は、家のそばの小さい病院へ行ってもいいと思います。

1 大きな病院は何が不便ですか。

1 家のそばにあります。
2 お医者さんがとても少ないです。
3 人が多いのでたくさん待たなければなりません。
4 新しい機械があまりありません。

2 この人は軽い病気の時はどこへ行ったほうがいいと思っていますか。

1 大きな病院へ行ったほうがいいと思っています。
2 家のそばの小さい病院がいいと思っています。
3 患者が多いのでどこへも行かないほうがいいと思っています。
4 新しい機械がある病院へ行ったほうがいいと思っています。

もんだい5　つぎの文章を読んで、質問に答えてください。答えは1・2・3・4から、いちばんいいものを一つえらんでください。

会議室を利用する人へ

このビルには、三つの大きさの会議室があります。

大会議室
5階に一つあります。100人入れます。

〔予約のしかた〕
3か月前から1週間前まで予約できます。ここを使いたい時は、予約の紙に使う日や時間を書いて、事務所に出してください。予約の紙は事務所でもらえます。毎月1日になると月の予約を書いたカレンダーが事務所の前にはられます。

中会議室
6階に一つあります。50人入れます。

〔予約のしかた〕
2か月前から前の日まで予約できます。毎月1日に、この会議室の前に2か月後の大きいカレンダーをはります。
たとえば、3月1日には5月のカレンダーをはります。使いたい日の使いたい時間のところに名前を書いてください。

PRACTICE TEST

小会議室
2階から4階まで一つずつあります。一つの会議室に20人入れます。

〔予約(よやく)のしかた〕
1週間前から利用(りよう)する日まで予約(よやく)できます。
使いたい時は事務所(じむしょ)の人に言ってください。

1 このビルには会議室(かいぎしつ)が全部(ぜんぶ)でいくつありますか。

　　1　三つ　　　　2　四つ　　　　3　五つ　　　　4　六つ

2 3日前に予約(よやく)できる会議室(かいぎしつ)はどれですか。

　　1　大会議室と中会議室　　　　2　中会議室と小会議室
　　3　大会議室と小会議室　　　　4　全部(ぜんぶ)の会議室

3 使いたい当日(とうじつ)でも予約(よやく)ができるのはどれですか。

　　1　小会議室　　2　中会議室　　3　大会議室　　4　全部の会議室

4 4月5日に80人で会議をします。正(ただ)しく予約(よやく)しているのはどれですか。

　　1　2月1日に会議室の前のカレンダーに予定を書きます。
　　2　4月1日に会議室の前のカレンダーに予定を書きます。
　　3　2月1日に事務所へ行って、予約の紙に書いて出します。
　　4　4月1日に事務所へ行って、予約の紙に書いて出します。

PRACTICE TEST

もんだい 6　次の内容を読んで質問に答えてください。答えは１・２・３・４から、いちばんいいものを一つえらんでください。

1 全部買うといくらになりますか。

1　24,000円　　2　25,000円　　3　26,000円　　4　27,000円

2 一番新しいのはどれですか。

1　コタツ　　2　冷蔵庫　　3　洗濯機　　4　本棚

売り物

来月国へ帰るので、今まで使っていたものを安く売ります。
買いたい人は連絡ください。

1　テレビ　6,000円（3年前に買いました/小さくて黒です）
2　コタツ　2,000円（4年前に買いました/黒です）
3　本棚　3,000円（2年前に買いました/茶色です）
4　洗濯機　6,000円（3年前に買いました/白です）
5　冷蔵庫　10,000円（1年前に買いました/大きいです）

＊　これを全部買ってくれる場合は24,000円で売ります。

連絡先：０９０－７５６４－＊＊＊＊　（ヤン）

chapter 03 청해

N4 3교시

설명문을 통한 내용 파악 문제

청해 문제는 일반적으로 대화문을 들려주고 정답을 찾는 경우가 대부분이다. 하지만 가끔 대화가 아닌 짧은 설명문을 들려주고 정답을 유추하게끔 하는 문제패턴도 나올 수 있으니 연습해보도록 하자.

대화를 잘 듣고 맞는 답을 하나 고르시오.

1 ばん

①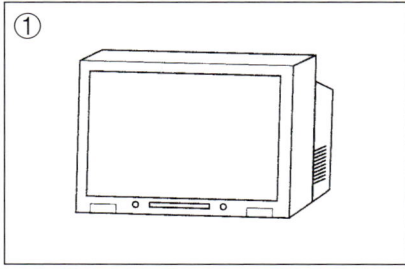
②
③
④

2 ばん

PRACTICE TEST

3 ばん

① バスに乗る前に食べます

② バスに乗ってから食べます

③ 工場に着いてから食べます

④ 工場を見学しながら、食べます

4 ばん

① お菓子を食べることです

② 水を飲むことです

③ 友達と話すことです

④ 絵に触ることです

스크립트

문제 1

質問　女(おんな)の人(ひと)が話(はな)しています。盗(ぬす)まれたものはどれですか。

女：昨日(きのう)、留守(るす)の間(あいだ)に、泥棒(どろぼう)に入(はい)られたんです。買(か)ったばかりのテレビは盗(ぬす)まれなかったし、引(ひ)き出(だ)しに入(い)れてあったお金(かね)もそのままだったんですけどね、パソコンが…。まあ、軽(かる)くてノートのように薄(うす)いから、簡単(かんたん)に持(も)っていかれたんですね。テレビだったら、そんなに困(こま)らないんですけど、ああ～。

질문　여자가 이야기를 하고 있습니다. 도난당한 것은 어느 것입니까?

여：어제 집을 비운 사이 도둑이 들어왔어요. 산지 얼마 안 된 TV는 도둑맞지 않았고 서랍 안에 들어 있던 돈도 그대로였지만, 컴퓨터가... 그게, 가볍고 노트같이 얇아서 쉽게 들고 가버렸나 봐요. TV라면 그다지 난처하지 않을 텐데. 아아~.

중요표현

1. 수동형 1그룹 う단 →あ단+れる, 2그룹 る→られる, 3그룹 する→される, くる→こられる 入(はい)る(들어오다)→入(はい)られる(침입당하다), 盗(ぬす)む(훔치다)→盗(ぬす)まれる(도둑맞다), 持(も)っていく(가지고 가다)→持(も)っていかれる(도난당하다)
2. Aのように A처럼(비유, 예시), ノートのように(노트처럼), 友達(ともだち)のように(친구처럼)

문제 2

質問　男(おとこ)の人(ひと)がパソコンのクラスについて話(はな)しています。コンピューターを少(すこ)し使(つか)ったことがある人は何番(なんばん)の教室(きょうしつ)で勉強(べんきょう)しますか。

男：おはようございます。これから、パソコンのクラスを始(はじ)めますが、201番(ばん)から204番の教室(きょうしつ)にわかれて勉強します。ええ、今日(きょう) 始(はじ)めてコンピューターを使(つか)う人(ひと)は隣(となり)の201番の教室に行(い)ってください。少(すこ)し使ったことがある人はこのままこの教室にいてください。簡単(かんたん)な文(ぶん)や絵(え)が描(か)ける人は203番。もっと複雑(ふくざつ)なこともできる人は204番の教室へ行ってください。では、皆(みな)さん、がんばってください。

질문　남자가 컴퓨터클래스에 대해 이야기를 하고 있습니다. 컴퓨터를 조금 사용한 적이 있는 사람은 몇 번 교실에서 공부합니까?

남：안녕하세요. 지금부터 컴퓨터클래스를 시작할건데요, 201번부터 204번 교실로 나눠서 공부하겠습니다. 음..오늘 처음 컴퓨터를 사용하는 사람들은 옆의 201번 교실로 가세요. 조금 사용한 적이 있는 사람들은 그대로 이 교실에 있으세요. 간단한 문장이나 그림을 그릴 수 있는 사람은 203번 교실로. 훨씬 복잡한 것도 가능한 사람은 204번 교실로 가 주세요. 그럼 여러분 열심히 해주세요.

중요표현
1. このまま 이대로
2. ~たことがある ~한 적이 있다(과거 경험), 使(つか)ったことがある(사용한 적이 있다)

문제 3

質問　学校(がっこう)で先生(せんせい)が説明(せつめい)しています。明日(あした)昼(ひる)ごはんはいつ食(た)べますか。

先生：明日(あした)はみんなで自動車(じどうしゃ)工場(こうじょう)へ見学(けんがく)に行きます。バスは1時に学校(がっこう)を出発(しゅっぱつ)しますから、それまでに昼(ひる)ごはんを食べて集(あつ)まってください。バスの中(なか)では食(た)べ物(もの)を食べてはいけません。工場で食べる時間(じかん)もありません。お腹(なか)がすきますから、必(かなら)ず食べてきてくださいね。

1．バスに乗る前に食べます。
2．バスに乗ってから食べます。
3．工場に着(つ)いてから食べます。
4．工場を見学しながら、食べます。

질문　학교에서 선생님이 설명하고 있습니다. 내일 점심은 언제 먹습니까??

선생님 : 내일은 모두 같이 자동차 공장에 견학을 갑니다. 버스는 1시에 학교를 출발하니까 그때까지 점심을 먹고 모여주세요. 버스 안에서는 음식을 먹어서는 안 됩니다. 공장에서 먹을 시간도 없습니다. 배가 고플 테니까 반드시 먹고 오세요.

1. 버스에 타기 전에 먹습니다.
2. 버스에 타고나서 먹습니다.
3. 공장에 도착하고 나서 먹습니다.
4. 공장을 견학하면서 먹습니다.

중요표현
1. ~てはいけません ~해서는 안 됩니다(금지), 食(た)べてはいけません(먹어서는 안 됩니다)
2. 必(かなら)ず 반드시, 必ず食べてきてください(반드시 먹고 오세요) 따라서 본문에서는 차에서도 공장에서도 먹을 수 없으므로 차에 타기 전에 반드시 점심을 먹고 오라는 뜻!

스크립트

문제 4

質問 先生(せんせい)が学生(がくせい)に話(はな)しています。この美術館(びじゅつかん)でしていいことは何(なん)ですか？

先生：えー、これから美術館(びじゅつかん)で注意(ちゅうい)してほしいことを言(い)います。食(た)べ物(もの)を食べてはいけません。あ、飲(の)み物(もの)はかまいませんよ。それから話(はなし)をしないでください。絵(え)に触(さわ)らないでください。以上(いじょう)です。

1. お菓子(かし)を食べることです。
2. 水(みず)を飲むことです。
3. 友達と話すことです。
4. 絵に触ることです。

질문 선생님이 학생에게 이야기를 하고 있습니다. 이 미술관에서 해도 괜찮은 일은 무엇입니까?

선생님 : 저어, 지금부터 미술관에서 주의해줬으면 하는 것을 말하겠습니다. 음식을 먹어서는 안 됩니다. 아, 음료수는 괜찮습니다. 그리고 이야기를 하지 마세요. 그림을 만지지 말아주세요. 이상입니다.

1. 과자를 먹는 일입니다.
2. 물을 마시는 일입니다.
3. 친구와 이야기하는 일입니다.
4. 그림을 만지는 일입니다.

> **중요표현**
> 1. **～てほしい** ～했으면 좋겠다, ～해주길 바란다 (상대에게 바라는 표현) **注意(ちゅうい)してほしい**(주의했으면 좋겠다, 주의해 주길 바란다), **行(い)ってほしい**(가면 좋겠다, 가주길 바란다)
> 2. **～ないでください** ～하지 마세요, しないでください(하지마세요), **触(さわ)らないでください**(만지지 마세요)

N3

뉴 일본어 능력시험

Part 11

문자/어휘 chapter 01
필수 1자 한자/필수 명사

문법/독해 chapter 02
필수 문형 – 사역형/사역수동형

청해 chapter 03
과제 이해 문제1

chapter 01 문자/어휘

N3 1교시

필수 1자 한자

隣となり 옆, 이웃	息いき 숨, 호흡	皿さら 접시	港みなと 항구
泉いずみ 샘, 샘물	糸いと 실	庭にわ 뜰, 마당	丸まる 동그라미
肩かた 어깨	所ところ 곳, 장소	先さき 먼저	箱はこ 상자
窓まど 창	汁しる 국물	夢ゆめ 꿈	米こめ 쌀
昔むかし 옛날	穴あな 구멍	像ぞう 코끼리	床ゆか 마루
腕うで 팔	塩しお 소금	鏡かがみ 거울	誠まこと 진심, 참
森もり 숲	逆ぎゃく 역반대	末すえ 끝, 말	間あいだ 사이
後あと 나중	背せ 키	塾じゅく 학원	客きゃく 손님
噂うわさ 소문	娘むすめ 딸	皆みな 모두, 전부	袋ふくろ 자루, 봉지
町まち 마을, 도시	姿すがた 모습	絵え 그림	橋はし 다리

필수 명사

発はつ ~발(출발)	すり 소매치기	返事へんじ 답장
紅葉もみじ 단풍	約やく 약(대략)	外見がいけん 외관
火事かじ 화재	今回こんかい 이번	品物しなもの 상품
回まわり 주변	先日せんじつ 일전	元もと 원래
玄関げんかん 현관	今いまごろ 지금쯤	たび 때, 적
邪魔じゃま 방해	彼氏かれし 남자친구	彼女かのじょ 여자친구
正月しょうがつ 정월	合格ごうかく 합격	最近さいきん 최근
財布さいふ 지갑	楽たのしみ 즐거움	耳みみ 귀
顔かお 얼굴	気き 기운, 마음	

PRACTICE TEST

もんだい 1 _____のことばの読み方として最もよいものを1・2・3・4から一つえらびなさい。

1　うちの隣に有名なサッカー選手が住んでいます。
　　1　となり　　　2　よこ　　　　3　そば　　　　4　ちかく

2　30分も走ったので息がとまりそうです。
　　1　はきけ　　　2　はき　　　　3　いき　　　　4　ためいき

3　食事が終わったらお皿を片付けてくださいね。
　　1　ちゃわん　　2　さら　　　　3　こっぷ　　　4　やかん

4　港にパスタの美味しいレストランができました。
　　1　バスてい　　2　えき　　　　3　みなと　　　4　くうこう

5　鹿が泉に水を飲みに来るらしいです。
　　1　いずみ　　　2　いけ　　　　3　かわ　　　　4　みずうみ

6　年をとって針に糸が通せなくなった。
　　1　ボタン　　　2　はさみ　　　3　いと　　　　4　ぬの

7　庭に小さい池をつくろうと思っています。
　　1　やね　　　　2　にわ　　　　3　のき　　　　4　かべ

8 正しい答えに丸をつけてください。

　　1　さんかく　　2　ばつ　　　3　しかくい　　4　まる

もんだい 2　　_____のことばを漢字で書くとき、最もよいものを、1・2・3・4から一つえらびなさい。

1 味が薄かったらしおを入れてください。

　　1　塩　　　　2　砂糖　　　3　油　　　　4　醤油

2 彼はいつもかがみを見ています。

　　1　競　　　　2　景　　　　3　境　　　　4　鏡

3 パーティーにお越しいただきまことにありがとうございます。

　　1　成　　　　2　誠　　　　3　慎　　　　4　真

4 あのもりに入ったことがありますか。

　　1　岸　　　　2　湖　　　　3　森　　　　4　林

5 夫の趣味は私とぎゃくです。

　　1　反　　　　2　虐　　　　3　対　　　　4　逆

6 来月すえに日本へ行くことになりました。

　　1　末　　　　2　夫　　　　3　終　　　　4　済

PRACTICE TEST

7 <u>みな</u>さん！こんにちは。
　　1　総　　　2　全　　　3　皆　　　4　階

8 そのふくろに何が入っていますか。
　　1　衣　　　2　袋　　　3　代　　　4　服

もんだい3　（　　）に入れるのに最もよいものを、1・2・3・4から一つえらびなさい。

1 東京（　　）札幌行きの飛行機は何時ですか。
　　1　出し　　2　乗り　　3　発　　　4　着

2 妹とけんかをすると母はいつも妹の（　　）を持ちます。
　　1　肩　　　2　足　　　3　頭　　　4　腕

3 勉強しなさい、勉強しなさい。耳に（　　）ができるほど聞いたよ。
　　1　たけ　　2　さかな　3　いか　　4　たこ

4 バスの中で（　　）に財布を盗まれました。
　　1　けいさつ　2　すり　　3　つり　　4　とうなん

5 東京大学に入ったら親の（　　）が立つと思います。
　　1　首　　　2　髪　　　3　顔　　　4　手

6 昨日好きな人にメールを送りましたが、いまだに(　　　)がないです。
　　1　返事　　　2　返下　　　3　返上　　　4　辺事

7 友達が日本に来るのを(　　　)にしています。
　　1　楽しさ　　2　楽しみ　　3　嬉しさ　　4　嬉しみ

8 秋になると山の(　　　)がとてもきれいです。
　　1　さくひん　2　しせい　　3　もみじ　　4　すがた

もんだい 4　＿＿＿＿に意味が最も近いものを、1・2・3・4から一つえらびなさい。

1 学校から駅までバスで約15分ぐらいかかるそうです。
　　1　きっと　　2　たぶん　　3　たくさん　4　だいたい

2 年をとると外見も性格もかわるもんですね。
　　1　見かけ　　2　見あい　　3　見あけ　　4　見わけ

3 彼に気があったら話してみたらどうですか。
　　1　関心　　　2　趣味　　　3　暇　　　　4　時間

PRACTICE TEST

もんだい 5 つぎのことばの使い方として最もよいものを、一つえらびなさい。

1 今ごろ

1 それでは、今ごろテストを始めます。
2 今ごろ、東京では桜が咲いているでしょう。
3 今ごろ、現金で支払うことが少なくなった。
4 今ごろ、雨が降りそうな天気だ。

2 たび

1 このビルは1階たびにトイレがあります。
2 彼は会うたびにかっこよくなります。
3 買い物たびに値段が違う。
4 このゼミは半年たびに行われています。

3 邪魔

1 いつもうちの子がお邪魔になっております。
2 テストに合格して邪魔です。
3 毎日、ヨガをしているので体が邪魔になりました。
4 椅子は邪魔になるからそこに置かないほうがいいですよ。

chapter 02 文法/独해 N3 2교시

01 동사의 사역형

보통 동사의 사역형은 「~하게하다, ~시키다」라는 뜻이다.

1그룹동사 : う단 → あ단+せる
買う 사다 → 買わせる 사도록 시키다
飲む 마시다 → 飲ませる 마시게 하다

2그룹 동사 : ~~る~~ → させる
食べる 먹다 → 食べさせる 먹게 하다
覚える 외우다 → 覚えさせる 외우게 하다

3그룹 동사

くる 오다 → こさせる 오게 하다
する 하다 → させる 시키다

> 妻は夫にお皿を洗わせました。
> 부인은 남편에게 접시를 씻게 했습니다.
> 先生が学生に日本語で自己紹介をさせました。
> 선생님이 학생에게 일본어로 자기소개를 시켰습니다.

02 헷갈리는 사역표현

직접적으로 A가 B에게 「시키다」라는 뜻이기 보다는 결과적으로 「~하게 만들다」라는 식의 사역 표현. A의 행동이나 말이 간접적인 원인이 되어서 B의 행동이 이루어 졌을 경우 사용된다.

> 彼はいつも冗談を言って友達を笑わせます。
> 그는 늘 농담을 해서 친구들을 웃깁니다.
> 子供の頃よく喧嘩をして友達を泣かせました。
> 어릴 때 자주 싸움을 해서 친구를 울렸습니다.

문법 필수 문형 – 사역형/사역수동형

03 사역수동형

사역수동형은 사역형에 수동형이 결합된 형태이다. 「Aに~(さ)せられる」는 「A가 시켜서 억지로(어쩔 수 없이) 하다」는 뜻이 된다.

> 先輩にお酒を飲ませられました。(飲ませる＋られる＝飲ませられる)
> 선배가 억지로 술을 마시게 했습니다.
>
> 先生に掃除をさせられました。(させる＋られる＝させられる)
> 선생님이 시켜서 어쩔 수 없이 청소를 했습니다.

04 ~(さ)せてください/~(さ)せていただけませんか ~하게 해 주세요

「~(さ)せてください」는 「~하게 해 주세요」라는 뜻으로 정중하게 부탁을 하거나 의뢰를 할 때 사용한다. 「~(さ)せていただけませんか」도 같은 뜻이지만 조금 더 정중한 느낌이 든다.

> 今日はちょっと早めに帰らせてください。
> 오늘은 조금 일찍 돌아가게 해 주세요.
>
> この仕事は私にやらせてください。
> 이 일은 제가 하게 해 주세요.
>
> ここに荷物を置かせていただけませんか。
> 여기에 짐을 놓아도 괜찮을까요?

もんだい1　つぎの文の（　　）に入れるのに最もよいものを、1・2・3・4から一つえらびなさい。

1　すぐ返事ができないので、少し（　　　　）ください。
　1　考えさせられて　　　　2　考えさせて
　3　考えたくて　　　　　　4　考えたがって

2　健太はまだ3才です。山の上まで（　　　　）のは無理でしょう。
　1　歩ける　　2　歩かれる　　3　歩かせる　　4　歩いた

3　私はあいさつをするのはいやでしだが、父は私にあいさつを（　　　　）。
　1　されました　　　　　　2　させてあげました
　3　させられました　　　　4　させました

4　山田さんは病気が非常に重かったので、医者にすぐ入院（　　　　）ました。
　1　させられ　　2　させ　　3　され　　4　さし

5　熱があるので、今日は午後の授業を（　　　　）いただけませんか。
　1　休んで　　2　休まれて　　3　休ませて　　4　休められて

6　危ないですから、子供を一人で（　　　　）ないでください。
　1　遊ばし　　2　遊ばせ　　3　遊びさせ　　4　遊ばさせ

PRACTICE TEST

7 私は母に買い物に(　　　　)。

1　行かられました　　　　2　行かれさせました
3　行かさられました　　　　4　行かせられました

8 姉が妹に風邪薬を(　　　　)。

1　飲まれます　　　　2　飲ませます
3　飲ませさせます　　　　4　飲みさせます

9 彼はおもしろい話をしてみんなを(　　　　)。

1　笑います　　　　2　笑われます
3　笑わせられます　　　　4　笑わせます

10 楽しい音楽を子供にたくさん(　　　　)。

1　聞かせます　　2　聞かれます　　3　聞けます　　4　聞こえます

11 部長に無理にお酒を(　　　　)。

1　飲まれました　　　　2　飲ませられました
3　飲ませました　　　　4　飲まさせました

12 子供の時、掃除がきらいでしたが、よく母に家の掃除を(　　　　)。

1　させられました　　　　2　されさせました
3　させました　　　　4　しました

13 兄弟げんかをして親を(　　　　)ました。

1　怒って　　2　怒らせられ　　3　怒られ　　4　怒らせ

295

14　先生は病気の生徒を家に（　　　　）。
　　1　帰りました　　2　帰られました　　3　帰らせました　　4　帰っていました

15　私は弟に（　　　　）と思って、この本を買いました。
　　1　読ませよう　　2　読ませる　　3　読みたい　　4　読みたがる

もんだい2　つぎの文の＿＿★＿＿に入る最もよいものを、1・2・3・4から一つえらびなさい。

1　本は＿＿＿＿　＿★＿＿　＿＿＿＿　＿＿＿＿。
　　1　くれます　　2　いろいろな　　3　ことを　　4　考えさせて

2　私はいつも＿＿＿＿　＿＿＿＿　＿＿＿＿　＿★＿＿。
　　1　で　　2　子供を　　3　外　　4　遊ばせる

3　親に＿＿＿＿　＿＿＿＿　＿★＿＿　＿＿＿＿。
　　1　無理に　　2　習わせ　　3　水泳を　　4　られました

4　一番＿＿＿＿　＿＿＿＿　＿★＿＿　＿＿＿＿どのくらいですか。
　　1　人を　　2　のは　　3　待たせた　　4　長く

PRACTICE TEST

5 この _____ _____★_____ _____ _____。

1 使わせて　　2 パソコンを　　3 ください　　4 ませんか

もんだい 3　つぎの文章を読んで、1から5の中に入る最もよいものを、1・2・3・4から一つえらびなさい。

(1)

りーさん、明日私が迎えに行く予定でしたが、急に仕事で空港に行けなくなってしまったのです。それで妹をかわりに ［1］ 。すみませんが、妹の車で家まで来てください。二人が家に着くころには私も帰る ［2］ です。それから皆でおいしいものでも食べに行きましょう。

(2)

保護者の方へ

今度の日曜日は遠足の日です。1年生はバスで動物園へ行きます。8時に学校の前に ［3］ 皆で行きます。昼ごはんまでけっこう時間があるので、朝ごはんは家でかならず ［4］ きてください。お金は ［5］ 。おやつは学校で準備しておきます。

297

1	1 迎えに行きます	2 迎えに行かせます
	3 迎えに行くはずです	4 迎えに行かせるそうです

2	1 ので	2 そう	3 はず	4 ところ

3	1 集めって	2 集まって	3 集めて	4 集まて

4	1 食べせられて	2 食べられて
	3 食べらせて	4 食べさせて

5	1 持たせないでください	2 持たせたはずです
	3 持たせる必要です	4 持たせたでしょう

PRACTICE TEST

もんだい 4　つぎの文（ぶん）章（しょう）を読んで、質問に答えてください。答えは1・2・3・4から、最もよいものを一つえらんでください。

2009年7月15日

さくら株（かぶ）式（しき）会（がい）社（しゃ）
営業部御（おん）中（ちゅう）

ABC株式会社
輸出入部　ヤン　イシイ

拝（はい）啓（けい）
わが社は、日本のアクセサリーやバッグ、くつなどを過去10年以上アジア各国に輸出しております。
先日、さくら株式会社様のホームページ上（じょう）にて新しいバッグのカタログを拝（はい）見（けん）しました。ぜひ輸出を検（けん）討（とう）したく思（おも）いますので、最新のバッグのカタログと価格表を今月中に送っていただけないでしょうか。
よろしくお願いいたします。

1 この手紙の中の会社について、正しいのはどれか。

1 「さくら株式会社」は、各国から輸入したバッグを日本で10年以上売っている。
2 「さくら株式会社」は、バッグを輸出するかどうか検討し、今月中に返事をする。
3 「ABC株式会社」は、アジア各国の最新バッグをホームページで紹介している。
4 「ABC株式会社」は、「さくら株式会社」にバッグのカタログと価格表を頼んだ。

もんだい 5 つぎの文章を読んで、質問に答えてください。答えは1・2・3・4から、最もよいものを一つえらんでください。

玉ねぎを(※1)切るとき、涙が出て困った経験はだれにでもあるだろう。①涙が出る原因は、玉ねぎの中に入っている「アリシン」である。アリシンは、常温(※2)で空気中に出ていく性質(※3)があり、玉ねぎを切るときに飛び出す。そして、呼吸したりするときに体の中に入ってきて、涙を出させるのである。では、これを防ぐにはどうしたらいいだろうか。以下のような方法がある。

A　台所の換気扇をつける。

B　鼻にティッシューペーパーをつめる。

C　玉ねぎをいくつかに切って水につけておく。

D　玉ねぎを冷蔵庫に入れて冷やしておく。

E　包丁に熱湯をかけてから切る。

F　玉ねぎを電子レンジで温めておく。

これらの方法は二つのタイプに分けられる。一つは、②空気中に出たアリシンが体に入るのを防ぐタイプである。もう一つは、アリシンが空気中に出るのを防ぐタイプで、こちらはアリシンの性質を利用する方法だ。アリシンは、水に溶けやすい、冷たいと外に出にくい、熱で壊れやすい、という性質がある。玉ねぎを冷やしたり、熱い包丁を使ったりするのは、少し時間が経つと効果がなくなる。これに対して、玉ねぎを水につけておいたり、③レンジで温めたりするやり方は、効果が高いようだ。

しかし、実はアリシンは体にいいものなのだ。それが、水に流れ出たり、熱で壊れたりしてしまう。このため、涙は出にくくなるが、アリシンが減ってしまうという欠点がある。これらのことを考えて、④一番いいと思う方法を選ぶといいだろう。

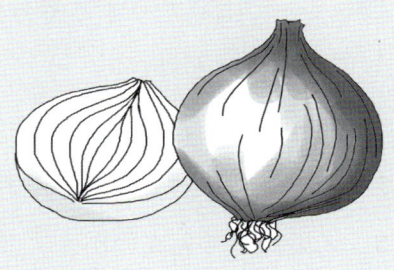

（※1）玉ねぎ…野菜の名前
（※2）常温：15度から25度ぐらいの気温
（※3）性質：物がもっている性格や特徴

1　①涙が出る原因は、玉ねぎの中に入っている「アリシン」であるとあるが、玉ねぎを切っているとき、涙が出てくるのはどうしてか。

1　目から「アリシン」が少しずつ体の中に入ってきて、目が痛くなってくるから。
2　「アリシン」が流れ出た空気を吸っていると、だんだん呼吸がしにくくなるから。
3　「アリシン」が体に入ってきて、体の中に悪いものを涙で外に出そうとするから。
4　息を吸うことで空気中の「アリシン」が体の中に入り、それが涙を出させるから。

2　②空気中に出たアリシンが体に入るのを防ぐタイプとあるが、これは文章の中のどの方法か。

1　A
2　AとB
3　AとBとC
4　AとBとCとD

3　③レンジで温めたりするやり方とあるが、この方法の特徴について正しく説明しているのはどれか。

1　涙は出にくくなるが、アリシンが壊されるという欠点がある。
2　アリシンが熱で少なくなるので、この方法はやらない方がいい。
3　効果はとても高いが、アリシンが水の中に流れ出る心配がある。
4　アリシンの熱に弱い性質を利用していて、一番いい方法である。

PRACTICE TEST

4 ④一番いいと思う方法を選ぶといいだろうとあるが、ここで言いたいことはどんなことか。

1 涙を完全に出なくする方法はまだない。いい方法を知っていたら教えてほしい。

2 6つの方法の中には一つだけいい方法があるので、自分で実験して調べてほしい。

3 最後に紹介した方法が一番効果があるので、一度その方法をやってみてほしい。

4 紹介した方法にはいい点も悪い点もある。自分に合う方法を見つけてほしい。

もんだい 6

つぎの文章は、クラスで日本語を学ぶ人を募集するための案内である。下の質問に答えなさい。答えは、1・2・3・4から最もよいものを一つえらびなさい。

ユリナさんは、市民センターで日本語を勉強したいと考えています。できれば漢字も勉強したいと思っています。
ユリナさんの仕事は8時から5時までで、お休みは毎週水曜日と日曜日です。

1 ユリナさんが、とることのできるクラスはどれか。

1 (1)と(6)   2 (2)と(5)   3 (3)と(6)   4 (4)と(5)

PRACTICE TEST

2 ユリナさんは、何月何日までに申し込まなければならないか。

1　4月5日　　　2　4月8日　　　3　4月10日　　　4　9月14日

外国人のみなさん、日本語を勉強しませんか。

- 場所…市民センター
- 先生…国際交流しょう市民の会
- 申込方法…3月1日から4月5日までの間に、申込書に必要なことを書いて、市民センターに出してください。申込書は、市民センターにおいてあります。
- 説明会…4月8日（日）の午前11時から市民センターで、説明会をします。
- 期間…授業は4月10日（火）〜9月14日（金）です。
- 費用…テキスト代だけ払ってください。
- 時間割

クラス名	曜日	午前 （10時〜11時30分）	午後 （13時〜14時30分）	夜 （19時〜20時30分）
(1) 会話A	火			○
(2) 会話B	水		○	
(3) 日本語A	木			○
(4) 日本語B	金	○		
(5) 漢字A	土		○	
(6) 漢字B	日	○		（税込）

chapter 03 청해

N3 3교시

과제 이해 문제 1

과제 이해 문제는 N3, N4에서 모두 출제된다. 구체적인 과제 해결에 필요한 중요한 정보를 듣고 다음에 어떤 행동을 취할 것인지를 예측하는 문제이다. 다양한 상황이 제시됨으로 먼저 어떤 주제에 대해 이야기를 하는지 주제 파악을 확실히 해야 한다. 중반 이후 갑작스러운 변수로 혼란을 주는 경우도 있으니 반전에 유의해 끝까지 집중하여 들어야 한다. 또한 대화 속에서 누구의 행동을 예측해야하는 지도 신경을 써야한다.

대화를 잘 듣고 맞는 답을 하나 고르시오.

1ばん

① 会議に出ないで、すぐ帰る
② 会議に出て、そのあとすぐ帰る
③ 会議に出ないで、すぐお酒を飲みに行く
④ 会議に出て、そのあとすぐお酒を飲みに行く

2ばん

① 電話をかける
② 机を運ぶ
③ 机を買う
④ 車で迎えに行く

PRACTICE TEST

3ばん

① 直してもらう
② 捨てる
③ 誰かにあげる
④ 自分で直す

4ばん

① パーティーの時間
② パーティーの場所
③ パーティーの料理
④ パーティーの予算

스크립트

문제 1

質問	男(おとこ)の人(ひと)二人(ふたり)が夜(よる)、会社(かいしゃ)で話(はな)しています。田中(たなか)さんは今晩(こんばん)どうすると言(い)いましたか。
男	：田中(たなか)さん、今晩(こんばん)、飲(の)みに行(い)かない。
田中	：今(いま)から、会議(かいぎ)なんだ。今日(きょう)は、それが済(す)んだら、帰(かえ)らないと。子供(こども)が熱(ねつ)出(だ)したって言うから。
男	：そりゃ早(はや)く帰らなくちゃ。じゃ、また今度(こんど)行こう。
田中	：はい。そうしよう。

1．会議に出ないで、すぐ帰る。
2．会議に出て、そのあとすぐ帰る。
3．会議に出ないで、すぐお酒を飲みに行く。
4．会議に出て、そのあとすぐお酒を飲みに行く。

질문	남자둘이 밤에 회사에서 이야기를 하고 있습니다. 타나까씨는 오늘밤 어떻게 한다고 이야기하고 있습니까?
남	：타나까씨. 오늘밤 술 마시러 안 갈래요?
타나까	：지금부터 회의에요. 오늘은 그게 끝나면 집에 가야해요. 애가 열이 난다고 해서.
남	：그러면 빨리 가야지요. 그럼 다음에 갑시다.
타나까	：예. 그럽시다.

1. 회의에 참석하지 않고 곧장 집으로 돌아간다.
2. 회의에 참석한 다음 곧장 집으로 돌아간다.
3. 회의에 참석하지 않고 곧장 술을 마시러 간다.
4. 회의에 참석한 다음 곧장 술을 마시러 간다.

> **중요표현**
> 1. ~ないとは ~ないといけない(하지 않으면 안 된다)의 축약형이다. 즉 帰(かえ)らないとは 帰(かえ)らないといけない(돌아가지 않으면 안 된다)라는 뜻임!
> 2. ~なくちゃは ~なくちゃいけない(하지 않으면 안 된다)의 축약형이다.

문제 2

質問　女(おんな)の人(ひと)と男(おとこ)の人(ひと)が話(はな)しています。男の人は何をすることになりましたか。

女：もしもし、今、デパートにいるんだけど。車(くるま)で来(き)てもらえない。
男：えっ、迎(むか)えに来(こ)いって。
女：うーん、机(つくえ)買(か)ったんだけど、お店(みせ)の人が運(はこ)んでくれないって言うから。
男：でも、僕(ぼく)、腰(こし)悪(わる)いから、持(も)てないよ。
女：ええ。
男：うーん。じゃ、山田(やまだ)に頼(たの)めば。山田は力(ちから)もあるし、車も大(おお)きいし。
女：私、山田君(くん)の電話番号(でんわばんごう)を知(し)らないから。
男：僕、分(わ)かるから。今、聞(き)いて あげるよ。
女：じゃ、待(ま)っている。

1. 電話(でんわ)をかける。
2. 机(つくえ)を運(はこ)ぶ。
3. 机を買(か)う。
4. 車で迎(むか)えに行く。

질문　여자와 남자가 이야기를 하고 있습니다. 남자는 무엇을 하게 되었습니까?

여 : 여보세요. 지금 백화점에 있는데 차로 와 줄 수 있어?
남 : 뭐, 데리러 오라고?
여 : 으음. 책상을 샀는데 가게점원이 운반해주지 않는다고 해서.
남 : 하지만 나 허리가 안 좋아서 못 들어.
여 : 응.
남 : 음.. 그러면 야마다에게 부탁하면 어때? 야마다는 힘도 세고 차도 크니까.
여 : 나 야마다군 전화번호를 몰라.
남 : 내가 아니까 지금 물어봐 줄게.
여 : 그럼, 기다릴게.

1. 전화를 건다.
2. 책상을 옮긴다.
3. 책상을 산다.
4. 차로 데리러 간다.

중요표현
1. ~てもらえない는 ~てくれない와 같은 뜻으로 ~해 주지 않을래? 라는 의뢰의 표현이다.
2. ~てあげる는 내가 남에게 ~해 주다 라는 뜻이니까, 聞(き)いてあげる는 물어봐 주다 라는 뜻이 된다.(이 문제를 푸는 키포인트)

스크립트

문제 3

質問　女(おんな)の人(ひと)が自転車(じてんしゃ)屋(や)さんと話(はな)しています。女の人は自転車をどうしますか。

女：ちょっとこの自転車(じてんしゃ)、見てくれますか。捨(す)てるよりしょうがないですか。
男：どれ、どれ。ああ、直(なお)してあげたいんだけど、これじゃね。
女：やっぱりそうですか。

1. 直(なお)してもらう。
2. 捨(す)てる。
3. 誰(だれ)かにあげる。
4. 自分(じぶん)で直(なお)す。

질문　여자가 자전거 가게 점원과 이야기를 하고 있습니다. 여자는 자전거를 어떻게 할 겁니까?

여 : 잠깐 이 자전거 봐 주시지 않으실래요? 버리는 것 밖에 방법이 없을까요?
남 : 어떤 거? 아~,고쳐주고 싶지만 이건 좀…
여 : 역시 그렇군요.

1. 수리한다.
2. 버린다.
3. 누군가에게 준다.
4. 자기가 고친다.

> **중요표현**
> 1. **しょうがない** ~할 방법이 없다.
> 2. **~より**〈부정어와 호응하여〉그것에 한정한다는 뜻을 나타냄. ~수밖에. **捨(す)てるよりしょうがない**(버릴 수밖에 없다), **歩(ある)くよりしかたがない**(걸을 수밖에 없다)

문제 4

質問　学生が先生にパーティーのことで相談(そうだん)に行きました。学生はこれから何を決(き)めなければいけませんか。

男：やっぱり君(きみ)たちで決めてくれないかな。僕(ぼく)は何(なん)でもいいから。

女：でも、やはり先生の一番(いちばん)お好きなものがいいと思(おも)うんですけど。

男：僕は本当(ほんとう)に何でもいいんだよ。時間(じかん)も場所(ばしょ)も、僕の都合(つごう)に合(あ)わせてもらったんだから。料理(りょうり)ぐらい君たちの食(た)べたいものにしたら。

女：そうですか。じゃ、また皆(みんな)と相談してみます。

男：予算(よさん)のことは心配(しんぱい)しなくていいからね。

1．パーティーの時間(じかん)
2．パーティーの場所(ばしょ)
3．パーティーの料理(りょうり)
4．パーティーの予算(よさん)

질문　학생이 선생님에게 파티에 관해 상의를 하러 갔습니다. 학생은 앞으로 무엇을 결정하지 않으면 안 됩니까?

남：역시 너희들끼리 결정해주지 않을래? 나는 아무것이나 상관없으니까.

여：하지만 역시 선생님이 제일 좋아하시는 것이 좋다고 생각하는데요.

남：나는 정말 아무거나 괜찮아. 시간이랑 장소도 나한테 다 맞춰줬는걸. 요리 정도는 너희가 먹고 싶은 것으로 하는 게 어떠니?

여：그렇습니까? 그럼 다시 다 같이 의논해보겠습니다.

남：예산(돈)은 걱정 하지 않아도 괜찮다.

1. 파티 시간
2. 파티 장소
3. 파티 요리
4. 파티 예산

중요표현

1. 都合(つごう)는 형편, 사정 이라는 뜻이다. 따라서 都合(つごう)に合(あ)わせる는 형편에 맞추다. 여기에서는 시간과 장소 모두 선생님의 형편에 맞췄다는 뜻.
2. ～たら는 ～たらどう의 축약형으로 ～하는 게 어때? 라는 어드바이스 표현이다.

N3

뉴 일본어 능력시험

Part 12

문자/어휘 chapter 01
필수 2자 이상 한자 / 필수 동사

문법/독해 chapter 02
필수 문형 – 경어1(존경 표현)

청해 chapter 03
과제 이해 문제 2

chapter 01 문자/어휘

N3 1교시

필수 2자 이상 한자

生徒 せいと 학생	首相 しゅしょう 수상	支店 してん 지점
宿題 しゅくだい 숙제	自然 しぜん 자연	用意 ようい 준비, 채비
貿易 ぼうえき 무역	都合 つごう 형편, 사정	居間 いま 거실
通訳 つうやく 통역	靴下 くつした 양말	旅館 りょかん 여관
電池 でんち 전지	戦争 せんそう 전쟁	専門 せんもん 전문
原因 げんいん 원인	賞金 しょうきん 상금	面接 めんせつ 면접
船便 ふなびん 배편	お年玉 としだま 세뱃돈	営業 えいぎょう 영업
研究所 けんきゅうじょ 연구소	販売機 はんばいき 판매기	手続 てつづき 수속
絵文字 えもじ 그림 문자	世界旅行 せかいりょこう 세계여행	
航空便 こうくうびん 항공편	成績 せいせき 성적	偶然 ぐうぜん 우연
義務教育 ぎむきょういく 의무교육		

필수 동사

似合 にあう 어울리다, 잘 맞다	悩 なやむ 고민하다, 괴로워하다	壊 こわれる 고장 나다, 부서지다
訪 たずねる 방문하다	尋 たずねる 묻다	訪 おとずれる 방문하다
助 たすかる 구조되다	見 みかける 눈에 띄다	増 ふえる 증가하다
続 つづける 계속하다	怪我 けがをする 다치다	伸 のびる 늘다, 늘어나다
亡 なくなる 돌아가시다, 죽다	かく 맺히다	はめる 끼다
結 むすぶ 묶다	立 たつ 서다, 향하다	配 くばる 나누어주다
はずす 떼다, 뜨다(자리)		

PRACTICE TEST

もんだい1　＿＿＿＿のことばの読み方として最もよいものを1・2・3・4から一つえらびなさい。

1　バスのなかで生徒たちが騒いでいます。
　　1　せとう　　　2　せいとう　　　3　せいと　　　4　せと

2　今年選ばれた日本の首相は誰ですか。
　　1　しゅうしょ　2　しゅしょ　　　3　しゅうしょう　4　しゅしょう

3　あの銀行は地方にも支店がたくさんあります。
　　1　ちてん　　　2　してん　　　　3　ちみせ　　　4　しみせ

4　今日は宿題がおおすぎて遊べません。
　　1　しゅくだい　2　しゅくたい　　3　やどだい　　4　やどたい

5　自然を守るのは大事なことです。
　　1　じせん　　　2　しせん　　　　3　しぜん　　　4　じぜん

6　食事の用意をしてから電話をかけますね。
　　1　じゅんぴ　　2　じゅんび　　　3　ようぎ　　　4　such よい

6　食事の用意をしてから電話をかけますね。
　　1　じゅんぴ　　2　じゅんび　　　3　ようぎ　　　4　用意（ようい）

7　日本語を勉強して、貿易の仕事がしたいです。
　　1　ぼえき　　　2　ぼうえき　　　3　ぼえっき　　4　ぼうえっき

8 今日は<u>都合</u>がわるいので、明日またお電話いたします。

　　1　とごう　　　2　とあい　　　3　つご　　　4　つごう

もんだい 2　＿＿＿のことばを漢字で書くとき、最もよいものを、1・2・3・4から一つえらびなさい。

1 日本の<u>りょかん</u>は、宿泊(しゅくはく)料金が高いそうです。

　　1　族館　　　2　旅官　　　3　旅館　　　4　旅飲

2 時計がとまりましたけど、<u>でんち</u>ありますか。

　　1　電他　　　2　電池　　　3　曇池　　　4　伝池

3 どの国も<u>せんそう</u>は、しないでほしいですね。

　　1　戦争　　　2　戦競　　　3　戦静　　　4　戦送

4 調理の<u>せんもん</u>学校へ行きたいです。

　　1　専問　　　2　専門　　　3　専聞　　　4　専悶

5 今度の失敗の<u>げんいん</u>は何でしょうか。

　　1　源因　　　2　限因　　　3　原因　　　4　元因

6 試合(しあい)でかったら<u>しょうきん</u>が200万円出ます。

　　1　償金　　　2　貝金　　　3　承金　　　4　賞金

PRACTICE TEST

7 アルバイトの<u>めんせつ</u>は来週の土曜日です。

1　面投　　　2　両接　　　3　両投　　　4　面接

8 <u>ふなびん</u>で送ったら飛行機よりは安くなります。

1　船便　　　2　船硬　　　3　船辺　　　4　船弁

もんだい 3　（　　　）に入れるのに最もよいものを、1・2・3・4から一つえらびなさい。

1 A： このコート昨日買いましたが、どうですか。
　　B： よく（　　　）ますよ。

1　着　　　2　似（に）　　　3　会い　　　4　似合い（にあ）

2 子供が勉強に興味（きょうみ）がないので、（　　　）います。

1　喜んで（よろこ）　　　2　悩んで（なや）　　　3　願って（ねが）　　　4　習って（なら）

3 店が暑いからバイトをする時はいつも汗を（　　　）ます。

1　かき　　　2　とき　　　3　きき　　　4　すき

4 先生は指輪（ゆびわ）を（　　　）いるから、結婚しているかも。

1　はいて　　　2　かぶって　　　3　はめて　　　4　かけて

5 私は髪をひとつに（　　　）のはあまり好きじゃありません。

1　のびる　　　2　ならぶ　　　3　のばす　　　4　むすぶ

6　兄は腹が（　　　）と顔が赤くなります。
　　1　痩せる　　2　出る　　3　立つ　　4　壊す

7　日本人は周りの人によく気を（　　　）ますね。
　　1　かり　　2　くばり　　3　ふり　　4　さわり

8　田中部長はただいま席を（　　　）おります。
　　1　はずして　　2　はずれて　　3　すいて　　4　はなれて

もんだい4　＿＿＿に意味が最も近いものを、1・2・3・4から一つえらびなさい。

1　買ったばかりのノートパソコンが壊れてしまいました。
　　1　崩れて　　2　故障して　　3　破れて　　4　倒して

2　山で転んでけがをしました。
　　1　叫びました　　2　怒りました　　3　泣きました　　4　負傷しました

3　日曜日、先生のお宅をおたずねしてもいいですか。
　　1　おとずれても　　2　ご連絡しても
　　3　はいけんしても　　4　あがっても

PRACTICE TEST

もんだい 5 つぎのことばの使い方として最もよいものを、一つえらびなさい。

1. おとずれる
   1. いよいよ私のきらいな冬がおとずれた。
   2. 約束の場所に友達がおとずれてこない。
   3. インターネットで美味しい店をおとずれている。
   4. 分からない単語(たんご)は辞書でおとずれてね。

2. 助(たす)かる
   1. 困った人を助かりたいです。
   2. 忙しかったら仕事助かりましょうか。
   3. 先生が道を教えてくださって本当に助かりました。
   4. もし、時間があったら掃除を助かってください。

3. 見かける
   1. 無くした財布は見かけましたか。
   2. いいアルバイトが見かけなくて困っています。
   3. かばんに入れたはずの携帯が見かけない。
   4. 道で偶然(ぐうぜん)初恋の彼を見かけた。

chapter 02 문법/독해

N3 2교시

01 특수 존경어

존경어는 남을 높여주는 말이다. 자주 사용하는 특수 존경어는 외워두는 것이 좋다.

기본어	존경어
言う 말하다	おっしゃる 말씀하시다
見る 보다	ごらんになる 보시다
する 하다	なさる 하시다
食べる 먹다	召し上がる 드시다
飲む 마시다	
行く 가다	いらっしゃる/おいでになる 가시다, 오시다, 계시다
来る 오다	
いる 있다	
知っている 알다	ご存じだ 아시다
くれる 주다	くださる 주시다

今日、どこかへいらっしゃいますか。 오늘 어딘가 가십니까?
木村さんの電話番号をご存じですか。 기무라씨의 전화번호를 알고 계십니까?
先生、なにか召し上がりましたか。 선생님, 뭔가 드셨습니까?

02 お+ます형+になる ~하시다

「お+ます+になる」라는 패턴은 상대방을 높이는 존경 표현이다.

書く 쓰다 → お書きになる 쓰시다
読む 읽다 → お読みになる 읽으시다
起きる 일어나다 → お起きになる 일어나시다

コーヒーお飲みになりましたか。 커피 드셨습니까?
先生はたばこをお吸いになります。 선생님은 담배를 피우십니다.

문법 필수 문형 – 경어1–존경 표현

03 ~(ら)れる ~하시다

수동 표현인 ~(ら)れる는 경어로도 사용된다. 특수 존경어나 다른 존경 표현보다 존경어 강도가 약한 경향이 있다.

行く 가다 → 行かれる 가시다
買う 사다 → 買われる 사시다
見る 보다 → 見られる 보시다

何時に起きられますか。 몇 시에 일어나십니까?
社長は明日東京へ戻られます。 사장님은 내일 도쿄로 돌아오십니다.

04 お+ます형+ください ~해 주십시오

「~해 주세요」라는 뜻의 「~てください」를 「お+ます형+ください」패턴으로 바꾸면 더 공손한 표현이 된다.

椅子にお掛けください。 의자에 앉으세요.
住所は漢字でお書きください。 주소는 한자로 써 주세요.

05 お(ご)+명사

접두사 お나 ご는 공손하게 말하거나 부드럽게 말하고자 할 때 사용한다. 원칙적으로는 순수일본어에는 お, 한자어에는 ご를 붙이지만 예외인 경우도 많다.

お時間 시간 / お手紙 편지 / お電話 전화 / お食事 식사 / お名前 이름
お荷物 짐 / お飲み物 음료수 / お仕事 일 / お話 이야기 / お国 나라

ご主人 남편 / ご両親 부모님 / ご質問 질문 / ご住所 주소 / ご注文 주문
ご趣味 취미 / ご案内 안내 / ご利用 이용 / ご都合 형편

もんだい1　つぎの文の(　　)に入れるのに最もよいものを、1・2・3・4から一つえらびなさい。

1　「山田さんいらっしゃいますか」
　　「はい。ちょっと(　　　)」
　　1　お待ちください　　　　　　2　お待ちになります
　　3　待ってさしあげます　　　　4　お待ってください

2　そちらの方が私の荷物を(　　　)。
　　1　お持ちしました　　　　　　2　お持ちなりました
　　3　持ってくださいました　　　4　持っていただきました

3　学生「先生、何時まで大学にいらっしゃいますか」
　　先生「今日は7時まで(　　　)よ」
　　1　います　　　　　　　　　　2　いらっしゃいます
　　3　あります　　　　　　　　　4　まいります

4　「先生はいつ見えますか」
　　「まだ(　　　)まで少し時間がありますから、そこで待っていてください」
　　1　おいでいらっしゃる　　　　2　ごらんになる
　　3　おっしゃる　　　　　　　　4　おいでになる

5　どうぞこちらに(　　　)ください。
　　1　お掛けに　　2　お掛け　　3　お掛けて　　4　お掛けして

PRACTICE TEST

6 先生はもう（　　　）。
1　お帰りなさいました　　　2　お帰りになりました
3　お帰りございました　　　4　お帰りいたしました

7 社員「お客さまが見えました」
社長「私の部屋に（　　　）」
1　ご案内でした　　　2　ご案内ました
3　ご案内して　　　　4　ご案内になって

8 どうぞ遠慮なくお（　　　）ください。
1　使われて　　2　使い　　3　使って　　4　使わせ

9 お客さまはどこに（　　　）ますか。
1　座られ　　2　お座り　　3　座りになり　　4　お座られ

10 今から映画が始まりますから、どうぞ最後まで（　　　）ください。
1　楽しみになり　　　2　ご楽しみ
3　楽しみなさり　　　4　お楽しみ

11 意見がある方は（　　　）ください。
1　おっしゃりて　　　2　おっしゃって
3　おっしゃい　　　　4　おっしゃり

12 どなたか質問のある方は(　　　　)か。

1　なさいません　　　　　　2　めしあがりません

3　いらっしゃいません　　　4　くださいません

13 お客さま、こちらの料理はしょうゆなど何もつけずに、どうぞそのまま
(　　　　)。

1　めしあがらせてください　　2　おめしあがりください

3　めしあがりなさってください　4　おめしあがってください

14 木村さんのお父さんがもうすぐここに(　　　　)はずです。

1　おっしゃる　　　　　　2　ごらんになる

3　はいけんする　　　　　4　おいでになる

15 あの方を(　　　　)か。

1　ごぞんじです　　　　　2　ごぞんじます

3　ごぞんじします　　　　4　ごぞんじなさいます

PRACTICE TEST

もんだい 2　　つぎの文の＿＿★＿＿に入る最もよいものを、1・2・3・4から一つえらびなさい。

1　もう ＿＿★＿ ＿＿＿ ＿＿＿ ＿＿＿。
　　1　この　　　　2　か　　　　3　本を　　　　4　読まれました

2　お母さんは ＿＿＿ ＿★＿ ＿＿＿ ＿＿＿。
　　1　に　　　　2　お帰り　　　3　なりますか　　4　いつ

3　先生は ＿＿＿ ＿＿＿ ＿＿＿ ＿＿★＿ます。
　　1　よく　　　2　ことわざ　　3　を　　　　　4　おっしゃい

4　＿＿＿ ＿＿＿ ＿★＿ ＿＿＿ ください。
　　1　今週中　　2　お　　　　　3　に　　　　　4　届け

5　＿＿＿ ＿＿★＿ ＿＿＿か。
　　1　なります　2　ご両親は　　3　おいでに　　4　何時ごろ

もんだい 3　つぎの文章を読んで、1から5の中に入る最もよいものを、1・2・3・4から一つえらびなさい。

(1)

田中さんへのメール

おはようございます。田中さんは今どちらに　1　。私は新宿駅にいます。事故で電車が　2　。遅刻しそうなので会社に電話をしましたが、誰もいませんでした。ですから、課長に「３０分ぐらい遅刻します」とお　3　ください。できるだけ急いで行きます。

(2)

先生への手紙

ご無沙汰しております。その後、お変りありませんか。私は大学を卒業したら、日本へ行って日本語の勉強を続けたいと思っています。私が日本へ留学することについて、先生はどう　4　か。先生のご意見を　5　。近いうちに、先生にお目にかかれたらいいなと思います。ご連絡お待ちしております。

1　1　おっしゃいますか
　　2　いらっしゃいますか
　　3　まいりますか
　　4　なさいますか

PRACTICE TEST

2　1　止まりたいです
　　2　止まったそうです
　　3　止まってしまいました
　　4　止まろうとします

3　1　伝えに　　　2　伝えて　　　3　伝え　　　4　お伝え

4　1　お考えになります
　　2　考えになります
　　3　お考えします
　　4　考えします

5　1　聞きになってください
　　2　聞かせください
　　3　聞いてくださいませんか
　　4　お聞かせください

もんだい 4 　つぎの文章を読んで、質問に答えてください。答えは1・2・3・4から、最もよいものを一つえらんでください。

私は一人で旅行をするのが好きだ。旅行会社を通じて、ツアーに参加するのははやいし、便利なのは確かだ。でも、私は知らない町で知らない人と話をするのが旅行の楽しみの一つだと思っている。私は自分で旅行の計画を立てて、その町の人にいろいろなことを聞きながら旅行をするのが好きだ。どんなに時間がかかっても、困ることがあっても、自分で計画して旅行するほうがずっと面白いと思う。

1　この人はどんな旅行が好きなのか。
　1　時間がかかる旅行がとても好きだ。
　2　好きな人と二人で行くのが好きだ。
　3　旅行会社を通じて行く旅行が好きだ。
　4　一人で旅行をするのが好きだ。

2　内容と合っているものはどれか。
　1　自分で計画を立てて旅行をするのは楽しい。
　2　知らない人と話すのはあまり好きじゃない。
　3　一人で旅行をすると時間がかかるから嫌だ。
　4　旅行会社のツアーに参加すると不便だ。

PRACTICE TEST

もんだい 5 つぎの文章を読んで、質問に答えてください。答えは1・2・3・4から、最もよいものを一つえらんでください。

海外旅行をするときの一般的な方法には、①ガイドと一緒の「パック旅行」があるが、フリーツアー(※1)というものもある。
パック旅行は、目的地までの往復の交通や宿泊、観光などがパッケージ(※2)になっているので、その名がある。すべてが決められているので、大変便利だが、団体行動をしなければならない。もっとゆっくり見たいと思うような場所でも、決められたスケジュールにしばられる。
その点、②フリーツアーは往復の交通手段と宿泊先が決められているだけで、それ以外は自由＝フリーだ。目的地での行動を自由に決めて、移動に必要な鉄道やバスなどの切符もいっしょに申し込むことができる。ただ、③フリーツアーでも注意しなければならない点がある。一度ツアー料金を払ってしまったら、往復の飛行機やホテルは変えられないし、キャンセルする場合は出発日の3週間も前からキャンセル料を取られてしまう。自分なりの計画をきちんと立てて、自由な旅を楽しもう。

(※1)ツアー：旅行のこと
(※2)パッケージ：関係あるものを一つにまとめたもの

[1] ①ガイドと一緒の「パック旅行」のいい点はどんなところだと言っているか。
1　交通手段、宿泊先、予定などを自分で決めなくてもいいこと
2　他の旅行客と一緒に見て回れるので、友人が作れること
3　ガイドが一緒に行ってくれるので、くわしい説明が聞けること
4　ゆっくり見たいときには時間をのばしてゆっくり見られること

[2] ②フリーツアーのいい点はどんなところだと言っているか。
1　団体で行動して他の旅行客と一緒に楽しく旅行できること
2　宿泊先が決まっているので、ホテルを探す必要がないこと
3　時間にしばられないで、行きたい場所を自由に見て回れること
4　決められたスケジュールにしたがってゆっくり観光できること

[3] ③フリーツアー」で注意しなければならない点はどんなことだと言っているか。
1　料金を支払った後は、往復の交通手段と宿泊先は変えられないこと
2　鉄道やバスなどの切符は、目的地で自分で買わなければならないこと
3　ガイドがいないから、観光するときに迷うかもしれないこと
4　宿泊先が決まっていないので、ホテルをさがさなければならないこと

PRACTICE TEST

もんだい 6　　つぎの絵は、本屋の案内図である。下の質問に答えなさい。答えは、1・2・3・4から最もよいものを一つえらびなさい。

1　英語のコーナーまでどうやって行くか。
1　入り口のすぐ右のところにある。
2　入り口からまっすぐ行って、韓国語のコーナーの右にある。
3　入り口から左に曲がって、まっすぐ行って右にある。
4　入り口から右に曲がって、まっすぐ行って左にある。

2　入り口から一番近いコーナーはどこか。
1　CDやDVDコーナー　　　　2　新刊コーナー
3　英語のコーナー　　　　　　4　漫画のコーナー

本屋の案内図

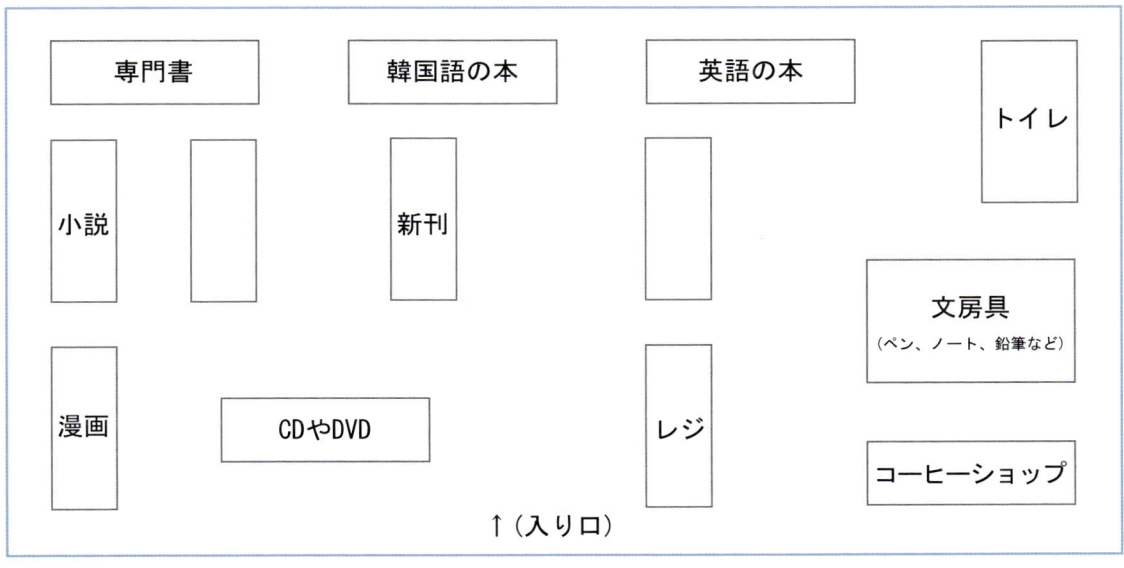

chapter 03 청해

N3 3교시

과제 이해 문제 2

과제 이해 문제는 N3, N4에서 모두 출제된다. 구체적인 과제 해결에 필요한 중요한 정보를 듣고 다음에 어떤 행동을 취할 것인지를 예측하는 문제이다. 다양한 상황이 제시됨으로 먼저 어떤 주제에 대해 이야기를 하는지 주제 파악을 확실히 해야 한다. 중반 이후 갑작스러운 변수로 혼란을 주는 경우도 있으니 반전에 유의해 끝까지 집중하여 들어야 한다. 또한 대화 속에서 누구의 행동을 예측해야하는 지도 신경을 써야한다.

대화를 잘 듣고 맞는 답을 하나 고르시오.

1ばん

① 8時45分
② 9時
③ 9時15分
④ 9時30分

2ばん

① 着物
② ピンクのワンピース
③ 花柄のワンピース
④ 新しいワンピース

PRACTICE TEST

3ばん

① もう一週間続けて借りる

② あと2日だけ続けて借りる

③ 一度返してから、明日また借りる

④ 一度返してから、一週間後でまた借りる

4ばん

① 申し込み書を書く

② 写真を撮る

③ 成績をもらう

④ 先生に手紙を頼む

스 크 립 트

문제 1

質問　ホテルで、会社(かいしゃ)の男(おとこ)の人(ひと)と女(おんな)の人(ひと)が話(はな)しています。女の人は、明日(あした)、何時(なんじ)にホテルを出(で)ますか

男：では、明日(あした)は、9時(じ)半(はん)に事務所(じむしょ)にいらしてください。
女：はい、えーと、このホテルから事務所まで、タクシーでどのぐらいかかりますか。
男：そうですね、30分(ぷん)もあれば着(つ)きますね。
女：じゃあ、9時に出(で)ればいいですね。
男：あ、朝(あさ)は道(みち)が混(こ)むかもしれません。15分ぐらい早(はや)めに出られたほうがいいですね。
女：そうですか。じゃあ、そうします。

1. 8時45分
2. 9時
3. 9時15分
4. 9時30分

질문　호텔에서 회사 남자직원과 여자직원이 이야기를 하고 있습니다. 여자직원은 내일 몇 시에 호텔을 나갈 겁니까?

남：그럼, 내일은 9시 반에 사무실로 와주세요.
여：예. 음.. 이 호텔에서 사무실까지 택시로 어느 정도 걸립니까?
남：글쎄요. 30분정도면 도착할겁니다.
여：그럼, 9시에 나가면 되겠네요.
남：아, 아침에는 길이 막힐지도 모릅니다. 15분 정도 조금 빨리 나오시는 편이 좋겠습니다.
여：그렇습니까? 그럼, 그렇게 할게요.

1. 8시 45분
2. 9시
3. 9시15분
4. 9시30분

> **중요표현**
> 1. いらしてください는 경어로서 ~오세요 라는 표현이다.
> 2. も는 대체적인 정도를 나타냄. 쯤, 정도. 30分(ぷん)もあれば着(つ)く(30분만 있으면 도착한다), 100円(えん)もあればいい(100엔쯤 있으면 되겠다)
> 3. 早(はや)めに는 조금 빨리, 조금 이른 듯하게 라는 뜻이다.

문제 2

質問 妹(いもうと)と姉(あね)が話(はな)しています。妹は結婚式(けっこんしき)に何を着(き)ていくことにしましたか。

妹：来週(らいしゅう)の結婚式(けっこんしき)に何を着(き)て行(い)こうかな。お姉(ねえ)ちゃん、何か着(き)るもの貸(か)してくれない。
姉：ええっ、あんた着物(きもの)持(も)ってるんじゃないの。
妹：持ってるけど、着物(きもの)は着るのが大変(たいへん)だもん。
姉：しょうがないわね。じゃ、花柄(はながら)のワンピースなら貸してあげる。
妹：花柄?あれ、ちょっと古(ふる)いんじゃない。私、ピンクのほうがいいなぁ。
姉：ピンクはだめ。
妹：そうか。しょうがないね。じゃあ、古(ふる)いので我慢(がまん)する。

1. 着物(きもの)
2. ピンクのワンピース
3. 花柄(はながら)のワンピース
4. 新(あたら)しいワンピース

질문 여동생과 언니가 이야기를 하고 있습니다. 여동생은 결혼식에 무엇을 입고 가기로 했습니까?

여동생 : 다음 주 결혼식에 무엇을 입고 가지... 언니, 입을 옷 좀 빌려주지 않을래?.
언니 : 뭐라고? 너 기모노 가지고 있잖아.
여동생 : 가지고 있지만 기모노는 입는 게 불편하단 말이야.
언니 : 어쩔 수 없네. 그럼 꽃무늬 원피스라면 빌려줄게.
여동생 : 꽃무늬? 저건 좀 오래됐잖아. 난 핑크 쪽이 좋은데.
언니 : 핑크는 안 돼.
여동생 : 그래, 어쩔 수 없지. 그럼, 오래된 걸로 해야지 뭐.

1. 기모노
2. 핑크 원피스
3. 꽃무늬 원피스
4. 새 원피스

> **중요표현**
> 1. **もん** 응석이 섞인 투로 자기의 주장을 나타냄. …한 걸 뭐. …한 걸요. **大変(たいへん)だもん**(힘들단 말이야), **怖(こわ)いもん**(무섭다 말이야)
> 2. **我慢(がまん)する**는 참다, 견디다 라는 뜻. 여기서 **古(ふる)いので我慢(がまん)する**는 참고 오래된 원피스를 입겠다는 의미.

스크립트

문제 3

質問　女(おんな)の人(ひと)と男(おとこ)の人(ひと)が話(はな)しています。女の人はCDをどうしますか。

女：ね、今(いま)借(か)りてるこのCD、今日(きょう)返(かえ)すって言(い)ったけど、聞(き)く暇(ひま)なくて、もう一週間(いっしゅうかん)借(か)りてもいい。

男：悪(わる)いけど、この後(あと)、ほかの友達(ともだち)に貸(か)すことになっているんだ。

女：そうか。あさって返すから、あと2日(ふつか)だけお願(ねが)い。

男：でも、明日(あした)貸してやるって言っちゃったんだ。友達に貸すのは一週間(いっしゅうかん)だけだから、その後また貸してあげるからさ。

女：分(わ)かった。ごめんね。

1．もう一週間続(つづ)けて借りる。
2．あと2日だけ続けて借りる。
3．一度(いちど)返してから、明日また借りる。
4．一度返してから、一週間後でまた借りる。

질문　여자와 남자가 이야기를 하고 있습니다. 여자는 CD를 어떻게 합니까?

여：있잖아. 내가 빌려간 이 CD, 오늘 돌려준다고 했는데, 들을 시간이 없어서 일주일 더 빌려도 돼?

남：미안한데, 또 다른 친구에게 빌려주기로 되어있어.

여：그래? 모레 돌려줄 테니까 이틀만 더 부탁해.

남：하지만 내일 빌려준다고 말해버렸어. 친구에게 빌려주는 것은 일주일뿐이니까 그 후에 다시 빌려줄게.

여：알았어. 미안해.

1. 일주일 더 계속해서 빌립니다.
2. 이틀만 더 계속해서 빌립니다.
3. 한 번 돌려주고 나서 내일 다시 빌립니다.
4. 한 번 돌려주고 나서 일주일 후 다시 빌립니다.

> **중요표현**
> 1. もう는「이제, 벌써」라는 뜻 이외에「더, 그 위에 또」라는 뜻도 있다. もう一週間(いっしゅうかん)(일주일 더), もう一(ひと)つ(하나 더)
> 2. 동사원형+ことになる는 ~하게 되다(결정). 貸(か)すことになっている(빌려주기로 되어 있다)

문제 4

質問 学生(がくせい)が奨学金(しょうがくきん)の書類(しょるい)について大学(だいがく)の事務所(じむしょ)の人(ひと)と話(はな)しています。学生は今日中(きょうじゅう)に何をしなければなりませんか。

男：奨学金(しょうがくきん)の書類(しょるい)を出(だ)しに来(き)たんですが。
女：あ、はい。全部(ぜんぶ)ありますか。え~っと、申(もう)し込(こ)み書(しょ)、ありますね。それから、写真(しゃしん)2枚(まい)。あ、この写真、帽子(ぼうし)をかぶっていますね。
男：だめですか。
女：正面(しょうめん)、上半身(じょうはんしん)、帽子なしって書(か)いてあるでしょう。撮(と)りなおしですね。
男：えー。
女：締(し)め切(き)りは今日(きょう)の午後(ごご)5時までですから、急(いそ)いで持(も)ってきてください。
男：はい。すみません。
女：あとは…。1学期(がっき)の成績(せいせき)、先生(せんせい)からの手紙(てがみ)、ありますね。あ、手紙は2通(つう)必要(ひつよう)なんですよ。
男：あ、そうだったんですか。じゃ、もう一人(ひとり)、先生にお願(ねが)いします。すいません。
女：そうしてください。こちらは来週(らいしゅう)でいいですから、手紙は先生から直接(ちょくせつ)送(おく)ってもらってください。
男：はい。

1. 申(もう)し込(こ)み書(しょ)を書(か)く。
2. 写真(しゃしん)を撮(と)る。
3. 成績(せいせき)をもらう。
4. 先生(せんせい)に手紙(てがみ)を頼(たの)む。

질문 학생이 장학금 서류에 대해서 대학 사무실 직원과 이야기를 하고 있습니다. 학생은 오늘 중에 무엇을 해야 합니까?

남 : 장학금 서류를 내러 왔는데요.
여 : 아, 네. 전부 있습니까? 음..신청서 있네요. 그리고 사진 2장. 아, 이 사진 모자를 쓰고 있네요.
남 : 안 되나요?
여 : 정면. 상반신. 모자 없음 이라고 쓰여 있잖아요? 다시 찍어야겠네요.
남 : 네~
여 : 기한은 오늘 오후 5시까지니까 서둘러서 가지고 오세요.
남 : 예. 죄송합니다.
여 : 그 다음은…. 1학기 성적. 선생님한테 받은 편지. 있네요. 아, 편지는 2통 필요해요.
남 : 아, 그랬어요? 그럼, 다른 선생님 한 분께 부탁드릴게요. 죄송합니다.
여 : 그렇게 하세요. 이것은 다음 주도 괜찮으니까 편지는 선생님께서 직접 부치시는 걸로 해 주세요.
남 : 예.

1. 신청서를 쓴다.
2. 사진을 찍는다.
3. 성적을 받는다.
4. 선생님께 편지를 부탁한다.

중요표현

1. 동사 ます형+直(なお)す는 복합동사로 다시~하다 라는 뜻이다. 그러므로 撮(と)り直(なお)す는 다시 찍다 라는 뜻이며, 撮(と)り直(なお)し는 다시 찍음이라는 명사형이다.

N3

뉴 일본어 능력시험

Part 13

문자/어휘 chapter 01
필수 2자 이상 한자, 필수 동사

문법/독해 chapter 02
필수 문형 – 경어2(겸양 표현)

청해 chapter 03
포인트 이해 문제

chapter 01 문자/어휘 N3 1교시

필수 2자 이상 한자

家具 かぐ 가구	半年 はんとし 반년, 6개월
欠席 けっせき 결석	連休 れんきゅう 연휴
招待 しょうたい 초대	飛行機 ひこうき 비행기
救急車 きゅうきゅうしゃ 구급차	航空便 こうくうびん 항공편
暗証番号 あんしょうばんごう 비밀 번호	割引 わりびき 할인
出席 しゅっせき 출석	三連休 さんれんきゅう 3일연휴
返事 へんじ 답장, 답변	区役所 くやくしょ 구청
市役所 しやくしょ 시청	心配 しんぱい 걱정
計画 けいかく 계획	歯医者 はいしゃ 치과
美術館 びじゅつかん 미술관	冷蔵庫 れいぞうこ 냉장고
管理人 かんりにん 관리인	身分証 みぶんしょう 신분증
支店長 してんちょう 지점장	出張中 しゅっちょうちゅう 출장중
天気予報 てんきよほう 일기예보	

필수 동사

モテる 인기가 있다(이성)	役立やくだつ 도움이 되다
叩たたく 치다, 때리다, 두드리다	断ことわる 거절하다
申もうし込こむ 신청하다	聞きかせる 들려주다
確認かくにんする 확인하다	悩なやむ 고민하다
暮くらす 살다	出会であう 만나다
間違まちがう 틀리다	送おくる 보내다
触さわる 만지다	冷ひえる 추워지다, 차가워지다, 식다
乗のり換かえる 환승하다	可愛かわいがる 귀여워하다
真似まねる 흉내 내다	生うまれる 태어나다
訪たずねる 방문하다	信しんじる 믿다
忘わすれる 잊다	飼かう 기르다(동물)
目立めだつ 눈에 띄다	起おこす 일으키다
明あける 날이 새다	乾かわく 마르다, 건조하다

もんだい1　＿＿＿＿のことばの読み方として最もよいものを1・2・3・4から一つえらびなさい。

1　引っ越したばかりなのでまだ家具があまりないです。
　　1　かくう　　　2　がぐう　　　3　かく　　　4　かぐ

2　半年ぐらい勉強すると日本語で話せますか。
　　1　はんねん　　2　はんとし　　3　ばんねん　　4　はんどし

3　木村さんが欠席するなんて珍しいですね。
　　1　しゅっせき　2　しゅつせき　3　けっせき　　4　けつせき

4　わが社は金曜日から3連休に入ります。
　　1　れんきゅう　2　れんきゅ　　3　れんやすみ　4　ねんやすみ

5　祖父が倒れて救急車を呼んだことがあります。
　　1　くきゅうしゃ　　　　　　2　きゅうきゅしゃ
　　3　きゅきゅうしゃ　　　　　4　きゅうきゅうしゃ

6　日本からアメリカまで航空便で行くとどのくらいかかりますか。
　　1　こくうびん　2　こうくうびん　3　こうくびん　4　くうこうびん

7　玄関の暗証番号を忘れてしまいました。
　　1　あんしょばんご　　　　　2　あんしょばんごう
　　3　あんしょうばんごう　　　4　あんしょうばんご

PRACTICE TEST

8 夏休みの間だけ市役所でアルバイトをしています。

　　1　しやくしょ　　2　しやくしょう　　3　くやくしょ　　4　くやくしょう

もんだい2　　＿＿＿＿のことばを漢字で書くとき、最もよいものを、1・2・3・4から一つえらびなさい。

1 母は今年小学校に入る妹がしんぱいでたまらないらしいです。

　　1　必配　　　2　心西　　　3　心配　　　4　心酒

2 あなたは旅行をする前にけいかくを立てますか。

　　1　計画　　　2　計面　　　3　討画　　　4　討面

3 昨日は歯が痛くてはいしゃに行きました。

　　1　歯居者　　2　歯意者　　3　葉医者　　4　歯医者

4 昔(むかし)は絵が好きだったのでびじゅつかんによく行きました。

　　1　美術官　　2　美術館　　3　美術間　　4　美術感

5 れいぞうこにビールが冷(ひ)やしてあります。

　　1　怜蔵庫　　2　零蔵庫　　3　冷蔵庫　　4　令蔵庫

6 マンションのかんりにんが6人もいますね。
　　1 管理人　　2 管里人　　3 管利人　　4 官理人

7 セミナーに参加するためにはみぶんしょうが要ります。
　　1 身分証　　2 身分正　　3 身分症　　4 見分証

8 日本では結婚式にどんな人をしょうたいするんですか。
　　1 招崎　　2 招待　　3 招寺　　4 招大

もんだい3　（　　）に入れるのに最もよいものを、1・2・3・4から一つえらびなさい。

1 3年前、交通事故を（　　）警察に行ったことがあります。
　　1 あって　　2 おきて　　3 おこって　　4 おこして

2 彼はハンサムなのでどこにいても（　　）ますね。
　　1 目立ち　　2 目ざわり　　3 目ざし　　4 モテリ

3 冬は夜が（　　）のが遅いです。
　　1 上げる　　2 明ける　　3 落ちる　　4 昇る

PRACTICE TEST

4 喉が（　　　　）いますが、お水一杯いただけますか。
　　1　かいで　　　2　かわいて　　　3　かいて　　　4　かけて

5 どこにいても（　　　　）人になるのは大事なことです。
　　1　やくだつ　　2　そだつ　　　　3　いらだつ　　4　はらだつ

6 日本の太鼓（たいこ）を（　　　　）みたいです。
　　1　ひいて　　　2　たたいて　　　3　きいて　　　4　なぐって

7 相手の誘（さそ）いを（　　　　）のは難しい。
　　1　止める　　　2　切る　　　　　3　誤（あやま）る　　　4　断（ことわ）る

8 大学の入学願書は（　　　　）ましたか。
　　1　申し上げ　　2　申し込み　　　3　申し　　　　4　行き

もんだい 4 　____に意味が最も近いものを、1・2・3・4から一つえらびなさい。

1　あなたの本当の気持ちをきかせてください。
1　話してください　　　　2　聞いてください
3　書いてください　　　　4　言わせてください

2　明日の飛行機の予約を確認してください。
1　変えて　　　　　　　　2　頼んで
3　行って　　　　　　　　4　調べて

3　昨日より今日の方がもっとひえていますね。
1　あついです　　　　　　2　さむいです
3　すずしいです　　　　　4　あたたかいです

PRACTICE TEST

もんだい 5 　　つぎのことばの使い方として最もよいものを、一つえらびなさい。

[1] 乗り換える
1　足が痛くて、スリッパに乗り換えました。
2　寝る前にパジャマに乗り換えました。
3　デパートの前で104番のバスに乗り換えてください。
4　ドルを円に乗り換えてください。

[2] かわいがる
1　山田さんは子供をとてもかわいがっています。
2　あの人は親をとてもかわいがっています。
3　田中さんは、いただいた時計をとてもかわいがっています。
4　あの人は自分の家をとてもかわいがっています。

[3] まねる
1　いつも昼ごはんを食べたあとでコーヒーをまねます。
2　弟は猿(さる)の鳴き声をまねるのが得意です。
3　バイオリンがまねられますか。
4　道が込んで6時間もまねてとても疲れました。

chapter 02 문법/독해

N3 2교시

01 특수 겸양어

겸양어는 나를 낮추는 말이다. 자주 사용하는 특수 겸양어는 외워두는 것이 좋다.

기본어	겸양어
言う 말하다	申す/申し上げる 말씀드리다
見る 보다	拝見する 보다
する 하다	いたす 하다
食べる 먹다	いただく 먹다, 마시다, 받다
飲む 마시다	
もらう 받다	
行く 가다	まいる 가다, 오다
来る 오다	
いる 있다	おる 있다
あげる 주다	さしあげる 드리다
知っている 알다	存じておる 알다
会う 만나다	お目にかかる 만나 뵙다
聞く 묻다, 듣다	伺う 여쭙다, 찾아뵙다
訪問する 방문하다	

> このアルバムを拝見してもよろしいですか。 이 앨범을 봐도 됩니까?
> 明日2時に伺います。 내일 2시에 찾아뵙겠습니다.
> 駅で待っております。 역에서 기다리고 있겠습니다.

02 お+ます형+する ~하다

「お+ます형+する」는 겸양표현으로서 자신의 행동을 낮춤으로서 상대방을 높이는 경어 표현이다.

문법 필수 문형 – 경어2-겸양 표현

社長を車でお送りしました。 사장님을 차로 배웅했습니다.
ここで先生のいらっしゃるのをお待ちします。 여기서 선생님이 오시는 것을 기다리겠습니다.

03 お+ます형+いたす ~하다

「お+ます형+いたす」는 「お+ます형+する」보다 조금 더 공손한 표현이다.

この荷物はあさってまでにお届けいたします。 이 짐은 모레까지 배달하겠습니다.
私が先生のかばんをお持ちいたします。 제가 선생님의 가방을 들겠습니다.

04 お+い형용사+ございます ~입니다

실생활에는 거의 쓰이지 않지만 간혹 시험에 나오니 알아두자.

い형용사의 변화형태

~ai→~oo	たかい	→	たこうございます	비쌉니다.
~ii→~yuu	おいしい	→	おいしゅうございます	맛있습니다.
~ui→~uu	やすい	→	やすうございます	쌉니다.
~oi→~oo	しろい	→	しろうございます	하얗습니다.

05 명사+でございます ~입니다

「명사+でございます」는 「명사+です」의 겸양표현이다. ございます는 あります(있습니다)의 정중한 표현이기도 하다.

山田の家内でございます。 야마다의 아내입니다.
次は37階でございます。 다음은 37층입니다.
ネクタイ売り場は2階にございます。 넥타이 매장은 2층에 있습니다.

もんだい1　つぎの文の（　　）に入れるのに最もよいものを、1・2・3・4から一つえらびなさい。

1　私がビデオを先生に（　　　　）ます。
　　1　お返し　　　2　お返しられ　　　3　お返しし　　　4　お返しになり

2　チケットは後でお（　　　　）いたします。
　　1　渡して　　　2　渡す　　　3　渡せ　　　4　渡し

3　先生、私がその荷物を（　　　　）。
　　1　お持ちします　　　　　　2　お持ちになります
　　3　お持ちいただきます　　　4　お持ちくださいます

4　その質問については私から（　　　　）。
　　1　ご説明なさいます　　　　2　ご説明になります
　　3　ご説明いたします　　　　4　ご説明ございます

5　すみませんが、ちょっとお（　　　　）したいことがあるんですが。
　　1　聞いて　　　2　聞き　　　3　聞く　　　4　聞こう

6　「君、私のかばんはどこにあるの」
　　「社長のかばんはあそこに（　　　　）」
　　1　いらっしゃいます　　　　2　おいでになります
　　3　ございます　　　　　　　4　おります

PRACTICE TEST

7 私は先生に作文を（　　　　）。

1　お直しになりました　　　　2　お直ししました
3　直しいらっしゃいました　　4　直していただきました

8 部長の趣味をお（　　　　）しました。

1　たずねられ　　2　たずね　　3　たずねて　　4　おたずね

9 私は先生のお宅でおいしいお酒を（　　　　）。

1　いただきました　　　　2　召し上がりました
3　飲まれました　　　　　4　お飲みになりました

10 私の傘を（　　　　）ましょう。

1　お貸し　　2　お貸して　　3　お貸しし　　4　お貸しになり

11 「どうぞ、ごらんください」「では、（　　　　）」

1　いたします　　　　　　2　拝見します
3　ごらんになります　　　4　お見せになります

12 もしもし、どうも（　　　　）。山田です。

1　お待ちしました　　　　2　お待たせします
3　お待ちします　　　　　4　お待たせしました

13 こちらのワイシャツのほうが少し（　　　　）ございます。

1　お高う　　2　お高い　　3　高いに　　4　高いで

353

14 山田（　　　　）。どうぞよろしくお願いします。

1　でいらっしゃいます　　　　2　といらっしゃいます
3　とございます　　　　　　　4　でございます

15 「木村さん、こちらに誰と一緒にいらっしゃいましたか」
「家内と（　　　　）」

1　いらっしゃいました　　　　2　お目にかかりました
3　まいりました　　　　　　　4　おいでになりました

PRACTICE TEST

もんだい 2　　つぎの文の＿＿★＿＿に入る最もよいものを、1・2・3・4から一つえらびなさい。

1　私 ＿＿★＿＿ ＿＿＿＿ ＿＿＿＿ ＿＿＿＿か。
　　1　お　　　　2　も　　　　3　手伝い　　　4　しましょう

2　すぐ ＿＿＿＿ ＿＿＿＿ ＿＿★＿＿ ＿＿＿＿。
　　1　お　　　　2　メールを　3　いたします　4　送り

3　私は ＿＿＿＿ ＿＿＿＿ ＿＿★＿＿ ＿＿＿＿。
　　1　デパート　2　おります　3　勤めて　　　4　に

4　＿＿＿＿ ＿＿＿＿ ＿＿★＿＿ ＿＿＿＿。
　　1　して　　　2　ここで　　3　お待ち　　　4　おります

5　＿＿＿＿ ＿＿＿＿ ＿＿＿＿ ＿＿★＿＿ございます。
　　1　お手洗い　2　は　　　　3　で　　　　　4　あちら

もんだい 3　つぎの文章を読んで、1から5の中に入る最もよいものを、1・2・3・4から一つえらびなさい。

(1)

先週、出張で福岡に行ってきました。これは福岡の名物の「めんたいこ」で[1]。たくさん買ってきましたので、少し[2]。ちょっと辛いですが、温かいご飯と一緒に召し上がるとおいしいですよ。どうぞ[3]。

(2)

昨日友達と飲みに行ったんですが、ちょっと飲みすぎて、いつの間にかかばんを無くしてしまったんです。お金はほとんど入っていません。でも、先生に[4]大事な本が入っていたんです。とても[5]なんです。どうしましょう。今警察に届出をしているので早く見つかるといいんですが…。

[1]　1　なります　　　　2　ございます
　　　3　します　　　　　4　います

[2]　1　さしあげます
　　　2　くださいます
　　　3　もらいます
　　　4　いただきます

PRACTICE TEST

3
1. おいでになってみてください
2. お目にかかってみてください
3. ごらんになってみてください
4. 召（め）し上（あ）がってみてください

4
1. お貸しした　　　　2. お借りした
3. お貸しになった　　4. お借りになった

5
1. 大切な本　　　　2. つまらない本
3. たいくつな本　　4. 大変な本

もんだい 4 つぎの文章を読んで、質問に答えてください。答えは1・2・3・4から、最もよいものを一つえらんでください。

はじめて行くところの道を間違えずに目的地まで到着するのは難しい。まず、地図を見ながら、現在自分がいるところを確認する。そして、目的地までの行き方を覚えて、途中で印象的なところをペンでチェックしておく。それで行く道がだいたい分かったら出発する。途中の景色はすべて目的地まで行くためのヒントになる。

もし道に迷っても、慌てなくても大丈夫。余裕を持って、道にあるすてきな店を見つけたり、珍しい景色を見つけたりしながら「迷子」を楽しむのもいいかもしれない。

[1] この人は道に迷った時、どうするのがいいと思っているか。
1. 景色がいいところで遊んだほうがいいと思っている。
2. 目的地まで行くのを諦めたほうがいいと思っている。
3. すてきな店や珍しい景色などを楽しむ余裕を持つのもいいと思っている。
4. 急いで店の人に道を聞いたほうがいいと思っている。

[2] 内容と合っているものはどれか。
1. はじめて行くところの道を間違えずに行くのは簡単だ。
2. 目的地までの行く道を地図で確認しないで出発してもいい。
3. 地図を見ながら自分が現在いるところを確認しなくてもいい。
4. 迷子を楽しむ余裕があってもいいかもしれない。

PRACTICE TEST

もんだい 5 つぎの文章(ぶんしょう)を読んで、質問に答えてください。答えは1・2・3・4から、最もよいものを一つえらんでください。

「何杯食べても四百円か」
男は、ラーメン屋の立て看板(かんばん)に目をやると、すぐに店の中に入った。男は若く、体格(たいかく)(※1)が良く、かなりの大食漢(たいしょくかん)(※2)。ラーメンを一杯、軽く食べると二杯目に入った。
「お客さん、どんどん食べて下さい」
やがて、三杯目。①これもクリア。
②「まだまだ遠慮(えんりょ)しないで、もっと食べてもいいんですよ」
「それにしても、③こんなことでよく商売(しょうばい)が成(な)り立(た)つ(※3)な」
男は四杯目に入った。だが、さすがに全部食べることはできなかった。
「もう腹いっぱい。四杯でやめておくよ。お勘定(かんじょう)!」
「千六百円です」
「えっ、四百円じゃないんですか」
「お客さん、外の看板を見てくださいよ」
おかしいなと思い、看板を見ると何杯食べても一杯四百円のまちがいだった。

(伊藤聡「何杯食べても」)
(※1)体格が良い:体が大きくてしっかりしている
(※2)大食漢:たくさん食べる人
(※3)成り立つ:できる

1 ①「これもクリア」とあるが、ここではどういうことか。

1. 少し残してしまうこと
2. 全部食べてしまうこと
3. お皿を洗うこと
4. またラーメンを頼むこと

2 ②「まだまだ遠慮しないで、もっと食べてもいいんですよ」とあるが、店の人はなぜこう言ったと考えられるか。

1. 客が食べれば食べるほどそれだけ自分がもうかると考えたから
2. 客が遠慮していると思い、もっとすすめようと思ったから
3. 客がとてもお腹が空いていてかわいそうに思えたから
4. 客がラーメンをどんどん食べる様子が気持ち良く思えたから

3 ③「こんなことでよく商売が成り立つな」と考えたのはなぜか。

1. その店の人が自分に無理に食べさせようとしたから
2. その店のラーメンは何杯食べても四百円だと思ったから
3. その店ではラーメンが一杯四百円しかしなかったから
4. その店で食べたラーメンがあまりおいしくなかったから

PRACTICE TEST

もんだい 6　つぎの表は寮生活の規則である。下の質問に答えなさい。答えは1・2・3・4から、いちばんいいものを一つえらびなさい。

1　寮には何時までに帰らなければならないか。

1　22時 30分　　2　23時　　3　23時30分　　4　24時

2　内容と合っているのはどれか。
1　11時にお風呂に入ってもかまわない。
2　寮でタバコを吸ってはいけない。
3　寮で料理をしてもいい。
4　寮に友達を泊めてもいい。

寮生活の規則

1	寮の中での料理は禁止です。
2	食堂：朝食7時〜9時 　　　夕食16時〜20時
3	お風呂：19時30分〜22時30分
4	友達を泊めてはいけません。
5	寮の中でのタバコは禁止です。
6	23時30分に門を閉めます。 ＊外に泊まる場合はまえもって連絡お願いします。
7	24時に廊下とロビーの電気が消えます。

chapter 03 청해

N3 3교시

포인트 이해 문제

N3 신경향 일본어 능력시험 청해 문제2는 포인트 이해 문제이다. 문장을 들려주고 내용을 잘 이해했는가를 묻는 문제로서 특히 여러 가지 사실에 근거해 문장 속에서 핵심 포인트를 집어낼 수 있는 가를 묻는 문제가 출제된다. 정확하게 전체내용을 파악하고 핵심을 찾아내는 것이 문제 해결의 관건이다. 그러려면 다양한 주제를 가진 문장을 많이 듣고 연습하는 것이 필요하다.

대화를 잘 듣고 맞는 답을 하나 고르시오.

1 ばん

① 忙しくて時間がないから
② 料理が苦手だから
③ 材料が余ってしまうから
④ 一緒に食べる人がいないから

2 ばん

① きれいな紙で包む
② 後で使えるもので包む
③ かわいいプレゼントを選ぶ
④ 役に立つプレゼントを選ぶ

PRACTICE TEST

3 ばん

① 音が出ない

② 何も映らない

③ 音の調節ができない

④ 色の調節ができない

4 ばん

① 日当たりが悪い

② 買い物に不便だ

③ 通勤時間が長い

④ 駅まで遠い

스크립트

문제 1

質問 男(おとこ)の人(ひと)と女(おんな)の人(ひと)がスーパーで話(はな)しています。男(おとこ)の人(ひと)が自分(じぶん)で料理(りょうり)をしないのはどうしてですか。

女：あら、田中(たなか)くん、お買(か)い物(もの)？
男：うん、夕飯(ゆうはん)を買(か)いにね。
女：お弁当(べんとう)にサンドイッチ？う～ん…、自分(じぶん)で作(つく)らないの？時間(じかん)ないか…。
男：いや、そういうわけじゃないんだけど…。
女：じゃあ、作ればいいのに。上手(じょうず)なんだから。こないだみんなに作ってくれた料理(りょうり)、すごくおいしかったよ。私は作るの苦手(にがて)だから、うらやましいよ。
男：作るのは嫌(きら)いじゃないんだけど、一人(ひとり)だと…。
女：材料(ざいりょう)が余(あま)っちゃう？
男：ん～、まぁ、それはいいんだけど、一生懸命(いっしょうけんめい)作っても一人で食べるだけじゃ、なんか寂(さび)しくて。
女：う～ん、それもそうか。

1. 忙(いそが)しくて時間(じかん)がないから
2. 料理(りょうり)が苦手(にがて)だから
3. 材料(ざいりょう)が余(あま)ってしまうから
4. 一緒(いっしょ)に食(た)べる人(ひと)がいないから

질문 남자와 여자가 슈퍼에서 이야기를 하고 있습니다. 남자가 스스로 요리를 하지 않는 이유는 왜입니까?

여：어머, 타나까군 장보러 왔어?
남：응. 저녁을 사러.
여：도시락에 샌드위치? 음…. 직접 안 만들어? 시간이 없겠구나….
남：아니, 그렇지는 않은데…
여：그럼. 만들면 되는데. 잘 하니깐. 일전에 사람들에게 만들어준 요리 굉장히 맛있었어. 나는 요리가 서툴러서. 부러워.
남：만드는 것은 싫어하지 않지만 혼자서는….
여：재료가 남니?
남：음…. 뭐 그건 괜찮은데. 열심히 만들어서 혼자서 만 먹는 것도 왠지 쓸쓸하고.
여：음…. 그것도 그러네.

1. 바빠서 시간이 없으니까.
2. 요리가 서투니까.
3. 재료가 남으니까
4. 같이 먹을 사람이 없으니까.

중요표현

1. ～わけではない(～わけじゃない) ～하는 것은 아니다, 꼭 그런 것만은 아니다 라는 뜻. 高(たか)い料理(りょうり)が全部(ぜんぶ)おいしいわけではない (비싼 요리가 다 맛있는 것은 아니다)
2. こないだは この間(あいだ)(요전에, 일전에)의 회화체 축약형이다.
3. ～ちゃうは ～てしまう(～해 버리다)의 회화체 축약형이다. 余(あま)ってしまう → 余(あま)っちゃう (남아 버리다)

문제 2

質問 テレビで女(おんな)の人(ひと)が贈(おく)り物(もの)について話(はな)しています。女の人が贈(おく)り物(もの)をするときに気(き)をつけていることは何ですか。

女：いただいたものが何枚(なんまい)ものきれいな紙(かみ)で包(つつ)まれていることがありますが、ほとんどの場合(ばあい)これらはごみになりますね。これほどもったいないことはないと思(おも)うんです。でも、プレゼントがきれいな紙で包まれていないとやはり寂(さび)しいですよね。だから私は、人(ひと)に贈(おく)るものはかわいらしいハンカチなど何(なに)か実用的(じつようてき)なもので包むようにしているんです。

1. きれいな紙(かみ)で包(つつ)む。
2. 後(あと)で使(つか)えるもので包(つつ)む。
3. かわいいプレゼントを選(えら)ぶ。
4. 役(やく)に立(た)つプレゼントを選(えら)ぶ。

질문 텔레비전에서 여자가 선물에 대해서 이야기를 하고 있습니다. 여자가 선물을 할 때에 주의를 하고 있는 것은 무엇입니까?

여 : 받은 선물이 몇 장씩 예쁜 종이로 포장되어 있는 경우가 있습니다만 대부분의 경우 이것은 쓰레기가 되지요. 이것만큼 아까운 것은 없다고 생각합니다. 그러나 선물이 예쁜 종이에 포장되어 있지 않으면 역시 허전하지요. 그래서 저는 다른 사람에게 줄 선물은 예쁜 손수건 등 뭔가 실용적인 것으로 포장하려고 하고 있습니다.

1. 예쁜 종이로 포장한다.
2. 나중에 사용할 수 있는 것으로 포장한다.
3. 예쁜 선물을 선택한다.
4. 도움이 되는 선물을 선택한다.

중요표현
1. **いただく**는 **もらう**(받다)의 겸양표현이다. 따라서 **いただいたもの**는 받은 물건, 즉 선물 받은 물건.
2. **~ようにする**는 ~하도록 하다(의도, 노력)라는 표현이다. **包(つつ)むようにしている**(포장하도록 하고 있다), **できるだけ野菜(やさい)をたくさん食べるようにしています**(가능한 한 야채를 많이 먹으려고 하고 있습니다)

스크립트

문제 3

質問　女(おんな)の人(ひと)が電気屋(でんきや)に電話(でんわ)をかけています。女の人のテレビはどこがおかしいのですか。

男：はい、池田電気(いけだでんき)です。
女：あの、テレビの修理(しゅうり)をお願(ねが)いしたいんですが。
男：はい。それでどこがおかしいですか。色(いろ)ですか。
女：いえ。音(おと)がおかしいんです。
男：音が出(で)ないんですか。
女：出ることは出るんですが、大(おお)きくならないんです。
男：はい、かしこまりました。じゃ、すぐ伺(うかが)います。

1. 音(おと)が出(で)ない。
2. 何も映(うつ)らない。
3. 音(おと)の調節(ちょうせつ)ができない。
4. 色(いろ)の調節ができない。

질문　여자가 전파상에 전화를 걸고 있습니다. 여자의 텔레비전은 어디가 이상합니까?

남 : 예. 이케다전기입니다.
여 : 저기, 텔레비전 수리를 부탁하고 싶은데요.
남 : 네. 그런데 어디가 이상합니까? 색상입니까?
여 : 아니요. 소리가 이상합니다.
남 : 소리가 안 나옵니까?
여 : 나온 긴 나옵니다만 크게 안 돼요.
남 : 예, 알겠습니다. 그럼 금방 방문하겠습니다.

1. 소리가 안 나온다.
2. 화면이 나오지 않는다.
3. 소리 조절이 되지 않는다.
4. 색상 조절이 되지 않는다.

중요표현

1. **映(うつ)る** 스크린이나 텔레비전 등에 영상이 나타나다. 따라서 **何(なに)も映(うつ)らない**는 화면에 아무런 영상이 잡히지 않는다는 뜻이다.

문제 4

質問　男(おとこ)の人(ひと)が引(ひ)っ越(こ)しをしました。新(あたら)しいアパートは何が一番(いちばん)問題(もんだい)ですか。

男：僕(ぼく)最近(さいきん)引(ひ)っ越(こ)したんだよ。
女：そう。新(あたら)しいアパートはどう。交通(こうつう)の便(べん)はいいの。
男：うん、駅(えき)から歩(ある)いて10分ぐらいで、通勤(つうきん)時間(じかん)も30分しかかからない。
女：それはいいね。アパートの周(まわ)りは。
男：店(みせ)も多(おお)いし便利(べんり)だけど、けっこう高(たか)いビルがあってね。
女：え、それはこまったね。
男：うん。けっこう部屋(へや)が暗(くら)いんだよ。昼間(ひるま)でも電気(でんき)つけなきゃならないんだ。

1. 日当(ひあ)たりが悪(わる)い。
2. 買(か)い物(もの)に不便(ふべん)だ。
3. 通勤時間(つうきんじかん)が長(なが)い。
4. 駅(えき)まで遠(とお)い。

질문　남자가 이사를 했습니다. 새 아파트는 무엇이 제일 문제입니까?

남 : 나 최근에 이사했어.
여 : 그래? 새 아파트는 어때? 교통편은 좋니?
남 : 응. 역에서 걸어서 10분이고, 통근시간도 30분 밖에 안 걸려.
여 : 그거 잘 됐네. 아파트 주변은?
남 : 가게도 많고 편리하지만 높은 건물이 꽤 있어서.
여 : 어, 그건 불편하겠다.
남 : 응. 방이 꽤 어두워. 낮에도 불을 켜지 않으면 안 돼.

1. 채광이 나쁘다.
2. 쇼핑이 불편하다.
3. 통근시간이 길다.
4. 역에서 멀다.

중요표현
1. こまった는 こまる(곤란하다, 난처하다)의 과거형으로 난처하게 됐다, 곤란하게 됐다는 뜻이다.
2. ～なきゃならない는 ～なければばらない(하지 않으면 안 된다,～해야 한다)의 회화체이다. 行(い)かなければならない＝行(い)かなきゃならない(가지 않으면 안 된다)

N3

뉴 일본어 능력시험

Part 14

문자/어휘 chapter 01
필수 동사 / 필수 い형용사 및 な형용사

문법/독해 chapter 02
필수 문형 – 중요 접속사

청해 chapter 03
개요 이해 문제

chapter 01 문자/어휘

N3 1교시

필수 동사

続つづく 계속되다, 이어지다	確たしかめる 확인하다	慣なれる 익숙해지다, 습관이 되다
怒おこる 화내다	急いそぐ 서두르다, 재촉하다	拾ひろう 줍다
信しんじる 믿다	戻もどる 되돌아오(가)다	守まもる 지키다
届とどく 배달되다, 닿다	飾かざる 장식하다	曲まがる 돌다, 구부러지다
除のぞく 빼다, 제외하다	冷さめる 식다	増ふえる 늘다, 증가하다
間まに合あう 시간에 늦지 않게 대다		誘さそう 권하다, 꾀다
伸のびる 늘다, 향상되다	効きく 효력이 있다, 듣다	数かぞえる 세다
連つれる 동반하다	指さす 가리키다	助たすかる 도움되다
助たすける 돕다		

필수 い형용사 및 な형용사

太ふとい 굵다	大人おとなしい 얌전하다	よろしい 좋다
苦にがい 쓰다	親したしい 친하다	騒さわがしい 시끄럽다
可笑おかしい 이상하다	深ふかい 깊다	偉えらい 훌륭하다
痛いたい 아프다	くだらない 시시하다	怪あやしい 수상하다
幸しあわせだ 행복하다	完全かんぜんだ 완전하다	盛さかんだ 번성하다
気きの毒どくだ 가엾다, 불쌍하다		色々いろいろだ 다양하다
大変たいへんだ 대단하다, 큰일이다		残念ざんねんだ 유감스럽다
平気へいきだ 아무렇지 않다	心配しんぱいだ 걱정이다	無理むりだ 무리다
豊ゆたかだ 풍요롭다	不自由ふじゆうだ 부자유롭다, 불편하다	

PRACTICE TEST

もんだい 1 ＿＿＿のことばの読み方として最もよいものを1・2・3・4から一つえらびなさい。

1 3日前から雨が続いている。
   1 ういて　　2 うごいて　　3 ついて　　4 つづいて

2 部屋の電気を消したのかもう一度確かめてください。
   1 しかめて　　2 たしかめて　　3 たかめて　　4 あかめて

3 新しい会社の仕事にはもう慣れましたか。
   1 きれ　　2 くれ　　3 なれ　　4 ふれ

4 父はおとなしい性格ですが、一度怒ったら恐いです。
   1 おこったら　　2 まったら　　3 ふったら　　4 すったら

5 今日は土曜日で道が込むから急いだほうがいいかも。
   1 ぬいだ　　2 こいだ　　3 かいだ　　4 いそいだ

6 道で拾った2千円で友達とアイスクリームを食べた。
   1 たった　　2 もった　　3 ひろった　　4 かった

7 何をすれば私を信じてくれるんでしょうか。
   1 あんじて　　2 しんじて　　3 とじて　　4 かじて

[8] 今、取引先に行ったら何時ごろ事務所に戻りますか。

1　もどり　　　2　かえり　　　3　かり　　　4　さわり

もんだい2　＿＿＿＿のことばを漢字で書くとき、最もよいものを、1・2・3・4から一つえらびなさい。

[1] 最近は風邪薬を飲んでもあまりきかなくなりました。

1　解かなく　　2　聴かなく　　3　聞かなく　　4　効かなく

[2] 困っていた時に、先生にたすけていただきました。

1　助けて　　　2　求けて　　　3　守けて　　　4　支けて

[3] 私をのぞいて全員温泉に行きました。

1　余いて　　　2　除いて　　　3　検いて　　　4　険いて

[4] ピザはさめると美味しくないですよ。

1　鈴める　　　2　寒める　　　3　冷める　　　4　令める

[5] 今行っても会議にまにあうでしょうか。

1　問に合う　　2　間に会う　　3　聞に合う　　4　間に合う

[6] 最近体重（たいじゅう）がふえて困っています。

1　増えて　　　2　減えて　　　3　上えて　　　4　加えて

PRACTICE TEST

7 デートにさそいましたが、彼女からはいまだに返事がありません。
   1 秀い   2 誘い   3 権い   4 勧い

8 英語を勉強して半年ぐらいになりますが、なかなか実力がのびません。
   1 伸び   2 長び   3 申び   4 延び

もんだい 3　（　　　）に入れるのに最もよいものを、1・2・3・4から一つえらびなさい。

1 私は足が（　　　）一度もスカートをはいたことがありません。
   1 あつくて   2 ふとくて   3 まるくて   4 うすくて

2 兄の理想は素直（すなお）で（　　　）人です。
   1 おとなしい   2 うるさい   3 そそっかしい   4 おおきい

3 中村さんをはじめ、クラスのみんなに（　　　）お伝えください。
   1 あいたく   2 よく   3 よろしく   4 やさしく

4 親友というのはどういう意味ですか。（　　　）友達という意味です。
   1 めずらしい   2 みにくい   3 かなしい   4 したしい

5 このオレンジは（　　　）だけで、甘い味が全然しませんね。
   1 すっぱい   2 あぶらっこい   3 しょっぱい   4 からい

375

6　自分の生活に満足しながら（　　　　）暮らすのがなによりです。
　　1　ふこうに　　　2　しあわせに　　　3　きけんに　　　4　たいへんに

7　その問題は（　　　　）解決してあります。
　　1　げんきに　　　2　ふべんに　　　3　まじめに　　　4　かんぜんに

8　まだ若いのに会社からくびになるなんて（　　　　）ですね。
　　1　きのどく　　　2　ゆうめい　　　3　さかん　　　4　しょうじき

もんだい4　＿＿＿＿に意味が最も近いものを、1・2・3・4から一つえらびなさい。

1　ビルの掃除をする仕事は大変です。
　　1　きついです。　　　　　　2　りっぱです。
　　3　かんたんです。　　　　　4　たいせつです。

2　世の中にはいろいろな人がいますからね。
　　1　たまたま　　　2　ときどき　　　3　さまざま　　　4　べつべつ

3　酔っぱらいの男二人がけんかをして道はさわがしくなりました。
　　1　しずかに　　　2　うるさく　　　3　おそろしく　　　4　うらやましく

PRACTICE TEST

もんだい 5　つぎのことばの使い方として最もよいものを、一つえらびなさい。

1　盛んだ

1　あまり盛んな鞄(かばん)は買わないほうがいいです。
2　最近見た映画のなかで何が一番盛んでしたか。
3　あの人は果物を盛んに食べています。
4　この都市は車の産業が盛んです。

2　残念だ

1　残念しないで、たくさん飲んでください。
2　結婚式に行けないのでとても残念です。
3　残念なことに姉は試験に合格しました。
4　残念な仕事がしたいです。

3　おかしい

1　最近太ってズボンがおかしいです。
2　ピザはいつ食べてもおかしくて食べすぎてしまいます。
3　あの二人はどうもおかしいです。
4　今月に入ってりんごがおかしくなってたくさん買いました。

chapter 02 文法/讀解

N3 2교시

01　역접

だが 그러나, 그렇지만

値段がとても安かった。だが、私は買わなかった。
가격이 아주 쌌다. 그렇지만 나는 사지 않았다.

ところが 그러나

彼は金庫を開けた。ところが、中には何もなかった。
그는 금고를 열었다. 그러나 안에는 아무것도 없었다.

でも 하지만, 그렇지만

遊びに行きたい。でも、行けない。仕事が忙しいから。
놀러 가고 싶어. 하지만 못가. 일이 바쁘니까.

しかし 그러나

手紙をもらった。しかし、返事を出さなかった。
편지를 받았다. 그러나 답장을 하지 않았다.

しかしながら 그렇긴 하나

今日は本当にいい天気だ。しかしながら、私は明日のテストのために勉強しなければならない。
오늘은 정말 좋은 날씨이다. 그렇긴 하나 나는 내일 시험을 위해 공부해야 한다.

それにしても 그렇다 치더라도

遅れるかもしれないとは言っていたけれど、それにしても遅いなあ。
늦을 지도 모른다고 말했지만 그렇다 치더라도 너무 늦다.

문법 필수 문형 – 중요접속사

それなのに 그럼에도 불구하고, 그런데도

一生懸命練習した。それなのに、試合に負けてしまった。
열심히 연습했다. 그런데도 시합에 지고 말았다.

それでも 그래도

失敗するかもしれない。それでも最後までやってみたい。
실패할지도 모른다. 그래도 끝까지 해보고 싶다.

02 순접

そして 그리고

今朝、部屋の掃除をしました。そして、洗濯もしました。
오늘아침에 방 청소를 했습니다. 그리고 빨래도 했습니다.

それから 그리고 나서

本屋で辞書を買いました。それから、図書館に行きました。
서점에서 사전을 샀습니다. 그리고 나서 도서관에 갔습니다.

すると 그러자

薬を飲んだ。すると、急に眠たくなってきた。
약을 먹었다. 그러자 갑자기 졸리기 시작했다.

それなら 그러면

3000円にしてくれますか。それなら買います。
3000엔으로 해 줄 겁니까? 그러면 사겠습니다.

それで 그래서

夕べはちょっと食べすぎました。それで、お腹をこわしました。
어제 저녁에 과식을 했습니다. 그래서 배탈이 났습니다.

だから 그래서, 그렇기 때문에

昨日、財布を落としました。だから、今お金がありません。
어제 지갑을 잃어버렸습니다. 그렇게 때문에 지금 돈이 없습니다.

したがって 따라서

大都市は交通量が多い。したがって、事故も多い。
대도시는 교통량이 많다. 따라서 사고도 많다.

03 화제의 전환

それでは 그럼, 그렇다면

それでは、これから工場の案内をさせていただきます。
그렇다면 이제부터 공장 안내를 하겠습니다.

さて 그런데 (화제를 바꿀 때 사용 / 앞 제시 문장과 내용상 관련 있음)

やっと到着しましたけど、さて、どこに泊まりましょうか。
겨우 도착했네요. 그런데 어디에 묵을까요?

ところで 그런데 (화제를 바꿀 때 사용 / 앞 제시 문장과 내용상 관련 없음)

これで会議は終りです。ところで、皆さん、この後時間はありますか。
이것으로 회의는 끝났습니다. 그런데 여러분 이 후에 시간이 있으십니까?

04 첨가

それに 게다가, 더욱이

彼は優しくて真面目です。それに頭もいいです。
그는 자상하고 성실합니다. 게다가 머리도 좋습니다.

そのうえ 더군다나, 게다가

母にひどく叱られた。そのうえ、こづかいまで没収された。
어머니에게 심하게 꾸중을 들었다. 게다가 용돈까지 몰수당했다.

しかも 게다가

木村さんはいつも遅く来て、しかも一番先に帰る。
기무라씨는 늘 늦게 오고, 게다가 제일 빨리 돌아간다.

05 선택

もしくは 혹은, 또는

木曜日もしくは金曜日のどちらかの午前中に来てください。
목요일 혹은 금요일 중 아무 때나 오전 중에 오세요.

あるいは 혹은, 또는

連絡はファックスあるいはメールでお願いします。
연락은 팩스 혹은 메일로 부탁드립니다.

または 혹은, 또는

ランチメニューはピザまたはスパゲッティのどちらかを選ぶことができます。
런치 메뉴는 피자 또는 스파게티 중 아무거나 선택할 수 있습니다.

それとも 그렇지 않으면

コーヒーにしますか。それとも、紅茶にしますか。
커피로 하시겠습니까? 그렇지 않으면 홍차로 하시겠습니까?

06 설명

つまり 즉, 요컨대

この人は母の姉。つまり、私の叔母です。
이 사람은 어머니의 언니. 즉 나의 이모입니다.

すなわち 즉, 다시 말하면

予算は3万円です。すなわち、一人当たり3千円しかありません。
예산은 3만 엔입니다. 다시 말하면 1인당 3천 엔밖에 없습니다.

ようするに 즉, 요약하면

この展覧会は半年ごとに開かれます。ようするに、1年に2回ということです。
이 전시회는 반년마다 열립니다. 즉 1년에 2번이라는 것입니다.

なぜなら 왜냐하면

あの会社は先週やめたんですよ。なぜなら、つまらない仕事ばかりだったからです。
그 회사는 지난주에 그만뒀습니다. 왜냐하면 시시한 일뿐이었기 때문입니다.

ただし 단, 그러나

明日は運動会を行う。ただし、雨の場合は、授業をする。
내일은 운동회를 실시한다. 단 비가 올 경우는 수업을 한다.

ただ 다만, 그러나

この店はおいしいし、雰囲気もいい。ただ、料金が高い。
이 가게는 맛있고 분위기도 좋다. 다만 가격이 비싸다.

もんだい1　つぎの文の（　）に入れるのに最もよいものを、1・2・3・4から一つえらびなさい。

1　彼はとても頼もしくて優しいです。（　　　）、結婚することにしました。
　　1　しかし　　　2　だから　　　3　だけど　　　4　それに

2　私は日本に留学する。（　　　）、日本の文学に興味があるからである。
　　1　それで　　　2　だから　　　3　なぜなら　　　4　だって

3　明日は都合が悪いんですね。（　　　）あさってにすることにしましょうか。
　　1　それなら　　　2　だから　　　3　それでも　　　4　あるいは

4　いつもの時間に家を出た。（　　　）、いつまでたっても電車が来なかった。
　　1　それで　　　2　それに　　　3　ところが　　　4　ところで

5　黒のボールペン（　　　）万年筆で書いてください。
　　1　そして　　　2　なお　　　3　たとえば　　　4　または

6　この本は薄くて高い。（　　　）、内容がない。
　　1　しかも　　　2　ようするに　　　3　なぜなら　　　4　すると

7　この駐車場は誰でも利用できます。（　　　）、時間は1時間です。
　　1　すると　　　2　しかも　　　3　ただし　　　4　さて

PRACTICE TEST

8 箱を開けました。（　　　　）、中からおもちゃが出てきました。
 1　すると　　　2　それで　　　3　それに　　　4　それでは

9 今日の午後でいいですか。（　　　　）、明日にしますか。
 1　そのうえ　　2　すると　　　3　けれども　　4　それとも

10 家族みんな反対した。（　　　　）留学したい気持ちは変わらなかった。
 1　それとも　　2　それでも　　3　それなら　　4　それで

11 彼は全然勉強をしていない。（　　　　）成績がいいから不思議だ。
 1　だって　　　2　それでは　　3　それなのに　4　そして

12 （　　　　）、今日の授業はここまでにしましょう。
 1　そして　　　2　それから　　3　それに　　　4　それでは

13 日本の気候は、四季（　　　　）、春夏秋冬に分けられる。
 1　すなわち　　2　あるいは　　3　すると　　　4　ただし

14 彼はピアノが弾ける。（　　　　）、歌も上手だ。
 1　または　　　2　すなわち　　3　それに　　　4　だが

15 この靴は値段が高いし、（　　　　）、小さすぎる。
 1　それとも　　2　そのうえ　　3　ようするに　4　そのまま

もんだい2　つぎの文の＿＿★＿＿に入る最もよいものを、1・2・3・4から一つえらびなさい。。

1　この前 ＿＿＿＿、＿＿＿＿、＿＿★＿＿ ＿＿＿＿ 来た。
　　1　遊びに　　　2　つまり　　　3　姉の息子　　　4　おいが

2　就職するか。＿＿＿＿、＿＿★＿＿ ＿＿＿＿、＿＿＿＿いる。
　　1　迷って　　　2　大学院へ　　3　進むか　　　　4　あるいは

3　先にパリに ＿＿＿＿、＿＿★＿＿ ＿＿＿＿ ＿＿＿＿ 予定です。
　　1　それから　　2　行く　　　　3　ロンドンへ　　4　よって

4　電車の事故が ＿＿★＿＿。＿＿＿＿、＿＿＿＿ ＿＿＿＿。
　　1　遅れました　2　ありました　3　それで　　　　4　約束に

5　＿＿★＿＿、＿＿＿＿ ＿＿＿＿ ＿＿＿＿ですが。
　　1　の　　　　　2　会議　　　　3　さて　　　　　4　こと

PRACTICE TEST

もんだい3　つぎの文章を読んで、1から5の中に入る最もよいものを、1・2・3・4から一つえらびなさい。

(1)

私は日本に来て5カ月になります。最近、喫茶店でアルバイトを始めました。そこで [1] ことがあります。それはお客さんが飲み物を注文する前に水を出すということです。[2]、水道の水です。私はアルバイトをして、初めて日本では水道水がそのまま飲めるということを知りました。

[1]　1　おどろかない　　　　2　おどろく
　　　3　おどろいた　　　　　4　おどろき

[2]　1　または　　2　だが　　3　しかも　　4　なぜなら

(2)

今日、中村先生は風邪をひいて休みです。[3]、この時間は、皆さんに「将来の夢」について作文を [4]。一番上手に書いた学生の作文は今度の作文コンクールに出そうと思うので、皆さんがんばって書いてください。私はこれから別のクラスの授業をしなければなりません。
先生はいませんが、皆さん [5]。

3	1 そのうえ	2 だから
	3 なぜなら	4 すなわち

4	1 書こうと思います
	2 書いてもらいます
	3 書くつもりです
	4 書いたほうがいいです

5	1 さわいでほしいです
	2 さわがないでくださいね
	3 さわがなくてもいいですよ
	4 さわがなければなりません

PRACTICE TEST

もんだい 4 つぎの文章を読んで、質問に答えてください。答えは1・2・3・4から最もよいものを一つえらびなさい。

私はストレスが溜ったり、季節がかわると大掃除がしたくなる。掃除を一生懸命しているとなにもかも忘れられる。また、掃除が終わって部屋がきれいになると気持ちがすっきりする。

今日はひさしぶりに部屋の掃除をした。もちろん毎日掃除機はかけているけれど、今日はテーブルや本棚やベットの位置まで変えたりカーテンも外して洗濯したりした。いつもは掃除しない隅々まできれいにした。

体はちょっと疲れたが、ストレスもなくなって明日からまたがんばれると思った。

1 この人は掃除をするとどんな気分になるか。

1　ストレスが溜って気分が悪くなる。
2　体がとても疲れてくる。
3　ストレスもなくなって気持ちがすっきりする。
4　また掃除がしたくなる。

2 内容と合っているものはどれか。

1　この人は毎日大掃除をしている。
2　この人はストレスが溜ると旅行がしたくなる。
3　この人は大掃除をするときはカーテンとベットの位置だけ変える。
4　この人は季節がかわると大掃除がしたくなる。

もんだい 5　つぎの文章(ぶんしょう)を読んで、質問に答えてください。答えは1・2・3・4から、最もよいものを一つえらんでください。

あすは、わが子の入学試験の発表があるという。

もう何十年もまえ、ぼくが中学の入学試験をうけたとき、発表の朝、父がこんなことをいった。

「①お前、きょう落ちていたら、欲しがっていた写真機(※1)を買ってやろう」

ふとおもいついたといった調子だったが、それでいて、なんとなくぎごちなかった(※2)。②へんなことをいうなあ、と思った。おとうさんは、ぼくが落ちたらいいと思ってるのだろうか、という気がした。

そのときの父の気持ちが、しみじみ分かったのは、それから何十年もたって、今度は自分の子が入学試験をうけるようになった時である。

おやじ(※3)も、③あの前の晩は、なかなか寝つか(※4)れなかったんだな、とその時はじめて気がついた不覚(※5)であった。おやじめ、味なこと(※6)をやったなとおもった。あまり好きでなかったおやじが、急(きゅう)になつかしくなった。

花森安治「もし落ちたら」1963年2月3日付朝日新聞朝刊による)

(※1)写真機：カメラ
(※2)ぎごちない：不自然だ
(※3)おやじ：父。おやじめ：ここでは父親のことを親しみを込めて言っている。
(※4)寝つく：眠りの状態に入る、眠りにつく。寝つかれない＝寝つけない
(※5)不覚：不注意で十分考えていないこと
(※6)味なこと：ふつうとちがったじょうずなやり方

PRACTICE TEST

1　①「お前」とあるが、だれのことか。

1　筆者の妻
2　筆者の息子
3　筆者の父
4　筆者

2　②「へんなこと」とあるが、筆者はなぜそう感じたのか。

1　落ちていたら、買ってくれるというから。
2　家が貧しいのに、買ってくれるというから。
3　まだ子どもなのに買ってくれるというから。
4　写真機は欲しくないのに買ってくれるというから。

3　③「あの前の晩」とはいつか。

1　父が受験する前の晩
2　筆者が受験する前の晩
3　父の試験の発表の前の晩
4　筆者の試験の発表の前の晩

PRACTICE TEST

もんだい6　つぎの文章は、ご飯の炊き方のレシピである。下の質問に答えなさい。答えは、1・2・3・4から最もよいものを一つえらびなさい。

1　米が300グラムだと水はどのくらい入れたらいいか。

1　150グラム　　　　　　　2　300グラム
3　350グラム　　　　　　　4　600グラム

2　美味しいご飯の炊くための正しい順番はどれか。

1　強火で炊く→弱火で炊く→水を入れる
2　ふたをする→強火で炊く→火を弱くする
3　中火で炊く→火をとめる→弱火で炊く
4　弱火で炊く→火を弱くする→ふたをする

ご飯の炊き方

材料：2人前の米 2合、水

1。米は、水を変えながら、ちからをいれないで軽く洗います。
2。米を水に15分つけておいて、ざるに上げてまた15分ほどおく。
3。なべにざるに上げた米と同じ量の水を入れる。
4。ふたをして強火で7〜8分炊いて、湯気があがってきたら火を弱くする。
5。中火で7分炊いて、いい香りがすると、弱火で10分炊く。
6。パチパチと音がしたら火を止めて5分おいた後食べる。

chapter 03 청해

N3 3교시

개요 이해 문제

N3 신경향 일본어 능력시험 청해 문제3은 개요 이해 문제이다. 문장을 들려주고 내용을 잘 이해했는가를 묻는 문제로서 전체 내용 안에서 화자의 주장이나 의지를 정확하게 파악해 이해했는지를 묻는 문제가 출제된다.

질문을 잘 듣고 정답을 하나 고르시오

1 ばん

①

②

③

④

えなどは　ありません。

2 ばん

①

②

③

④

えなどは　ありません。

PRACTICE TEST

3 ばん

①

②

③

④

えなどは　ありません。

4 ばん

①

②

③

④

えなどは　ありません。

스크립트

문제 1

女(おんな)の人(ひと)が友達(ともだち)の家(うち)に来(き)て、話(はな)しています。

女1：田中(たなか)で~す。
女2：あ、は~い。昨日(きのう)友達(ともだち)が泊(と)まりに来(き)てたんで、片付(かたづ)いてないけど、入(はい)って。
女1：あ、でもここで。すぐ帰(かえ)るから。あの~、この前(まえ)借(か)りた本(ほん)なんだけど、ちょっと破(やぶ)れちゃって。
女2：え？本当(ほんとう)？
女1：うん、このページなんだけど…。
女2：あっ、うん、このくらいなら大丈夫(だいじょうぶ)、読(よ)めるし…。
女1：ほんと、ごめん。これからは気(き)をつけるから。
女2：うん、いいよ。ねえ、入ってコーヒーでも飲(の)んでいかない？
女1：ありがとう。

質問　女の人は友達の家へ何をしに来ましたか。

1．謝(あやま)りに来(き)た。
2．本(ほん)を借(か)りに来(き)た。
3．泊(と)まりに来(き)た。
4．コーヒーを飲(の)みに来(き)た。

여자가 친구 집에 와서 이야기를 하고 있습니다.

여1 : 타나까에요.
여2 : 아, 네~.어제 친구가 자러 와서 집 정리가 안 됐지만 들어와.
여1 : 아. 그냥 여기서. 금방 돌아갈 거라서. 저기, 일전에 빌린 책 말인데. 조금 찢어져서.
여2 : 네? 정말?
여1 : 음. 이 페이지인데….
여2 : 앗, 음….이 정도라면 괜찮아. 읽을 수도 있고.
여1 : 정말? 미안해. 앞으론 조심할게.
여2 : 응. 괜찮아. 들어와서 커피라도 마시고 안 갈래?
여1 : 고마워.

질문　여자는 친구 집에 무엇을 하러 왔습니까?

1. 사과하러 왔다.
2. 책을 빌리러 왔다.
3. 묵으러 왔다.
4. 커피를 마시러 왔다.

중요표현

1. 借(か)りる는 빌리다. 貸(か)す는 빌려주다. この前(まえ)借(か)りた本(ほん)(요전에 빌린 책)

문제 2

女(おんな)の人(ひと)が駅(えき)で切符(きっぷ)を買(か)っています。

女：福岡(ふくおか)まで特急(とっきゅう)で行(い)きたいんですけど、おいくらですか。
男：乗車券(じょうしゃけん)が4600円、それに特急料金(とっきゅうりょうきん)が3000円ですから、合計(ごうけい)7600円です。
女：乗車券が4600円と特急料金が3000円ですね。
男：はい。指定席(していせき)をご利用(りよう)なさる場合(ばあい)は、さらに500円必要(ひつよう)です。
女：指定席(していせき)じゃなくても大丈夫(だいじょうぶ)です。

質問　この女の人はいくら払(はら)いますか。

1．7600円です。
2．8100円です。
3．4600円です。
4．3000円です。

여자가 역에서 표를 사고 있습니다.

여 : 후쿠오카까지 특급으로 가고 싶은데요. 얼마입니까?
남 : 승차권이 4600엔, 게다가 특급요금이 3000엔이니까 합계 7600엔입니다.
여 : 승차권이 4600엔, 특급요금이 3000엔이지요?
남 : 예. 지정석을 이용하실 경우에는 추가로 500엔 필요합니다.
여 : 지정석이 아니라도 괜찮습니다.

질문　이 여자는 얼마를 지불합니까?

1. 7600엔입니다.
2. 8100엔입니다.
3. 4600엔입니다.
4. 3000엔입니다.

중요표현
1. **それに** 게다가, **さらに** 한번 더 반복하거나 새로 추가함을 나타냄. 다시금, 새로이, 또 한 번
2. **なさる**는 **する**의 경어동사로서 하시다 라는 뜻.

스크립트

문제 3

女(おんな)の人(ひと)と男(おとこ)の人(ひと)が雑誌(ざっし)について話(はな)しています。

女：佐藤(さとう)さんがよく読(よ)んでいる雑誌(ざっし)、新(あたら)しいのが、本屋(ほんや)で売(う)っていましたよ。

男：ああ、今週(こんしゅう)のは、あまりおもしろくなさそうだから、買(か)わないことにしました。

女：そうですか。じゃ、今週のは私が買おうかな。

男：えっ、そうですか。読んだら貸(か)してください。読みたいところもちょっとあるから。

女：ええ、いいですよ。いつも借(か)りているから。

質問　男の人は今週(こんしゅう)の雑誌をどうしますか。

1．買(か)います。
2．貸(か)します。
3．借(か)ります。
4．売(う)ります。

여자와 남자가 잡지에 대해 이야기를 하고 있습니다.

여 : 사토우씨가 자주 읽는 잡지. 신간이 서점에서 팔고 있었어요.
남 : 아~.이번 주 것은 별로 재미없을 것 같아서 사지 않기로 했습니다.
여 : 그래요? 그럼. 이번 주 것은 내가 살까...
남 : 어, 그래요? 다 읽으면 빌려주세요. 읽고 싶은 부분도 조금 있어서요.
여 : 예, 좋아요. 늘 제가 빌려보니까요.

질문　남자는 이번 주 잡지를 어떻게 합니까?

1. 삽니다.
2. 빌려줍니다.
3. 빌립니다.
4. 팝니다.

중요표현

1. ない→なさそうだ(없을 것 같다/아닐 것 같다) 추측성 표현으로 예의적인 형태이다. いい(좋다) → よさそうだ(좋을 것 같다)도 함께 외워두자! おもしろくない(재미없다) → おもしくなさそうだ(재미없을 것 같다)
2. 동사의 의지형+かな ~할까(나)? 스스로 반문하는 표현. 買おうかな(살까나), 何(なに)を食(た)べようかな(뭘 먹을까)

문제 4

学生(がくせい)が三人(さんにん)で話(はな)しています。

男１：金曜日(きんようび)の送別会(そうべつかい)、参加(さんか)する？
女　：うん、行(い)く。
男１：池田(いけだ)は？
男２：ん~、あんまり行きたくないけど、僕(ぼく)は行かないっていうわけにはいかないよ。
女　：そりゃそうよ。
男１：じゃ、よろしくな。おれ行けないけど。

質問　この三人(さんにん)は送別会(そうべつかい)に参加(さんか)しますか。

1．一人(ひとり)参加(さんか)します。
2．二人(ふたり)参加します。
3．三人(さんにん)とも参加します。
4．三人(さんにん)とも参加しません。

학생 3명이서 이야기를 하고 있습니다.

남1：금요일 송별회 참가할거야?
여 ：응. 갈 거야.
여 ：이케다는?
남2：음...별로 가고 싶지 않지만, 나는 안 간다고 할 수도 없어.
여 ：그건 그래.
남1：그럼. 난 못가지만 부탁해.

질문　이 3명은 송별회에 참가합니까?

1. 한 명 참가합니다.
2. 두 명 참가합니다.
3. 세 명 다 참가합니다.
4. 세 명 다 참가하지 않습니다.

> **중요표현**
> 1. **~わけにはいかない**는 ~할 수는 없다 라는 뜻. **約束(やくそく)**したんですから、行(い)かないわけにはいかない(약속을 했기 때문에 가지 않을 수 없다)
> 2. **そりゃ**는 それは의 회화체 축약형

N3

뉴 일본어 능력시험

Part 15

문자/어휘 chapter 01
필수 い형용사 및 な형용사 / 필수 부사

문법/독해 chapter 02
필수 문형 – N3 문법패턴1

청해 chapter 03
발화 표현 문제

chapter 01 문자/어휘

N3 1교시

필수 い형용사 및 な형용사

荒あらい 거칠다	鈍にぶい 둔하다	濃こい 진하다
図々ずうずうしい 뻔뻔하다	険けわしい 험하다, 가파르다	恐おそろしい 무섭다, 겁나다
素晴すばらしい 멋있다, 매우 훌륭하다		きつい 고되다, 힘들다
のろい 느리다, 더디다	鋭するどい 날카롭다, 예리하다	快こころよい 기분 좋다
眠ねむい 졸리다	無事ぶじだ 무사하다	面倒めんどうだ 귀찮다
自分勝手じぶんかってだ 제멋대로이다		真剣しんけんだ 진지하다
正直しょうじきだ 정직하다	見事みごとだ 훌륭하다, 멋지다	豊ゆたかだ 풍부하다
新あらただ 새롭다, 생생하다	順調じゅんちょうだ 순조롭다	変へんだ 이상하다
素直すなおだ 순수하다, 솔직하다		幸しあわせだ 행복하다
危険きけんだ 위험하다		

필수 부사

にこにこ 싱글벙글	まだまだ 아직도	きらきら 반짝반짝
いよいよ 드디어, 마침내	ときどき 때때로	どんどん 척척, 술술, 자꾸자꾸
だんだん 점점, 하나하나	ちかぢか 머잖아	ごろごろ 데굴데굴, 빈둥빈둥
次々つぎつぎに 잇달아, 차례차례로		できるだけ 가능한 한
もしかしたら 혹시	たまに 가끔	ぐっすり 푹
全然ぜんぜん 전혀	せっかく 모처럼	なるべく 가능한 한, 가급적
まったく 전혀	ぼんやり 멍하니	うっかり 깜빡
どうしても 어떤 일이 있어도, 아무리해도		たとえ 비록, 설령 ...지라도
きっぱり 단호히, 딱잘라	ぜひ 꼭	かならず 반드시

PRACTICE TEST

もんだい1　＿＿＿＿のことばの読み方として最もよいものを1・2・3・4から一つえらびなさい。

1　クラスの全員が無事でよかった。
　　1　ないこと　　2　むじ　　　　3　ぶし　　　　4　ぶじ

2　今日は出かけるのが面倒で一日中家にいました。
　　1　めんどう　　2　めんど　　　3　おもどう　　4　おもど

3　彼は顔はハンサムですが、言葉が荒いですね。
　　1　わらい　　　2　あらい　　　3　きつい　　　4　さそい

4　彼女は運動神経（しんけい）が鈍いです。
　　1　はやい　　　2　おそい　　　3　するどい　　4　にぶい

5　妹はいつも自分勝手でわがままです。
　　1　じぶんしょうて　　　　　　2　じぶんしょて
　　3　じぶんかつて　　　　　　　4　じぶんかって

6　私はその問題について真剣に考えたことがない。
　　1　まけん　　　2　まげん　　　3　しんけん　　4　しんげん

7　ちょっとこのコーヒー濃いですよ。
　　1　こおい　　　2　こい　　　　3　うすい　　　4　にがい

403

[8] 私のことをどう思うのか正直に話してごらん。

1　しょうじき　　2　しょじき　　3　せいじき　　4　せじき

もんだい 2　　＿＿＿＿のことばを漢字で書くとき、最もよいものを、1・2・3・4から一つえらびなさい。

[1] 毎日彼女にコーヒーおごってもらうなんて本当にずうずうしいね。

1　図々しい　　2　口々しい　　3　若々しい　　4　石々しい

[2] その山は高く登(のぼ)れば登るほどけわしくなります。

1　験しく　　2　検しく　　3　険しく　　4　俊しく

[3] あんなにおそろしい映画は見なければよかったな。

1　布ろしい　　2　恐ろしい　　3　氾ろしい　　4　犯ろしい

[4] このホテルから見る海の景色はみごとですね。

1　美事　　2　実事　　3　身事　　4　見事

[5] オーストラリアは天然資源(てんねんしげん)がゆたかです。

1　豆か　　2　豊か　　3　富か　　4　副か

[6] 過去は忘れてあらたな人生を始めるべきです。

1　新た　　2　辛た　　3　再た　　4　荒た

PRACTICE TEST

| 7 | 予想していたとおり今のところじゅんちょうに進んでいます。 |

1　順張　　　2　旬帳　　　3　順調　　　4　旬調

| 8 | この道はすばらしい風景がいつまでも続いていますね。 |

1　素清らしい　2　素錆らしい　3　素青らしい　4　素晴らしい

もんだい3　（　　）に入れるのに最もよいものを、1・2・3・4から一つえらびなさい。

| 1 | 彼は私を見て（　　　）微笑んでいた。 |

1　にこにこ　2　わざわざ　3　わくわく　4　ときどき

| 2 | いくら忙しくても（　　　）顔ぐらいは出してよ。 |

1　まったく　2　おおく　3　よく　4　たまに

| 3 | 試験日までは（　　　）時間はたくさんあります。 |

1　ちかぢか　2　まだまだ　3　だんだん　4　どんどん

| 4 | 昨日は（　　　）寝たので、気持ちがいい。 |

1　すっかり　2　はっきり　3　ぐっすり　4　ぴったり

| 5 | 中国語は勉強したことがないので、（　　　）わかりません。 |

1　全然　　　2　少し　　　3　うっかり　4　非常に

405

6 夜空（よぞら）に星が（　　　）光（ひか）っています。
　　1　つやつや　　2　ごろごろ　　3　にやにや　　4　きらきら

7 （　　　）別れの時がきたね。じゃ、お元気で。
　　1　わざわざ　　2　いよいよ　　3　いろいろ　　4　にこにこ

8 （　　　）来たのに、彼は留守でした。
　　1　きっぱり　　2　ぜひ　　3　せっかく　　4　ぴったり

もんだい 4　＿＿＿に意味が最も近いものを、1・2・3・4から一つえらびなさい。

1 <u>次々（つぎつぎ）に</u>新しいゲームが作られる。
　　1　だんだん　　2　これから　　3　いつでも　　4　どんどん

2 <u>なるべく</u>行くようにしますので。
　　1　できるだけ　　2　ぜひ　　3　かならず　　4　もしかしたら

3 お酒を<u>まったく</u>飲めない人はちょっと面白くないですね。
　　1　たくさん　　2　あまり　　3　すこし　　4　ぜんぜん

PRACTICE TEST

もんだい 5　つぎのことばの使い方として最もよいものを、一つえらびなさい。

1　ぼんやり
1　最近、祖母はただぼんやりと座っているだけです。
2　4歳の時のことをぼんやりと話しました。
3　彼の誘いをぼんやり断った。
4　遠くの富士山がぼんやり高いです。

2　どうしても
1　昨日の結婚式にはどうしても来なかったの。
2　どうしてもよくお願いします。
3　どうしても分からない時は私に電話ください。
4　このクラスはどうしても中国人ばかりですね。

3　たとえ
1　君のたとえで、無事に終わったよ。
2　たとえおかしくても笑ってはいけない。
3　たとえのパソコンを持っています。
4　このまま家へたとえ帰る彼ではないでしょう。

chapter 02 문법/독해

N3 2교시

01 ～に反(はん)して ～와는 반대로, ～에 반해

うちのチームは皆の期待に反して、試合で負けてしまった。
우리 팀은 모두의 기대와는 반대로 시합에서 지고 말았다.

02 ～において ～에서, ～에 있어서

어떤 동작이 행해지는 시간이나 장소, 상황 등을 나타낸다.

卒業式は講堂において行われる。
졸업식은 강당에서 열린다.

03 ～について ～에 대해서, ～에 관해서

뒤에 오는 문장에 話(はな)す(말하다), 聞(き)く(묻다), 考(かんが)える(생각하다), 書(か)く(쓰다), 調(しら)べる(조사하다) 같은 동사가 오는 경우가 많다.

今日はこの問題について話してみましょう。
오늘은 이 문제에 대해서 이야기해 봅시다.

04 ～に関(かん)して ～에 관해서

대부분 ～について와 대체될 수 있다. ～について보다 딱딱하고 격식 차린 표현이다.

この件に関してはまったく知らないです。
이 건에 관해서는 전혀 알지 못합니다.

05 ～に対(たい)して ～에 대해

구체적인 대상이 있을 때 그 대상에 대한 동작이나 감정을 말할 때 사용한다.

문법 필수 문형 - N3 문법패턴 1

私はその事故に対して責任があります。
나는 그 사고에 대해 책임이 있습니다.

06 ~につき ~당

食費は一人につき、2000円です。
식비는 한 사람당 2000엔입니다.

07 ~にかわって ~을 대신하여

課長にかわって私が取引先に行くことになった。
과장님을 대신해 내가 거래처에 가게 되었다.

08 ~につれて ~에 따라

앞서 일어난 상황에 따라 뒤따르는 상황도 함께 변화되는 경우에 쓰인다.

人は年を取るにつれて口数が少なくなる。
사람은 나이를 먹어감에 따라 말수가 적어진다.

09 ~にしたがって ~에 따라

앞서 일어난 상황에 따라 뒤따르는 상황도 함께 변화되는 경우에 쓰인다. ~につれて보다 약간 더 딱딱한 느낌이 든다. 또한 ~にしたがって는 어떤 지시, 방침, 규칙에 따라서 라는 의미로도 쓰인다.

インターネットの普及にしたがって、情報量も増えてきた。
인터넷의 보급에 따라 정보량도 늘었다.

先生の指示にしたがって行動してください。
선생님의 지시에 따라 행동해 주세요.

10 〜にとって 〜에게 있어서

私(わたし)にとって一番大切(たいせつ)なものは家族(かぞく)です。
내게 있어서 가장 소중한 것은 가족입니다.

11 〜にくらべて 〜에 비해

去年(きょねん)にくらべて、今年(ことし)の夏(なつ)はあまり暑(あつ)くない。
작년에 비해 올 해 여름은 그다지 덥지 않다.

12 〜によって 〜에 의해, 〜에 따라

원인, 이유, 수단, 방법 등에 의해 어떤 동작이 행해질 때 쓰인다.

来月(らいげつ)から、試験(しけん)の成績(せいせき)によってクラスが分(わ)けられる。
다음 달부터 시험 성적에 의해 반이 나눠진다.

13 〜にかけて 〜에 걸쳐

시작점과 2개의 지점을 정해주고 그 사이에 걸쳐서 라는 의미이다. 보통 「〜から 〜にかけて」의 형태를 띤다.

北海道(ほっかいどう)から東北地方(とうほくちほう)にかけて強(つよ)い地震(じしん)が発生(はっせい)しました。
홋카이도에서 동북지방에 걸쳐 강한 지진이 발생했습니다.

14 〜にわたって 〜에 걸쳐

〜にかけて와는 달리 2개의 지점을 지정해 주지 않고 단순히 넓은 범위를 나타낼 때 사용된다. 기간, 횟수, 범위를 나타내는 단어에 주로 붙는다.

半年にわたって行われた調査がやっと終わった。
반년에 걸쳐 실시된 조사가 겨우 끝났다.

15 ～にかけては ～에 관한 한

私、英語にかけては誰にも負けない自信がある。
나 영어에 관한 한 누구에게도 지지 않을 자신이 있다.

16 ～に基(もと)づいて ～의거하여

これは実際の体験に基づいて書かれた小説である。
이것은 실제 체험에 의거하여 쓰인 소설이다.

17 ～にしては ～치고는

4月にしては寒いほうです。
4월치고는 날씨가 추운 편입니다.

18 ～によると ～에 따르면, ～에 의하면

전해들은 말이나 정보의 출처를 나타낸다.

新聞によると、また物価が上がるそうだ。
신문에 따르면 또 물가가 오른다고 한다.

もんだい1　つぎの文の（　　　）に入れるのに最もよいものを、1・2・3・4から一つえらびなさい。

1　これが規則(きそく)なのだから、それに（　　　）行動しなさい。
　　1　反して　　　2　したがって　　　3　つれて　　　4　ともなって

2　「やっと雨が降る」という期待に（　　　）、雨はほとんど降らなかった。
　　1　よって　　　2　とって　　　3　かけて　　　4　反(はん)して

3　男性に（　　　）、女性の方に長生(ながい)きする人が多い。
　　1　対(たい)して　　　2　かわって　　　3　くらべて　　　4　よって

4　この作品(さくひん)は、実際(じっさい)に起こった事件(じけん)に（　　　）描(えが)かれている。
　　1　限(かぎ)って　　　2　とって　　　3　かわって　　　4　基(もと)づいて

5　午後3時から1階の会議室(かいぎしつ)（　　　）、会議が行われます。
　　1　において　　　2　について　　　3　につれて　　　4　にわたって

6　皆さんの趣味（　　　）、書いてください。
　　1　において　　　2　にかわって　　　3　について　　　4　によって

7　天気予報（　　　）、今夜から雪が降るそうだ。
　　1　にしたがって　　　　　　2　によると
　　3　にすると　　　　　　　　4　に関(かん)して

PRACTICE TEST

8 勉強しなかった（　　　　）、今日のテストはよくできた。

1　にしては　　2　にとっては　　3　にくらべては　　4　にかけては

9 夜中から朝に（　　　　）道路工事を行います。

1　わたって　　2　かけて　　3　おいて　　4　基づいて

10 このニュースは10時間に（　　　　）、テレビで放送された。

1　かわって　　2　おいて　　3　わたって　　4　かけて

11 山田先生に（　　　　）、木村先生がクラスを担当することになった。

1　対して　　2　しては　　3　かけて　　4　かわって

12 考え方は人に（　　　　）全然違います。

1　よって　　2　とって　　3　ついて　　4　よると

13 漢字はアメリカ人である私（　　　　）は難しい。

1　につれて　　2　によって　　3　にとって　　4　にしたがって

14 走ること（　　　　）、クラスで彼より速い人はいなかった。

1　にかけては　　2　に対しては　　3　によると　　4　にとっては

15 目上の人に（　　　　）敬語を使うのは常識である。

1　よって　　2　対して　　3　関して　　4　おいて

もんだい2　つぎの文の＿＿＿★＿＿＿に入る最もよいものを、1・2・3・4から一つえらびなさい。

1　冬が ＿＿＿＿ ＿★＿＿ ＿＿＿＿ ＿＿＿＿。
　　1　近(ちか)づく　　2　につれて　　3　短くなる　　4　昼間(ひるま)は

2　この料理は、＿＿★＿ ＿＿＿＿ ＿＿＿＿ ＿＿＿＿できた。
　　1　にしては　　2　作った　　3　うまく　　4　初(はじ)めて

3　この ＿＿＿＿ ＿＿＿＿ ＿＿＿★＿ 行われます。
　　1　わたって　　2　に　　3　一週間　　4　会議は

4　1ページ ＿＿★＿、＿＿＿＿ ＿＿＿＿ ＿＿＿＿ください。
　　1　ずつ　　2　コピーして　　3　につき　　4　3枚(まい)

5　この問題 ＿＿＿＿ ＿★＿＿ ＿＿＿＿ ＿＿＿＿ある。
　　1　関(かん)して　　2　三つの　　3　意見(いけん)が　　4　に

PRACTICE TEST

もんだい 3 つぎの文章を読んで、1から5の中に入る最もよいものを、1・2・3・4から一つえらびなさい。

(1)

予約の紙の書き方について

黒のボールペン [1] 青のボールペンで書いてください。漢字の名前と住所にはふりがなをつけることになっているので、書き忘れをしないでください。間違えた時は [2] もう一度別の紙に書き直さなければなりません。だから、間違えないようにじゅうぶん気をつけてください。

[1]　1　それに　　　　　　2　もしくは
　　　3　つまり　　　　　　4　ただし

[2]　1　消したので
　　　2　消すはずがないので
　　　3　消せないので
　　　4　消したいので

(2)

皆さん、天気予報 [3]、今日の午後から明日に [4] 雪が降るそうです。そして、時間が遅くなるにつれて気温も下がるそうなので、外出の際は暖かくして出かけましょう。今年は例年に [5]、雪の降る日が多いですね。

3	1 に対して	2 にくらべて
	3 にかけて	4 によると

4	1 したがって	2 かけて
	3 わたって	4 関して

5	1 くらべて	2 かわって
	3 とって	4 かけては

PRACTICE TEST

もんだい 4　つぎの文章(ぶんしょう)を読んで、質問に答えてください。答えは1・2・3・4から、最もよいものを一つえらんでください。

> 昨日は午前中から強い風が吹いて、夜遅くまで大雨でした。しかし、今日は空がとてもきれいに晴れています。「昨日の台風はどこへ行ったのだろう」と考えながら玄関のドアを開けた瞬間(しゅんかん)、私はびっくりしました。家の前は、雨と風によってとばされた木の葉とゴミでいっぱいでした。庭では木が二本も倒れていました。
> 「今日の空はこんなに明るくてきれいだけど、昨日はたしかに台風は来たのだ」と私は思いました。

1 昨日はどんなことがあったか。

1　晴れて空がとてもきれいだった。
2　台風で雨がたくさん降って風も強かった。
3　午前中は風が吹(ふ)いたが、午後からは晴れだった。
4　一日中くもっていた。

2 この人は玄関を開けてどうして驚いたか。

1　木が倒れて、木の葉とゴミでいっぱいだったから。
2　空がとてもきれいに晴れていたから。
3　風が吹いて大雨だったから。
4　駐車場に車がなかったから。

もんだい 5 　　つぎの文章を読んで、質問に答えなさい。答えは1・2・3・4から最もよいものを一つえらびなさい。

今から380年ほど前、あるイタリアの学者が、食べ物の重さと体重の関係を知るために、自分の体を使って体重の変化をこまかく調べた。まず、人間が乗ることのできる大きなはかりを特別に作り、その上に何日間もすわりつづけて、①食べたり飲んだり、大便や小便をしたりした。そして、そのたびに体重の変化をていねいに計って調べたのである。

最初、その学者が考えたのは、食べたり飲んだりした物の重さから、外に出した大便や小便の重さを単純に引き算した分だけ体重は増えるだろう、ということだった。ところが、実験をしてみた結果、彼が考えていたほど体重は増えなかったのである。彼は実験に間違いがあったのかもしれないと思って何回もやりなおしてみたが、結果はやはり同じだった。彼は②困ってしまった。おそらく、食べ物や飲み物の一部は、何か目には見えない物となって体の外へ出て行ってしまったのだろう、結局、彼はそう考えた。そう、彼は③間違っていなかった。

では、その目に見えない物となって出て行ったのは何か。一つは汗である。人間の体からは、たとえじっとしていても、一日に1キロ近くの汗が外に出て行く。

PRACTICE TEST

1　①「食べたり飲んだり、大便や小便をしたりした」とあるが、だれがそれをしたのか。

1　実験をたのまれた人
2　実験を手伝った人
3　実験を見ていた人
4　実験をした人

2　②「困ってしまった」とあるが、なぜ困ってしまったのか。

1　計算するのが大変だったから
2　期待どおりの結果が出なかったから
3　実験に間違いがたくさんあったから
4　何日間も動くことができなかったから

3　③「間違っていなかった」とあるが、何が間違っていなかったのか。

1　彼が考えたこと
2　彼が困ったこと
3　彼が怒ったこと
4　彼が気がつかなかったこと

PRACTICE TEST

もんだい 6　つぎの絵は、封筒の書き方である。下の質問に答えなさい。
答えは、1・2・3・4から最もよいものを一つえらびなさい。

1　これは誰に書いた手紙か。

　　1　親展　　　　　　　　　　　2　友達
　　3　青山産業株式会社　　　　　4　小林　一郎

2　この手紙を出した人は誰か。

　　1　小林　一郎　　　　　　　　2　青山産業株式会社
　　3　早稲田産業株式会社　　　　4　親展社長

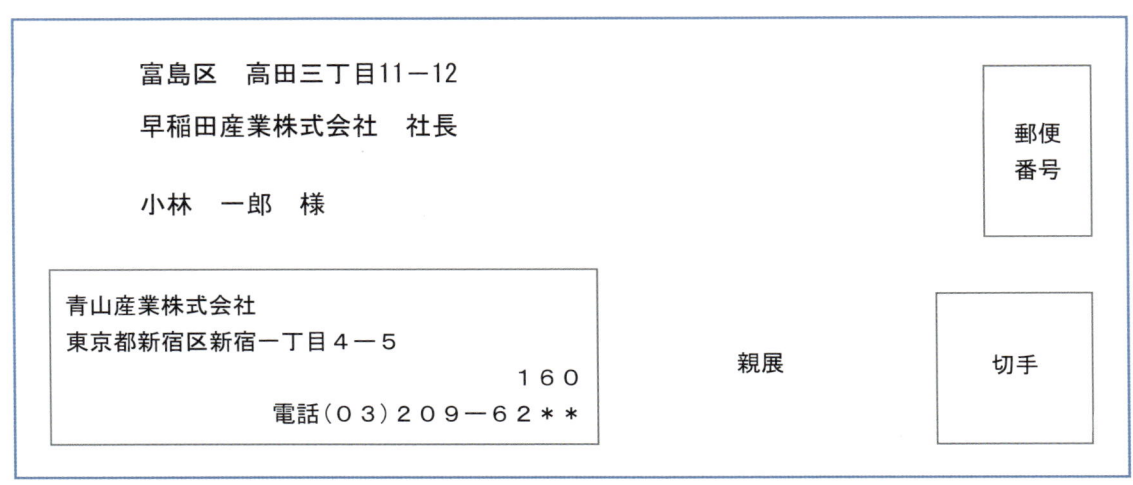

chapter 03 청해

발화 표현 문제

발화 표현 문제는 N3, N4에서 모두 출제된다. 그림을 보면서 질문을 듣고 정답을 고르는 문제이다. 일상생활 속에서 일어날 수 있는 다양한 상황이나 장면을 그림으로 제시한 후 적절한 대답을 찾는 문제이다. 일러스트를 보면서 어떠한 상황에서 발생하는 문제인가를 신속하게 파악하는 것이 중요하다.

〈예시〉

ホテルのテレビが壊(こわ)れています。何(なん)と言(い)いますか。

1. テレビがつかないんですが。
2. テレビをつけてもいいですか。
3. テレビをつけたほうがいいですよ。

レポートを書(か)きました。先生(せんせい)に日本語(にほんご)を直(なお)してもらいたいです。何(なん)と言(い)いますか。

1. あの、日本語(にほんご)を直(なお)してもよろしいでしょうか。
2. あの、日本語(にほんご)を直(なお)してくださいませんか。
3. あの、日本語(にほんご)を直(なお)したいですか。

1ばん

2ばん

PRACTICE TEST

3 ばん

4 ばん

스크립트

문제 1

質問　先生(せんせい)に早(はや)く帰(かえ)りたいと言(い)いたいです。何(なん)と言(い)いますか。

1．早(はや)く帰(かえ)らせてください。
2．早(はや)く帰(かえ)ってください。
3．早(はや)く帰(かえ)らないでください。

질문　선생님에게 일찍 집에 돌아가고 싶다고 말하고 싶습니다. 무엇이라고 말합니까?

1. 일찍 돌아가게 해주세요.
2. 일찍 돌아가세요.
3. 일찍 돌아가지 마세요.

문제 2

質問　リモコンの使(つか)い方(かた)がわかりません。何(なん)と言(い)いますか。

1．どうぞ使(つか)ってください。
2．どうやって使(つか)ったらいいですか。
3．使(つか)い方(かた)はわからなくてもいいです。

질문　리모컨 사용법을 모릅니다. 무엇이라고 말합니까?

1. 자, 사용하세요.
2. 어떻게 사용하면 됩니까?
3. 사용법은 몰라도 됩니다.

문제 3

質問　相手(あいて)の話(はなし)が速(はや)くて聞(き)き取(と)れない時(とき)、何(なん)と言(い)いますか。

1．話(はな)しちゃだめです。
2．早(はや)く話(はな)してほしいです。
3．ゆっくり話(はな)してください。

질문　상대방의 이야기가 빨라서 알아들을 수 없을 때 무엇이라고 말합니까?

1. 이야기하면 안 됩니다.
2. 빨리 이야기 해 줬으면 좋겠습니다.
3. 천천히 말해 주세요.

문제 4

質問　となりの人(ひと)の足(あし)を踏(ふ)んでしまいました。何(なん)と言(い)いますか。

1．申(もう)し訳(わけ)ございません。
2．違(ちが)います。
3．ご苦労(くろう)さまでした。

질문　옆 사람 발을 밟았습니다. 무엇이라고 말합니까?

1. 정말 죄송합니다.
2. 아닙니다.
3. 수고하셨습니다.

발화 표현 문제 예상 패턴(N3/N4)

인사편

どういたしまして。 천만에요.
気をつけてお帰りください。 조심해서 돌아가세요.
気にしないでください。 신경 쓰지 마세요.
どうぞごゆっくり。 편하게 쉬세요.
ええ、喜んで。 예. 기꺼이.(상대방의 부탁을 흔쾌히 승낙할 때 쓴다)
がんばってください。 열심히 하세요.
元気だしてください。 기운 내세요.
お世話になりました。 신세 많이 졌습니다.
ご苦労さまでした。 수고하셨습니다.(보통 손윗사람이 아랫사람에게 쓴다)
申し訳ございません。 정말 죄송합니다.
あけましておめでとうございます。 새해 복 많이 받으세요.
お先に失礼します。 먼저 가 보겠습니다.
また今度。 그럼. 다음에. 또.

교통, 길묻기

どこで乗り換えますか。 어디서 갈아탑니까?
どこで降りればいいですか。 어디서 내리면 됩니까?
乗り越してしまいました。 내릴 역(정거장)을 지나쳐버렸습니다.
乗り遅れてしまいました。 차를 놓쳤습니다.
乗り間違えてしまいました。 차를 잘못 탔습니다.
道に迷ってしまいました。 길을 잃었습니다.
私についてきてください。 저를 따라오세요.

스크립트

식당

おすすめ料理は何ですか。 추천 요리는 무엇입니까?
同じ物をください。 같은 것으로 주세요.
おかわりお願いします。 한 그릇 더 주세요.
今日は私がおごります。 오늘은 제가 내겠습니다.
おつりは結構です。 잔돈은 됐습니다.
温めてもらえますか。 데워주세요.
こちらでお召し上がりですか。 여기서 드실 겁니까?
お持ち帰りですか。 가지고 가실 겁니까?
注文した料理がまだ来ません。 주문한 요리가 아직 안 나왔습니다.

쇼핑

まけてください。 깎아주세요.
売り切れです。 품절입니다.
どうやって使ったらいいですか。 어떻게 사용하면 됩니까?
包装してください。包んでください。 포장해 주세요.

병원, 아플 때

顔色がわるいですね。 안색이 안 좋으시네요.
疲れて見えますね。 피곤해 보이세요.
食欲がないです。 식욕이 없습니다.

부탁, 의뢰

ゆっくり話してください。 천천히 말해 주세요.
もう一度言ってください。 다시 한 번 말씀해 주세요.

急_{いそ}いでください。 서둘러 주세요.
起_おこしてください。 깨워주세요.
写真_{しゃしん}を見_みせてください。 사진을 보여주세요.
助_{たす}けてください。 살려주세요. 도와주세요. (긴급한 상황에서 부탁을 할 때 쓰는 말)
手伝_{てつだ}ってください。 도와주세요. (일을 거들어 달라고 할 때 쓰는 말)
よろしくお伝_{つた}えください。 안부 전해 주세요.
なんとかしてください。 어떻게든 해 주세요. (어떤 일을 해결해 달라고 부탁할 때)
早_{はや}くしてください。 빨리 해 주세요.
教_{おし}えてください。 가르쳐 주세요.

기타

いやです。 싫어요.
結構_{けっこう}です。 괜찮습니다.
まあまあです。 그저 그렇습니다.
だめです。 안 됩니다.
心配_{しんぱい}です。 걱정입니다.
違_{ちが}います。 아닙니다. 다릅니다.
残念_{ざんねん}です。 유감입니다.
本当_{ほんとう}です。 정말입니다.
うそです。 거짓말입니다.
やった。 야호!
びっくりしました。 깜짝 놀랐습니다.
がっかりしました。 실망했습니다.
お気_きの毒_{どく}に。 가엾다. 안쓰럽다.(어떤 상황에 유감을 나타내는 말)
なるほど。 아 그렇군요! (상대편의 말에 긍정하거나 동의할 때 쓰는 말)
しょうがない。 しかたがない。 어쩔 수 없다. 달리 방법이 없다.

N3

뉴 일본어 능력시험

Part 16

문자/어휘 chapter 01
기타

문법/독해 chapter 02
필수 문형 – N3 문법패턴2

청해 chapter 03
즉시 응답 문제

chapter 01 文字/어휘

N3 1교시

기타

傷きず 상처	真まっ赤か 새빨강	洗面所せんめんじょ 세면장
冷房れいぼう 냉방	布団ふとん 이불	大家おおや 집주인
将来しょうらい 장래, 미래	急きゅうに 갑자기	隣となり 옆, 이웃
間違まちがう 틀리다	注そそぐ 붓다, 따르다	積つもる 쌓이다
浅あさい 얕다	細ほそい 가늘다	苦にがい 쓰다
古ふるい 오래되다	若わかい 젊다	柔やわらかい 부드럽다
厳きびしい 엄하다	嬉うれしい 기쁘다	寂さびしい 쓸쓸하다
狭せまい 좁다		
クリーニング 드라이클리닝	ホテル 호텔	コンビニ 편의점
スーパー 슈퍼마켓	ヒーター 히터	クーラー 에어컨
ガス 가스	いらいら 안절부절, 초조해하는 모양	
有料ゆうりょう 유료	通とおり 길, 대로	湖みずうみ 호수
なぜ 왜, 어째서	どうして 왜, 어째서	ところが 그런데
それなら 그렇다면	ほんのすこし 아주 조금	ほとんど 거의
やっと 겨우	すべて 모두, 모조리	貧まずしい 가난하다, 궁핍하다
ぴったり 꼭, 딱, 틈 없이 잘 맞는 모양		遠とおい 멀다
軽かるい 가볍다	可愛かわいがる 귀여워하다	お見みえになる 오시다
頭あたま 머리 (頭あたまがかたい 고지식하다, 융통성이 없다)		
口くち 입 (口くちが重おもい 입이 무겁다)		
猫ねこ 고양이 (猫ねこの手ても借かりたい 고양이 손이라도 빌리고 싶은 심정이다, 바쁘다)		

PRACTICE TEST

もんだい 1 ＿＿＿＿＿のことばの読み方として最もよいものを 1・2・3・4 から一つえらびなさい。

1 彼はビールいっぱい飲んだだけで顔が真っ赤になりました。
 1 まっか   2 まあか   3 まっあか   4 まっさお

2 洗面所の掃除は週(しゅう)に1回で充分じゃないですか。
 1 せんめんじょう   2 せんめんじょ
 3 せいめんじょう   4 せいめんじょ

3 冷房の効きすぎで、体が冷えています。
 1 だんぼ   2 だんぼう   3 れいぼ   4 れいぼう

4 友達は人の言葉によく傷つくタイプです。
 1 きす   2 きず   3 しょう   4 しょ

5 間違って反対方向のバスに乗ってしまった。
 1 あいだちがって   2 かんちがって
 3 ちがって   4 まちがって

6 家族と離(はな)れて住んでいるので寂しいです。
 1 こいしい   2 うれしい   3 さびしい   4 きびしい

7 大人二人が住むにはちょっと狭い部屋ですね。
 1 せまい   2 ほそい   3 あさい   4 かるい

8　急に雨が降り出して困りました。

　　1　きゅに　　　2　きゅうに　　　3　いそぎに　　　4　いそぐに

もんだい2　＿＿＿のことばを漢字で書くとき、最もよいものを、1・2・3・4から一つえらびなさい。

1　となりに座ってもいいですか。

　　1　右　　　　2　傍　　　　3　横　　　　4　隣

2　日差しがよかったのでふとんをほしました。

　　1　布団　　　2　巾団　　　3　付団　　　4　不団

3　アパートのおおやに会ってちゃんと話した方がいいですよ。

　　1　多屋　　　2　多家　　　3　大家　　　4　大屋

4　しょうらいの夢は何ですか。

　　1　昭来　　　2　将来　　　3　小来　　　4　症来

5　やかんのお湯をカップにそそぎました。

　　1　注ぎ　　　2　主ぎ　　　3　住ぎ　　　4　柱ぎ

6　祖父は歯がないのでやわらかいものしか食べられません。

　　1　安らかい　　2　柔らかい　　3　案らかい　　4　優らかい

PRACTICE TEST

[7] 山に行ったら雪が<u>つもって</u>いました。
　　1　責もって　　2　債もって　　3　積もって　　4　溜もって

[8] <u>にがくても</u>体のために飲んでおきなさい。
　　1　右くても　　2　若くても　　3　古くても　　4　苦くても

もんだい3　（　　）に入れるのに最もよいものを、1・2・3・4から一つえらびなさい。

[1] コートは家で洗濯できないから、（　　）に預けました。
　　1　スーパー　　2　クリーニング　　3　ホテル　　4　コンビニ

[2] ちょっと寒いから（　　）をつけましょう。
　　1　クーラー　　2　ガス　　3　テレビ　　4　ヒーター

[3] （　　）が固い父と話すのは大変です。
　　1　足　　2　首　　3　頭　　4　髪

[4] 家が（　　）高校時代からバイトをしなければならなかった。
　　1　まずしくて　　2　ゆたかで　　3　とおくて　　4　ひろくて

[5] 私の親しい友達は口が（　　）から、何でも話せます。
　　1　かるい　　2　おもい　　3　おおきい　　4　ちいさい

6 木村さんはいつも(　　　　)していて、周りの人まで気持ちよくさせる。
　　1 ときどき　　2 ごろごろ　　3 にこにこ　　4 いらいら

7 ここのパソコンは誰でも使えますが、コピーは(　　　　)です。
　　1 会費　　　　2 費用　　　　3 料金　　　　4 有料

8 仕事がとても忙しくて今は(　　　　)の手も借りたいほどだ。
　　1 取り　　　　2 犬　　　　　3 猿　　　　　4 猫

もんだい4　_____に意味が最も近いものを、1・2・3・4から一つえらびなさい。

1 桜の花がきれいな通りを彼女と歩いたことを思い出した。
　　1 道　　　　　2 橋　　　　　3 山　　　　　4 湖

2 なぜ電車に乗り遅れたましたか。
　　1 いつか　　　2 どうして　　3 ところが　　4 それなら

3 明日のセミナーの準備はだいたい終わりました。
　　1 すべて　　　2 ほんのすこし　3 ほとんど　　4 やっと

PRACTICE TEST

もんだい 5　つぎのことばの使い方として最もよいものを、一つえらびなさい。

1. まずしい
   1. 私が作ったピザがとてもまずしかった。
   2. まずしい家に生まれた。
   3. 日差(ひざ)しがとてもまずしいです。
   4. 数学の問題がまずしくて解(と)けません。

2. ぴったり
   1. もう10時だし、ぴったり帰りましょうか。
   2. 高校の先生と10年ぴったり会いました。
   3. そのピンク色のシャツ、あなたにぴったりですよ。
   4. 先輩との約束をぴったりと忘れていた。

3. お見えになる
   1. ご予約のお客様がちょうど6時にお見えになりました。
   2. 父は8時ごろお見えになると思います。
   3. 先生の部屋に私がお見えになってもよろしいですか。
   4. 祖母は毎週、私の家にお見えになります。

chapter 02 문법/독해 N3 2교시

01 ～たびに ～할 때마다

妹は旅行に行くたびに、お土産を買ってきます。 여동생은 여행을 갈 때마다 선물을 사 옵니다.

02 ～くせに ～인 주제에, ～이면서도

子供のくせに生意気だ。 어린아이인 주제에 건방지다.

03 ～ついでに ～하는 김에

仕事で中国に行ったついでに友達の家にも寄った。 일로 중국에 간 김에 친구의 집에도 들렀다.

04 ～せいで 탓으로 / **～せいか** 탓인지

お酒を飲みすぎたせいで、体の調子が悪い。 술을 과음한 탓으로 몸 상태가 나쁘다.
最近、年のせいか、階段を上がるのが辛い。 최근 나이 탓인지 계단을 오르는 것이 힘들다.

05 ～おかげで ～덕분에

友達が手伝ってくれたおかげで、早く終わった。 친구가 도와준 덕분에 빨리 끝났다.

06 ～かわりに ～대신에

テストを受けるかわりにレポートを出すことになった。
테스트를 보는 대신에 리포트를 제출하게 되었다.

07 ～ことに ～하게도(놀람이나 감동을 나타냄)

困ったことに、旅行先でパスポートをなくしてしまった。
난처하게도 여행지에서 여권을 잃어버리고 말았다.

문법 필수 문형 – N3 문법패턴 2

08　～というと　～라고 하면
木村さんは旅行というと、かならず温泉に行く。　기무라씨는 여행이라고 하면 반드시 온천에 간다.

09　～おきに　～걸러, ～간격으로
この薬は8時間おきに飲んでください。　이 약은 8시간 간격으로 드세요.

10　～をはじめ　～을 비롯하여
社長をはじめ、全社員がマラソンに参加した。　사장을 비롯해 전 사원이 마라톤에 참가했다.

11　～を問(と)わず　～을 불문하고
性別、経験を問わず応募できる。　성별, 경험을 불문하고 응모할 수 있다.

12　～わりには　～비해서
彼女は年のわりには若く見える。　그녀는 나이에 비해 젊어 보인다.

13　～がち　자주 ～함
山田さんは最近学校を休みがちだ。　야마다씨는 최근에 학교를 자주 빠진다.

14　～のみならず　～뿐만 아니라
これは日本のみならず、世界的な問題だ。　이것은 일본 뿐만이 아니라 세계적인 문제이다.

15　～どころか　～커녕
とても疲れて、宿題をするどころか、顔も洗わないで寝てしまった。
아주 피곤해서 숙제를 하기는커녕 세수도 하지 않고 자 버렸다.

もんだい1　つぎの文の（　　）に入れるのに最もよいものを、1・2・3・4から一つえらびなさい。

1. 風邪薬の（　　）眠くてしょうがない。
   1　せいか　　2　問わず　　3　つれて　　4　反して

2. 父（　　）母までも私の結婚に反対している。
   1　から　　2　わりには　　3　のみならず　　4　ばかりで

3. この会社は性別や年齢を（　　）、実力のある人を採用しています。
   1　問わず　　2　かからず　　3　おいて　　4　わたって

4. あの人の顔を見る（　　）、私は父のことを思い出す。
   1　時に　　2　たびに　　3　ところ　　4　ごろ

5. 食べたこともない（　　）、どうしてまずいと言えるんですか。
   1　ために　　2　から　　3　せいで　　4　くせに

6. 銀行へ行った（　　）、デパートで買い物をした。
   1　わりには　　2　ので　　3　ついでに　　4　ところで

7. あなたの（　　）失敗したんだと、せめられた。
   1　せいで　　2　おかげで　　3　くせに　　4　たびに

PRACTICE TEST

8　スペイン（　　　　）フラメンコがまず浮かぶ。
　　1　というより　　2　というと　　3　といっても　　4　とって

9　彼女はアメリカに長くいた（　　　　）、英語が上手ではないそうだ。
　　1　だけには　　2　からには　　3　わりには　　4　ためには

10　最近、映画館に行く（　　　　）インターネットで映画を見る人が多くなった。
　　1　ついでに　　2　たびに　　3　かわりに　　4　時に

11　私は車の運転（　　　　）、自転車にも乗れない。
　　1　どころか　　2　ところか　　3　によっては　　4　かわりに

12　この大学には、韓国の学生（　　　　）世界各国からの留学生が集まっている。
　　1　を問わず　　2　をはじめ　　3　をもとに　　4　をこめて

13　おどろいた（　　　　）、二人は来月結婚するそうだ。
　　1　せいで　　2　がち　　3　ものに　　4　ことに

14　母は一日（　　　　）買い物に行きます。
　　1　ことに　　2　ついでに　　3　おきに　　4　たびに

15　皆が応援してくれた（　　　　）、試合に勝つことができた。
　　1　せいで　　2　おかげで　　3　くせに　　4　ように

もんだい 2　　つぎの文の＿＿★＿＿に入る最もよいものを、1・2・3・4から一つえらびなさい。

1　彼は ＿＿＿＿ ＿＿★＿＿ ＿＿＿＿ ＿＿＿＿する。

　1　会う　　　　2　たびに　　　　3　自慢を　　　　4　車の

2　小さい頃から ＿＿★＿＿ ＿＿＿＿、＿＿＿＿ ＿＿＿＿ 子供でした。

　1　がちで　　　2　ない　　　　　3　体力の　　　　4　病気

3　＿＿＿＿ ＿＿＿＿ ＿＿★＿＿ 誰からも愛されている。

　1　この　　　　2　年齢を　　　　3　問わず　　　　4　歌は

4　彼は ＿＿＿＿ ＿＿★＿＿、＿＿＿＿ ＿＿＿＿。

　1　体が大きい　2　ない　　　　　3　力が　　　　　4　わりには

5　＿＿＿＿ ＿＿＿＿ ＿＿★＿＿ ＿＿＿＿。

　1　おきに　　　　　　　　　　　2　4年
　3　オリンピックは　　　　　　　4　行われる

PRACTICE TEST

もんだい 3 つぎの文章を読んで、1から5の中に入る最もよいものを、1・2・3・4から一つえらびなさい。

私は今貿易会社に勤めています。最近は仕事で海外へ出張することが多くなりました。アメリカ 1 、いろいろな国に出張をします。大体1カ月 2 外国に行くと言っても過言ではありません。その 3 外国人と話す機会も増えてきて、英語ももっと上手になりました。来週もまたカナダに出張することになりました。今回の出張は部長の 4 行きます。カナダに行くついでにカナダに 5 と思っています。久しぶりにめいに会うのでとても楽しみです。きっと大きくなっているでしょう。

1　1 ついでに　2 を問わず　3 をはじめ　4 に関して

2　1 おきに　2 まで　3 たびに　4 おいて

3　1 わりには　2 かわりに　3 せいで　4 おかげで

4　1 どころか　2 かわりに　3 せいか　4 くせに

5　1 早く帰ろう
　2 行きたくない
　3 住みたい人がいる
　4 住んでいる姉の家に行ってみよう

もんだい 4　つぎの文章(ぶんしょう)を読んで、質問に答えてください。答えは1・2・3・4から、最もよいものを一つえらんでください。

先週、水曜日からずっと頭が痛かったので、土曜日に病院へ行った。いろいろ検査をした後、お医者さんが「特に悪いところはないようです」と言ったので、すこし安心した。

でも、お医者さんは「体には悪いところがなくても、目に悪いところがあると、頭が痛くなる場合もあります。ですから、目をみてもらったほうがいいですね」と言った。

そして、「目の先生は毎週金曜日にこの病院へいらっしゃるので、来週の金曜日にまた来られますか」と言った。私は金曜日の1時ごろ予約をして家に帰った。

---

1 目の検査はいつするか。

1　今週の土曜日　　2　来週の土曜日
3　今週の金曜日　　4　来週の金曜日

2 どうして病院へ行ったか。

1　足が痛かったので。
2　体が痛かったので。
3　頭が痛かったので。
4　目が痛かったので。

PRACTICE TEST

もんだい 5　つぎの文章を読んで、質問に答えてください。答えは1・2・3・4から、最もよいものを一つえらんでください。

私が半年ほど入院した、同じ病室に、完全に寝たきり（※1）になっていたKさんという人がいました。彼の毎日の楽しみは、看護婦さんに「息子から電話があったでしょうか」と尋ね、「あったわよ」と言う看護婦さんの返事を聞くことでした。当初、私は、①オヤジ（※2）の病状を毎日のように電話で尋ねてくるいい息子さんだなぁーと感心しながら、Kさんと看護婦さんのやりとりを、ベッドの上で眺めていました。

ところが、②それがうそであることが、しばらくして分かりました。息子さんからの電話はなく、看護婦さん達が、かかってきたかのように演じていたのです。それはKさんを励まし、希望をもたせるために、③看護婦さん達がついた精いっぱいのやさしいうそでした。そして、悲しいうそでした。というのは、Kさんが入院した当初は、本当にその息子さんから毎日のように病院に電話があったそうです。トラックの運転手をしていた彼は、仕事で全国を走り回っていたため、直接、病院に見舞いに来られなかったのです。入院して以来、Kさんは何度か危険な状態になったことがあったそうです。そのたびに、看護婦さんが、「息子さんから電話がかかっているのよ」と声をかけると、不思議と持ち直したというのです。

笹本新平「看護婦さん、電話ありましたか？」「第7回?NTTふれあいトーク大賞100選」NTT出版による）

（注1）寝たきり：病気などのために、起きて活動できなくなった状態
（注2）オヤジ：父親

1 ①「オヤジ」とはだれか。

1　Kさん
2　Kさんの父親
3　筆者
4　筆者の父親

2 ②「それがうそであることが、しばらくして分かりました」とあるが、何がうそなのか。

1　Kさんの息子が病院に電話をかけたこと
2　Kさんが息子からの電話を楽しみにしていたこと
3　筆者と同じ病室にKさんがいたこと
4　筆者がKさんの息子をいい息子だと思ったこと

3 ③「看護婦さん達がついた精いっぱいのやさしいうそ」とあるが、看護婦達がうそをついたのはなぜだと考えられるか。

1　うそをつくことが楽しかったから
2　筆者がうそをつくように頼んだから
3　Kさんの息子に病院に来てもらいたいから
4　Kさんが少しでも元気になってほしいから

PRACTICE TEST

もんだい 6 つぎの表はラーメン屋のメニューである。下の質問に答えなさい。答えは、1・2・3・4から最もよいものを一つえらびなさい。

1 彼氏と二人で、餃子を6個とラーメンを1杯ずつ食べた。それから彼氏はビールを飲んで、私はコーラを飲んだ。全部でいくらか。

1　1,530円　　　　　　　2　1,610円
3　1,750円　　　　　　　4　2,000円

2 1時に昼ごはんでラーメン一杯と餃子6個とライス(小)を食べた。飲み物はジュースを飲んだ。全部でいくらになるか。

1　620円　　　　　　　2　660円
3　770円　　　　　　　4　790円

メニュー

料理
ラーメン　　450円
チャーハン　500円
餃子　　210円（6個）
餃子　　440円（13個）
ライス（大）　150円
ライス（小）　100円

飲み物
ジュース　150円
コーラ　　150円
ビール　　350円

＊飲み物は他の料理といっしょに注文すれば40円引きになります。
＊12:00〜14:00の間はライス(小)がサービスになります。

chapter 03 청해

N3 3교시

즉시 응답 문제

즉시 응답 문제는 그림이 없는 문제로서 N3, N4에서 모두 출제된다. 질문을 듣고 다음에 나올 적합한 대답을 선택하는 문제이다. 일상생활에서 빈번히 사용하는 기초적인 질의응답 패턴이 나올 가능성이 많다.

〈예시〉

女 : わたし、試験勉強(しけんべんきょう)、あまりやってないんだ…。
　　今(いま)から、頑張(がんば)らなきゃ。
男 : ＿＿＿＿＿＿＿＿＿＿＿＿＿＿＿

1. うん、頑張(がんば)るつもり。
2. そう、よく頑張(がんば)ったね。
3. これから頑張(がんば)ればいいよ。

女 : あれ、今日(きょう)の授業(じゅぎょう)って、どこから？
男 : ＿＿＿＿＿＿＿＿＿＿＿＿＿＿＿

1. ５１ページからでしょ。
2. 3時(じ)はんから5時(じ)半(はん)まででしょ。
3. 図書館(としょかん)でしょ。

1 ばん　　　　　　　　　　　　　　　　　　　　　　　　61

①

②

③

えなどは　ありません。

2 ばん　　　　　　　　　　　　　　　　　　　　　　　　62

①

②

③

えなどは　ありません。

PRACTICE TEST

3 ばん

①

②

③

えなどは　ありません。

4 ばん

①

②

③

えなどは　ありません。

스크립트

문제 1

A：じゃ、私、お先(さき)に失礼(しつれい)させていただきます。
B：＿＿＿＿＿＿＿＿＿＿＿＿＿＿

1．あ、おつかれさま。
2．ごちそうさま。
3．いいえ、お先(さき)にどうぞ。

A：그럼 저 먼저 실례하겠습니다.
B：＿＿＿＿＿＿＿＿＿＿＿＿＿＿

1．아, 수고하셨습니다.
2．잘 먹을게요.
3．아니요, 먼저 하세요.

문제 2

A：この前(まえ)、どうして早(はや)く帰(かえ)ったの。
B：＿＿＿＿＿＿＿＿＿＿＿＿＿＿

1．一人(ひとり)で帰(かえ)っちゃった。
2．ちょっと約束(やくそく)があったから。
3．6時(じ)半(はん)ごろ帰(かえ)らなきゃ。

A：요전에 왜 빨리 돌아갔니?
B：＿＿＿＿＿＿＿＿＿＿＿＿＿＿

1．혼자서 돌아갔어.
2．약속이 있었기 때문에.
3．6시 반쯤 돌아가야 해.

문제 3

A：このレポートいつまでに出(だ)せばいい？
B：＿＿＿＿＿＿＿＿＿＿＿＿＿＿

1．英語(えいご)で書(か)いちゃだめ。
2．あさってまでに出(だ)さなきゃならない。
3．今日(きょう)出(だ)すつもり。

A：이 리포트 언제까지 내면 되니?
B：＿＿＿＿＿＿＿＿＿＿＿＿＿＿

1．영어로 쓰면 안 돼.
2．모레까지 내야 돼.
3．오늘 낼 생각이야.

문제 4

A：木村(きむら)さんは昨日(きのう)来(き)たかなあ？
B：＿＿＿＿＿＿＿＿＿＿＿＿＿＿

1．さあ、来(き)たんじゃないかと思(おも)うけど。
2．さあ、来(く)るかどうか分(わ)からない。
3．さあ、来(き)たがっている。

A：기무라씨는 어제 왔을까?
B：＿＿＿＿＿＿＿＿＿＿＿＿＿＿

1．글쎄, 온 것 같은데.
2．글쎄, 올지 안 올지 모르겠어.
3．글쎄, 오고 싶어 하고 있어.

즉시 응답 문제 예상 패턴(N3/N4)

A : おひさしぶりです。 오랜만입니다.
B : おひさしぶりです。 오랜만입니다.

A : よくいらっしゃいました。どうぞお上（あ）がりください。
잘 오셨습니다. 어서 올라오세요.
B : 失礼（しつれい）します。 실례하겠습니다.

A : 私、来月結婚（らいげつけっこん）します。
저 다음 달에 결혼합니다.
B : そうですか。おめでとうございます。 그렇습니까? 축하합니다.

A : 結婚（けっこん）していますか。 결혼하셨습니까?
B : いいえ、まだです。
아니요. 아직 입니다.

A : 何か手伝（なん てつだ）いましょうか。
뭔가 도와드릴까요?
B : 結構（けっこう）です。ありがとうございます。 괜찮습니다. 고맙습니다.

A : この映画（えいが）こわくありませんか。
이 영화 무섭지 않습니까?
B : いいえ、全然（ぜんぜん）こわくないです。
아니요. 전혀 무섭지 않습니다.

A : おでかけですか。 외출하세요?
B : はい、ちょっとそこまで。
예. 잠시 어디 좀.(가는 장소를 구체적으로 밝히고 싶지 않을 때)

A : 英語（えいご）が得意（とくい）ですか。 영어를 잘하세요?
B : いいえ、苦手（にがて）です。 아니요. 못합니다.

A : この服（ふく）を着（き）てみてもいいですか。
이 옷을 입어 봐도 됩니까?
B : はい、どうぞ。 예. 그러세요.

A : 宿題（しゅくだい）をしましたか。 숙제는 했습니까?
B : はい、もうしました。
예. 벌써 했습니다.

A : 彼に話（かれ はな）しましたか。
그에게 이야기했습니까?
B : いいえ、まだ話（はな）していません。
아니요. 아직 이야기 안했습니다.

A : 家から駅（いえ えき）までどのくらいかかりますか。 집에서 역까지 얼마나 걸립니까?
B : 歩（ある）いて5分（ふん）かかります。
걸어서 5분 걸립니다.

A : 日本に行（にほん い）ったことがありますか。 일본에 간 적이 있습니까?
B : いいえ、行（い）ったことがありません。 아니요. 간 적이 없습니다.

A : 東京の天気（とうきょう てんき）はどうですか。
도쿄의 날씨는 어떻습니까?
B : ずいぶん、すずしくなりました。
꽤 선선해졌습니다.

스크립트

A : 休みの日に何をしますか。
쉬는 날에는 무엇을 합니까?
B : 友だちに会ったり、映画を見たりします。
친구를 만나거나 영화를 보거나 합니다.

A : ここに車を止めないでください。
여기에 차를 세우지마세요.
B : はい、分かりました。 예, 알았습니다.

A : ここに車を止めてもいいですか。
여기에 차를 세워도 됩니까?
B : いいえ、止めてはいけません。
아니요, 세우면 안 됩니다.

A : 最近太りました。 요즘에 살쪘습니다.
B : 運動したほうがいいですよ。
운동을 하는 편이 좋겠네요.

A : ここで写真を撮ってもいいですか。 여기서 사진을 찍어도 됩니까?
B : はい、どうぞ。 예, 그러세요.

A : このテストは、ひらがなで書いてもいいですか。
이 테스트, 히라가나로 써도 됩니까?
B : ええ、かまいませんよ。
예, 상관없습니다.

A : タバコを吸ってもいいですか。
담배를 피워도 됩니까?
B : すみません、タバコはちょっと。
죄송합니다. 담배는 좀…

A : お仕事はどうですか。 일은 어때요?
B : 忙しいですが、おもしろいです。
바쁘지만 재미있습니다.

A : どうして早く帰りましたか。
왜 빨리 돌아갔습니까?
B : 用事がありましたから。
일이 있어서요.

A : もう昼ごはんを食べましたか。
벌써 점심 드셨습니까?
B : いいえ、まだです。これから食べるところです。
아니요. 아직 입니다. 이제 먹을 참입니다.

A : 週に何回お酒を飲みますか。
일주일에 몇 번 술을 마십니까?
B : 3回ぐらいです。 3번 정도입니다.

A : 日本語はどのくらい勉強しましたか。 일본어는 어느 정도 공부했습니까?
B : 4カ月です。 4개월입니다.

A: 犬と猫とどちらが好きですか。
개와 고양이 중 어느 쪽을 좋아합니까?

B: どちらも好きです。 둘 다 좋아합니다.

A: バスと電車とどちらのほうが速いですか。
버스와 전철 중 어느 쪽 편이 빠릅니까?

B: 電車のほうが速いです。
전철 쪽이 빠릅니다.

A: コーヒーと紅茶とどちらがいいですか。
커피와 홍차 중 어느 쪽이 좋으십니까?

B: 紅茶をお願いします。
홍차 부탁드립니다.

A: 日本料理の中で何がいちばんおいしいですか。
일본요리 중에서 무엇이 제일 맛있습니까?

B: うどんがいちばんおいしいです。
우동이 제일 맛있습니다.

A: 今、何がいちばんほしいですか。 지금 무엇을 제일 갖고 싶습니까?

B: パソコンがいちばんほしいです。 컴퓨터를 제일 갖고 싶습니다.

A: 行きたい所がありますか。
가고 싶은 곳이 있습니까?

B: はい、沖縄に行きたいです。
예. 오키나와에 가고 싶습니다.

A: 友だちと一緒に行きましたか。
친구와 함께 갔습니까?

B: いいえ、一人で行きました。
아니요. 혼자서 갔습니다.

A: いつも朝ごはんを食べますか。
늘 아침을 먹습니까?

B: いいえ、ときどき食べます。
아니요. 가끔 먹습니다.

A: 中国語ができますか。
중국어를 할 수 있습니까?

B: はい、少しできます。
예. 조금 할 수 있습니다.

A: けさ、何を食べましたか。
오늘아침에 무엇을 드셨습니까?

B: 何も食べませんでした。
아무것도 먹지 않았습니다.

A: 一緒にビールでも飲みませんか。 같이 맥주라도 마시지 않을래요?

B: ええ、飲みましょう。 예. 마십시다.

A: コーヒーでも飲みに行きませんか。 커피라도 마시러 가지 않을래요?

B: いいですね。行きましょうか。
좋아요. 갈까요?

스크립트

A : 郵便局の電話番号を知っていますか。 우체국 전화번호를 아세요?
B : いいえ、知りません。 아니요, 모릅니다.

A : つかれましたね。ちょっと休みませんか。 피곤하네요. 잠깐 쉬지 않을래요?
B : ええ、そうしましょう。 예, 그럽시다.

A : のどがかわきましたね。 목이 마르네요.
B : ええ、何か飲みたいですね。 예, 뭔가 마시고 싶네요.

A : この一年間、ほんとうにお世話になりました。 1년 동안 정말 신세 많이 졌습니다.
B : いいえ、どういたしまして。 아니요, 천만에요(별 말씀을).

A : 辞書持ってる？ 사전 가지고 있어?
B : あ、今使っているところなんだ。 아, 지금 사용하고 있는 중이야.

A : けしゴム持ってる？ 지우개 가지고 있어?
B : うん、持ってるよ。貸してあげるよ。 응, 가지고 있어. 빌려 줄게.

A : 山田さんいらっしゃいますか。 야마다씨 계십니까?
B : はい、ちょっとお待ちください。 예, 잠시만 기다려주세요.

A : この問題がわからなくてこまっているんです。 이 문제가 이해가 안 돼서 힘듭니다.
B : じゃあ、この本を読んでみたらどうですか。 그럼, 이 책을 읽어보는 게 어때요?

A : あの映画、おもしろそうですね。 저 영화 재미있을 것 같네요.
B : ええ。私の友達も見たがっています。 예. 제 친구도 보고 싶어 하고 있습니다.

A : その本はだれのですか。 그 책 누구의 것입니까?
B : さあ、だれのかわかりません。 글쎄, 누구 것인지 모르겠습니다.

A : 日本に来て、どのくらいですか。 일본에 온지 얼마나 됐습니까?
B : 2週間です。 2주일 됐습니다.

& 해설

A : 今日は暑かったですね。明日も暑いでしょうか。
오늘은 더웠지요? 내일도 더울까요?

B : ええ、きっと暑いと思います。
예, 분명 더울 거라고 생각해요.

A : 電車がなかなか来ませんね。
전철이 좀처럼 오지 않는군요.

B : 前の駅で故障したそうですよ。
전 역에서 고장이 났다고 합니다.

A : ごはんを食べてから、お風呂に入りますか。
밥을 먹고 나서 목욕을 합니까?

B : いいえ、私はごはんの前に入ります。
아니요, 저는 식사 전에 목욕을 합니다.

A : すみません、コーヒーとサンドイッチをおねがいします。
여기요, 커피랑 샌드위치를 주세요.

B : はい、かしこまりました。
예, 알겠습니다.

A : それ、林さんの辞書ですか。いい辞書ですね。
그것, 하야시씨의 사전입니까? 좋은 사전이네요.

B : ええ、父が私にくれたんです。
예, 아버지가 저한테 주셨습니다.

A : 木村さん、この本を山田先生に渡してくださいませんか。
기무라씨, 이 책 야마다선생님께 전해주시겠어요?

B : わかりました。あとでお渡しします。
알겠습니다. 나중에 전해드리겠습니다.

A : カメラを買いたいんですが、どこがいいですか。
카메라를 사고 싶은데, 어디가 좋을까요?

B : カメラを買うなら、駅のそばの店が安くていいですよ。
카메라를 살 거라면, 역 근처 가게가 싸고 좋습니다.

A : 今日は、買い物に行きますか。
오늘은 쇼핑 가세요?

B : 雨も降っているし、お金もないので行きません。
비도 오고, 돈도 없어서 안 갈 겁니다.

A : すみません、頭が痛いので先に帰ります。
죄송합니다. 머리가 아파서 먼저 돌아가겠습니다.

B : そうですか。お大事に。
그래요? 몸조리 잘 하세요.

A : 試験に合格したそうですね。おめでとうございます。
시험에 합격했다면서요. 축하드립니다.

B : おかげさまで。
덕분입니다.

스크립트

A : もう7時半だ。バスに間に合うかな。
벌써 7시 반이야. 제시간에 버스 탈 수 있을까?

B : 気をつけて、いってらっしゃい。
조심히 다녀와.

A : 毎日朝ごはんを食べますか。
매일 아침을 드세요?

B : ええ。どんなにいそがしくても食べます。 예. 아무리 바빠도 먹습니다.

A : 先生は今どちらですか。
선생님은 지금 어디 계십니까?

B : 先生は図書館にいらっしゃいます。 선생님은 도서관에 계십니다.

A : 昨日から少し熱があって頭が痛いです。
어제부터 계속 열이 나고 머리가 아픕니다.

B : それはいけませんね。
그거 안됐군요.

A : バスと電車とどちらがいいですか。 버스와 전철 중 어느 쪽이 좋으십니까?

B : そうですね。バスはいつもこみますから今日は電車で行くことにしましょう。
글쎄요. 버스는 늘 막히니까 오늘은 전철로 가도록 합시다.

A : 私もお手伝いしましょうか。
저도 도울까요?

B : おねがいします。 부탁드립니다.

A : 風邪はなおりましたか。
감기는 나으셨습니까?

B : ええ、おかげさまで。 예. 덕분에.

A : この本はだれのですか。
이 책 누구의 것입니까?

B : 私のです。ここに名前が書いてあります。
제 것입니다. 여기에 이름이 쓰여 있습니다.

A : すみませんが、今日早く帰らせていただけませんか。
죄송합니다만, 오늘 일찍 돌아가도 되겠습니까?

B : ええ、どうぞ。 예. 그러세요.

구어체 축약형 정리(N3/N4)

일본어 능력시험 N3 N4 청해에 나오는 어투는 문장체가 아닌 구어체 위주로 구성되어 있다. 따라서 청해 시험에 대비하기 위해서는 회화체에서 자주 사용되는 구어체 표현이나 축약표현들을 익혀두는 것이 청해 고득점의 비결이라 할 수 있다.

01 では→じゃ

学生ではありません → 学生じゃありません 학생이 아닙니다.
親切ではありません → 親切じゃありません 친절하지 않습니다.

それでは → それじゃ 그렇다면

02 ている→てる/でいる→でる

今、食べているものは何ですか。
→ 今、食べてるものは何ですか。 지금 먹고 있는 것은 무엇입니까?
今、飲んでいるジュースはおいしいですか。
→ 今、飲んでるジュースはおいしいですか。 지금 마시고 있는 주스는 맛있습니까?

03 ていない→てない/でいない→でない

山田さんはまだ来ていない。 → 山田さんはまだ来てない。 야마다씨는 아직 오지 않았다.
新聞を読んでいない。 → 新聞を読んでない。 신문을 읽지 않았다.

04 ています→てます/でいます→でます

映画を見ています。 → 映画を見てます。 영화를 보고 있습니다.
家で休んでいます。 → 家で休んでます。 집에서 쉬고 있습니다.

457

스크립트

05 ていて→てて

ここで少し待っていてください。
→ ここで少し待っててください。 여기서 잠시 기다리고 있으세요.

06 ておく→とく/でおく→どく

果物は買っておきました。 → 果物は買っときました。 과일은 사두었습니다

テーブルの上においておいてください。 → テーブルの上においといてください。
테이블 위에 놓아두었습니다.

前もってマニュアルを読んでおきました。
→ 前もってマニュアルを読んどきました。 미리 매뉴얼을 읽어두었습니다.

07 てしまう→ちゃう/でしまう→じゃう

勉強しないで寝てしまいました。
→ 勉強しないで寝ちゃいました。 공부 하지 않고 자버렸습니다.

全部食べてしまった。 → 全部食べちゃった。 전부 먹어버렸다.

風邪で授業を休んでしまった。 → 風邪で授業を休んじゃった。 감기로 수업을 쉬었다.

08 てはいけない→ちゃいけない/ではいけない→じゃいけない

危ないから行ってはいけない。
→ 危ないから行っちゃいけない。 위험하니까 가면 안 된다.

古い牛乳は飲んではいけない。
→ 古い牛乳は飲んじゃいけない。 오래된 우유는 마시면 안 된다.

09 なければならない→なきゃならない

早(はや)く会社(かいしゃ)に戻(もど)らなければならない。
→ 早(はや)く会社(かいしゃ)に戻(もど)らなきゃならない。 빨리 회사에 돌아가지 않으면 안 돼.

正直(しょうじき)に言(い)わなければなりません。
→ 正直(しょうじき)に言(い)わなきゃなりません。 솔직하게 말하지 않으면 안 됩니다.

10 のだ→んだ/なのだ→なんだ

~んだ(~なんだ), ~んです(~なんです)는 회화체 강조표현이다. 보통 ~んだ(~なんだ)는 남자들이 주로 사용하는 말투이다.

① い형용사와 동사　のだ→んだ, のです→んです

この映画(えいが)はおもしろいのだ。 → この映画(えいが)はおもしろいんだ。 이 영화는 재밌다.

この映画(えいが)はおもしろいのです。
→ この映画(えいが)はおもしろいんです。 이 영화는 재밌습니다.

日本(にほん)に行(い)くのだ。 → 日本(にほん)に行(い)くんだ。 일본에 간다.
日本(にほん)に行(い)くのです。 → 日本(にほん)に行(い)くんです。 일본에 갑니다.

② な형용사와 명사　なのだ→なんだ, なのです→なんです

本当(ほんとう)に好(す)きなのだ。 → 本当(ほんとう)に好(す)きなんだ。 정말로 좋아해.
本当(ほんとう)に好(す)きなのです。 → 本当(ほんとう)に好(す)きなんです。 정말로 좋아합니다.
友達(ともだち)なのだ → 友達(ともだち)なんだ 친구다.
友達(ともだち)なのです → 友達(ともだち)なんです 친구입니다.

뉴 일본어 능력시험

정답
& 독해해석

정답

Part 01

문자, 어휘

문제 1 ① 4 ② 2 ③ 1 ④ 4
　　　　⑤ 2 ⑥ 4 ⑦ 1 ⑧ 3

문제 2 ① 3 ② 1 ③ 3 ④ 4
　　　　⑤ 3 ⑥ 1 ⑦ 2 ⑧ 4

문제 3 ① 4 ② 2 ③ 1 ④ 3
　　　　⑤ 4 ⑥ 2 ⑦ 3 ⑧ 1

문제 4 ① 4 ② 3 ③ 4

문제 5 ① 2 ② 4 ③ 1

문법, 독해

문제 1 ① 4 ② 2 ③ 3 ④ 2
　　　　⑤ 1 ⑥ 3 ⑦ 2 ⑧ 2
　　　　⑨ 1 ⑩ 1 ⑪ 4 ⑫ 3
　　　　⑬ 3 ⑭ 2 ⑮ 4

문제 2 ① 4 ② 3 ③ 2 ④ 4
　　　　⑤ 1

문제 3 ① 1 ② 4 ③ 3 ④ 3
　　　　⑤ 2

문제 4 ① 4 ② 2

문제 5 ① 1 ② 1 ③ 3 ④ 2

문제 6 ① 4 ② 1

청해

1번 ①　2번 ②　3번 ①　4번 ①

Part 02

문자, 어휘

문제 1 ① 2 ② 1 ③ 4 ④ 3
　　　　⑤ 4 ⑥ 4 ⑦ 1 ⑧ 3

문제 2 ① 4 ② 2 ③ 3 ④ 4
　　　　⑤ 1 ⑥ 2 ⑦ 4 ⑧ 1

문제 3 ① 1 ② 4 ③ 4 ④ 2
　　　　⑤ 4 ⑥ 2 ⑦ 4 ⑧ 3

문제 4 ① 3 ② 2 ③ 1

문제 5 ① 4 ② 1 ③ 1

문법, 독해

문제 1 ① 2 ② 3 ③ 3 ④ 4
　　　　⑤ 1 ⑥ 1 ⑦ 3 ⑧ 4
　　　　⑨ 2 ⑩ 3 ⑪ 4 ⑫ 2
　　　　⑬ 4 ⑭ 3 ⑮ 1

문제 2 ① 3 ② 3 ③ 2 ④ 1
　　　　⑤ 4

문제 3 ① 4 ② 2 ③ 4 ④ 1
　　　　⑤ 3

문제 4 ① 1 ② 4

문제 5 ① 4 ② 2 ③ 4 ④ 3

문제 6 ① 2 ② 4

청해

1번 ①　2번 ④　3번 ①　4번 ②

Part 03

문자, 어휘

문제 1	[1] 4	[2] 3	[3] 2	[4] 2
	[5] 3	[6] 2	[7] 1	[8] 3

문제 2	[1] 1	[2] 3	[3] 3	[4] 4
	[5] 1	[6] 3	[7] 2	[8] 4

문제 3	[1] 2	[2] 4	[3] 1	[4] 1
	[5] 2	[6] 3	[7] 1	[8] 1

| 문제 4 | [1] 4 | [2] 1 | [3] 4 | |

| 문제 5 | [1] 1 | [2] 3 | [3] 1 | |

문법, 독해

문제 1	[1] 1	[2] 2	[3] 2	[4] 3
	[5] 3	[6] 4	[7] 3	[8] 1
	[9] 4	[10] 1	[11] 2	[12] 3
	[13] 1	[14] 4	[15] 2	

문제 2	[1] 2	[2] 4	[3] 3	[4] 1
	[5] 3			

문제 3	[1] 2	[2] 3	[3] 1	[4] 4
	[5] 2			

| 문제 4 | [1] 1 | [2] 2 | | |

| 문제 5 | [1] 2 | [2] 3 | [3] 3 | |

| 문제 6 | [1] 4 | [2] 1 | | |

청해

1번 ③   2번 ②   3번 ③   4번 ②

Part 04

문자, 어휘

문제 1	[1] 2	[2] 3	[3] 3	[4] 1
	[5] 3	[6] 4	[7] 2	[8] 2

문제 2	[1] 1	[2] 1	[3] 3	[4] 4
	[5] 1	[6] 2	[7] 3	[8] 4

문제 3	[1] 4	[2] 1	[3] 3	[4] 1
	[5] 1	[6] 3	[7] 4	[8] 4

| 문제 4 | [1] 2 | [2] 3 | [3] 4 | |

| 문제 5 | [1] 3 | [2] 1 | [3] 1 | |

문법, 독해

문제 1	[1] 4	[2] 2	[3] 3	[4] 2
	[5] 1	[6] 3	[7] 4	[8] 2
	[9] 3	[10] 1	[11] 2	[12] 3
	[13] 4	[14] 3	[15] 1	

문제 2	[1] 1	[2] 4	[3] 4	[4] 2
	[5] 3			

문제 3	[1] 1	[2] 4	[3] 2	[4] 3
	[5] 1			

| 문제 4 | [1] 4 | [2] 3 | | |

| 문제 5 | [1] 1 | [2] 2 | [3] 3 | [4] 4 |

| 문제 6 | [1] 3 | [2] 1 | | |

청해

1번 ②   2번 ①   3번 ②   4번 ②

Part 05

문자, 어휘

문제 1 [1] 2 [2] 1 [3] 1 [4] 3
　　　　 [5] 2 [6] 1 [7] 4 [8] 2

문제 2 [1] 4 [2] 2 [3] 3 [4] 4
　　　　 [5] 1 [6] 1 [7] 3 [8] 2

문제 3 [1] 4 [2] 1 [3] 2 [4] 2
　　　　 [5] 1 [6] 2 [7] 4 [8] 1

문제 4 [1] 4 [2] 1 [3] 3

문제 5 [1] 1 [2] 1 [3] 4

문법, 독해

문제 1 [1] 4 [2] 2 [3] 4 [4] 1
　　　　 [5] 3 [6] 2 [7] 2 [8] 3
　　　　 [9] 1 [10] 1 [11] 4 [12] 2
　　　　 [13] 1 [14] 3 [15] 4

문제 2 [1] 2 [2] 1 [3] 2 [4] 4
　　　　 [5] 3

문제 3 [1] 2 [2] 4 [3] 1 [4] 2
　　　　 [5] 3

문제 4 [1] 3 [2] 4

문제 5 [1] 2 [2] 2 [3] 2 [4] 1

문제 6 [1] 1 [2] 4

청해

1번 ①　2번 ③　3번 ②　4번 ②

Part 06

문자, 어휘

문제 1 [1] 1 [2] 3 [3] 2 [4] 4
　　　　 [5] 3 [6] 2 [7] 1 [8] 4

문제 2 [1] 4 [2] 2 [3] 1 [4] 3
　　　　 [5] 4 [6] 1 [7] 3 [8] 2

문제 3 [1] 1 [2] 4 [3] 1 [4] 2
　　　　 [5] 4 [6] 1 [7] 4 [8] 3

문제 4 [1] 1 [2] 4 [3] 2

문제 5 [1] 2 [2] 4 [3] 3

문법, 독해

문제 1 [1] 1 [2] 3 [3] 2 [4] 4
　　　　 [5] 1 [6] 4 [7] 1 [8] 2
　　　　 [9] 3 [10] 3 [11] 4 [12] 1
　　　　 [13] 4 [14] 3 [15] 2

문제 2 [1] 3 [2] 3 [3] 4 [4] 3
　　　　 [5] 2

문제 3 [1] 1 [2] 2 [3] 4 [4] 2
　　　　 [5] 3

문제 4 [1] 2 [2] 4

문제 5 [1] 2 [2] 4 [3] 1 [4] 3

문제 6 [1] 2 [2] 2

청해

1번 ③　2번 ③　3번 ①　4번 ④

Part 07

문자, 어휘

문제 1	[1] 4	[2] 1	[3] 4	[4] 2
	[5] 1	[6] 2	[7] 3	[8] 4
문제 2	[1] 2	[2] 1	[3] 4	[4] 3
	[5] 2	[6] 2	[7] 3	[8] 3
문제 3	[1] 4	[2] 3	[3] 2	[4] 1
	[5] 1	[6] 3	[7] 2	[8] 4
문제 4	[1] 1	[2] 2	[3] 3	[4] 4
문제 5	[1] 4	[2] 2	[3] 1	[4] 3

문법, 독해

문제 1	[1] 4	[2] 2	[3] 4	[4] 1
	[5] 3	[6] 2	[7] 1	[8] 3
	[9] 3	[10] 4	[11] 1	[12] 4
	[13] 1	[14] 2	[15] 3	
문제 2	[1] 4	[2] 3	[3] 1	[4] 3
	[5] 1			
문제 3	[1] 2	[2] 3	[3] 1	[4] 2
	[5] 4			
문제 4	[1] 1	[2] 4		
문제 5	[1] 4	[2] 1	[3] 1	[4] 4
문제 6	[1] 2	[2] 4		

청해

1번 ②   2번 ③   3번 ④   4번 ③

Part 08

문자, 어휘

문제 1	[1] 4	[2] 2	[3] 3	[4] 2
	[5] 1	[6] 4	[7] 2	[8] 1
문제 2	[1] 4	[2] 1	[3] 4	[4] 2
	[5] 3	[6] 1	[7] 2	[8] 4
문제 3	[1] 1	[2] 3	[3] 4	[4] 2
	[5] 4	[6] 2	[7] 4	[8] 1
문제 4	[1] 3	[2] 2	[3] 4	[4] 4
문제 5	[1] 3	[2] 1	[3] 2	[4] 4

문법, 독해

문제 1	[1] 2	[2] 3	[3] 4	[4] 2
	[5] 1	[6] 4	[7] 1	[8] 3
	[9] 1	[10] 3	[11] 2	[12] 4
	[13] 2	[14] 1	[15] 4	
문제 2	[1] 1	[2] 3	[3] 1	[4] 3
	[5] 3			
문제 3	[1] 1	[2] 2	[3] 2	[4] 4
	[5] 1			
문제 4	[1] 4	[2] 3		
문제 5	[1] 2	[2] 3	[3] 1	[4] 3
문제 6	[1] 1	[2] 4		

청해

1번 ②   2번 ②   3번 ③   4번 ③

Part 09

문자, 어휘

문제 1   [1] 3   [2] 1   [3] 1   [4] 4
         [5] 2   [6] 3   [7] 4   [8] 1

문제 2   [1] 1   [2] 3   [3] 2   [4] 4
         [5] 4   [6] 2   [7] 1   [8] 3

문제 3   [1] 4   [2] 1   [3] 3   [4] 2
         [5] 4   [6] 1   [7] 3   [8] 4

문제 4   [1] 4   [2] 1   [3] 3   [4] 1

문제 5   [1] 2   [2] 4   [3] 3   [4] 1

문법, 독해

문제 1   [1] 3   [2] 4   [3] 1   [4] 2
         [5] 1   [6] 2   [7] 4   [8] 1
         [9] 4   [10] 2 [11] 2 [12] 1
         [13] 3 [14] 4 [15] 3

문제 2   [1] 3   [2] 1   [3] 2   [4] 2
         [5] 4

문제 3   [1] 4   [2] 4   [3] 4   [4] 1
         [5] 3

문제 4   [1] 2   [2] 1

문제 5   [1] 1   [2] 2   [3] 4   [4] 4

문제 6   [1] 4   [2] 1

청해

1번 ④   2번 ①   3번 ④   4번 ①

Part 10

문자, 어휘

문제 1   [1] 4   [2] 1   [3] 3   [4] 2
         [5] 2   [6] 4   [7] 1   [8] 2

문제 2   [1] 2   [2] 4   [3] 2   [4] 1
         [5] 4   [6] 2   [7] 3   [8] 1

문제 3   [1] 1   [2] 2   [3] 4   [4] 3
         [5] 3   [6] 1   [7] 3   [8] 4

문제 4   [1] 3   [2] 4   [3] 2   [4] 1

문제 5   [1] 4   [2] 3   [3] 2   [4] 1

문법, 독해

문제 1   [1] 4   [2] 3   [3] 1   [4] 4
         [5] 2   [6] 3   [7] 1   [8] 2
         [9] 3   [10] 1 [11] 4 [12] 2
         [13] 2 [14] 1 [15] 4

문제 2   [1] 2   [2] 3   [3] 3   [4] 4
         [5] 1

문제 3   [1] 3   [2] 2   [3] 4   [4] 4
         [5] 3

문제 4   [1] 3   [2] 2

문제 5   [1] 3   [2] 2   [3] 1   [4] 3

문제 6   [1] 1   [2] 2

청해

1번 ④   2번 ②   3번 ①   4번 ②

Part 11

문자, 어휘

문제 1　①1　②3　③2　④3
　　　　　⑤1　⑥3　⑦2　⑧4

문제 2　①1　②4　③2　④3
　　　　　⑤4　⑥1　⑦3　⑧2

문제 3　①3　②1　③4　④2
　　　　　⑤3　⑥1　⑦2　⑧3

문제 4　①4　②1　③1

문제 5　①2　②2　③4

문법, 독해

문제 1　①2　②3　③4　④1
　　　　　⑤3　⑥2　⑦4　⑧2
　　　　　⑨4　⑩1　⑪2　⑫1
　　　　　⑬4　⑭3　⑮1

문제 2　①3　②4　③2　④3
　　　　　⑤1

문제 3　①2　②3　③2　④4
　　　　　⑤1

문제 4　①4

문제 5　①4　②2　③1　④4

문제 6　①3　②1

청해

1번 ②　2번 ①　3번 ②　4번 ③

Part 12

문자, 어휘

문제 1　①3　②4　③2　④1
　　　　　⑤3　⑥4　⑦2　⑧4

문제 2　①3　②2　③1　④2
　　　　　⑤3　⑥4　⑦4　⑧1

문제 3　①4　②2　③1　④3
　　　　　⑤4　⑥4　⑦2　⑧1

문제 4　①2　②4　③1

문제 5　①1　②3　③4

문법, 독해

문제 1　①1　②3　③1　④4
　　　　　⑤2　⑥2　⑦3　⑧2
　　　　　⑨1　⑩4　⑪2　⑫3
　　　　　⑬2　⑭4　⑮1

문제 2　①1　②2　③4　④2
　　　　　⑤3

문제 3　①2　②3　③3　④1
　　　　　⑤4

문제 4　①4　②1

문제 5　①1　②3　③1

문제 6　①2　②1

청해

1번 ①　2번 ③　3번 ④　4번 ②

Part 13

문자, 어휘

문제 1　①4　②2　③3　④1
　　　　⑤4　⑥2　⑦3　⑧1

문제 2　①3　②1　③4　④2
　　　　⑤3　⑥1　⑦1　⑧2

문제 3　①4　②1　③2　④2
　　　　⑤1　⑥2　⑦4　⑧2

문제 4　①1　②4　③2

문제 5　①3　②1　③2

문법, 독해

문제 1　①3　②4　③1　④3
　　　　⑤2　⑥3　⑦4　⑧2
　　　　⑨1　⑩3　⑪2　⑫4
　　　　⑬1　⑭4　⑮3

문제 2　①2　②4　③3　④1
　　　　⑤3

문제 3　①2　②1　③4　④2
　　　　⑤1

문제 4　①3　②4

문제 5　①2　②1　③2

문제 6　①3　②2

청해

1번 ④　2번 ②　3번 ③　4번 ①

Part 14

문자, 어휘

문제 1　①4　②2　③3　④1
　　　　⑤4　⑥3　⑦2　⑧1

문제 2　①4　②1　③2　④3
　　　　⑤4　⑥1　⑦2　⑧1

문제 3　①2　②1　③3　④4
　　　　⑤1　⑥2　⑦4　⑧1

문제 4　①1　②3　③2

문제 5　①4　②2　③3

문법, 독해

문제 1　①2　②3　③1　④3
　　　　⑤4　⑥1　⑦3　⑧1
　　　　⑨4　⑩2　⑪3　⑫4
　　　　⑬1　⑭3　⑮2

문제 2　①4　②2　③1　④2
　　　　⑤3

문제 3　①3　②3　③2　④2
　　　　⑤2

문제 4　①3　②4

문제 5　①4　②1　③4

문제 6　①2　②2

청해

1번 ①　2번 ①　3번 ③　4번 ②

Part 15

문자, 어휘

문제 1　1 4　2 1　3 2　4 4
　　　　5 4　6 3　7 2　8 1

문제 2　1 1　2 3　3 2　4 4
　　　　5 2　6 1　7 3　8 4

문제 3　1 1　2 4　3 2　4 3
　　　　5 1　6 4　7 2　8 3

문제 4　1 4　2 1　3 4

문제 5　1 1　2 3　3 2

문법, 독해

문제 1　1 2　2 4　3 3　4 4
　　　　5 1　6 3　7 2　8 1
　　　　9 2　10 3　11 4　12 1
　　　　13 3　14 1　15 2

문제 2　1 2　2 4　3 1　4 3
　　　　5 1

문제 3　1 2　2 3　3 4　4 2
　　　　5 1

문제 4　1 2　2 1

문제 5　1 4　2 2　3 1

문제 6　1 4　2 2

청해

1번 ①　2번 ②　3번 ③　4번 ①

Part 16

문자, 어휘

문제 1　1 1　2 2　3 4　4 2
　　　　5 4　6 3　7 1　8 2

문제 2　1 4　2 1　3 3　4 2
　　　　5 1　6 2　7 3　8 4

문제 3　1 2　2 4　3 3　4 1
　　　　5 2　6 3　7 4　8 4

문제 4　1 1　2 2　3 3

문제 5　1 2　2 3　3 1

문법, 독해

문제 1　1 1　2 3　3 1　4 2
　　　　5 4　6 3　7 1　8 2
　　　　9 3　10 3　11 1　12 2
　　　　13 4　14 3　15 2

문제 2　1 2　2 4　3 3　4 4
　　　　5 1

문제 3　1 3　2 1　3 4　4 2
　　　　5 4

문제 4　1 4　2 3

문제 5　1 1　2 1　3 4

문제 6　1 1　2 3

청해

1번 ①　2번 ②　3번 ②　4번 ①

독해해석

Part 01

문제 4

우선 일층 접수창구에 보험증을 제출해 주십시오. 접수처에서 진료실 번호를 쓴 종이를 드리오니, 해당 진료실 방 앞에서 잠시 기다려 주시기 바랍니다.
이름을 호명하면 진찰실로 들어가십시오. 진찰이 끝나면 접수처에 다시 들려주시기 바랍니다. 검사가 있으신 분들도 접수처에 다시 들렸다가 검사를 받으셔야 합니다.

문제 5

산 여행

내일 자동차로 미도리산에 갈 것이다. 미도리산은 나의 고향에 있다. 집에서 산까지 보통은 세 3시간가량 걸린다. 하지만, 내일은 토요일이라서 길이 막히기 때문에 조금 일찍 출발하는 편이 좋을 것 같다. 11시까지는 산에 도착하고 싶다. 도착하면 바로 점심을 먹을 생각이다. 미도리산에는 아름다운 호수가 있어서, 많은 사람들이 놀러 온다. 날씨가 좋으면 수영도 하고, 낚시도 할 수 있다. 배를 탈 수도 있다. 나는 낚시를 하고 싶다. 하지만, 날씨가 별로 좋지 않으면 낚시는 안할 것이고, 산에서 신기한 꽃이나 새들을 볼까 생각중이다.
호수 근처에는 인형미술관이 있다. 일본뿐만이 아니라 세계 각국의 인형들이 장식되어 있는 것 같다. 시간이 되면 한 번 가보고 싶다.
돌아오는 길에 고향집에 들러서, 부모님과 함께 저녁식사를 할 생각이다. 오랜만에 어머님의 요리를 먹을 수 있어서 정말 기대가 된다.

문제 6

[1] 월요일 오전 중에 검사를 받고 싶습니다. 몇 시까지 가면 접수를 할 수 있습니까?

  1 오전 8시 30분 2 오전 9시
  3 오전 10시   4 오전 11시

[2] 나는 월요일에서 금요일까지는 일이 바빠서 쉬는 날 밖에 못 갑니다. 이 사람은 언제 가면 진찰을 받을 수 있을까요?

  1 오전 10시   2 오전 10시 30분
  3 오전 11시   4 오전 11시 30분

Part 02

문제 4

일기

오늘 아침에 오랜만에 야마다씨와 만났다. 야마다씨는 잠깐 동안 하와이 여행을 갔다고 했다. 즐겁게 보내서 다시 한 번 가고 싶다고 했다. 그러기 위해서는 열심히 아르바이트를 해서 돈을 모으지 않으면 안 된다고 했다.
나도 여행을 해보고 싶지만, 그런 힘든 일은 못 할 것 같다. 나 스스로 생각해도 철이 없다는 생각이 들었다.

문제 5

나는 여름방학에 일본인 친구와 함께 친구고향에 갔었습니다. 갈 때는 전철로 가서,12시간이나 걸렸습니다.
친구가족들은 모두 친절했습니다. 아버님은 차로 예쁜 호수에 데리다 주셨습니다. 호수에는 낚시를 하는 사람들이랑 배를 타는 사람들이 있었습니다. 하지만, 수영을 하는 사람들은 없었습니다. 친구가 배를 타자고 해서 탔지만 떨어질 뻔해서 좀 무서웠습니다.
어머님이 만들어 주신 일본요리는 정말 맛있었습니다. 어머님에게 「일본요리는 색깔과 접시가 정말 예쁘네요. 저도 접시를 사고 싶습니다.」라고 했더니, 어머님께서 가게에 데려다 주셨습니다. 그곳에서 희고 동그란 접시를 세 개 샀습니다. 그 가게에서는 직접 접시나 밥공기를 만들어 볼 수도 있다고 해서, 저도 하나 만들었습니다. 접시를 만드는 것은 어려울 것 같아서 작은 밥공기를 만들었습니다.
돌아 올 때는 혼자서 비행기를 타고 왔습니다. 여름방학에 친구 고향에 갈 수 있어서 정말 좋았습니다.

문제 6

[1] 나는 책을 매우 좋아해서, 일을 하면서 책을 읽을 수 있는 곳에서 아르바이트를 하고 싶습니다. 시급은 가장 싸지만 열심히 해 볼 겁니다. 이 사람은 어느 곳을 선택했나요?

  1 A   2 B
  3 C   4 D

[2] 일은 가장 힘들어 보이지만 생활비를 벌어야 해서 시급이 가장 비싼 곳으로 할 겁니다. 이 사람이 선택한 곳의 시급은 얼마입니까?

  1 시급 850엔   2 시급 870엔
  3 시급 960엔   4 시급 1000엔

Part 03

문제 4

일본인들이 좋아하는 점심식사

일본인들이 점심식사로 잘 먹는 것은 초밥도 우동도 아닙니다. 역시 좀 매운 카레라이스입니다. 두 번째로는 라멘이라고 합니다. 일본인들은 튀김이나 초밥을 자주 먹을 거라고 생각하겠지만, 사실은 그렇지 않습니다.
저는 초밥을 너무 좋아해서 일본에 가면 많이 먹고 싶습니다.

문제 5

타케시군에게
(죤씨는 타케시군 중학교에서 영어를 가르쳤었습니다. 다음 문장은 죤씨가 타케시군에게 보낸 메일입니다.)

이메일 고마워요. 이전 메일에 "영어 공부는 재미없다"라고 썼던데, 우선 좋아하는 것부터 시작하는 것이 어떨까요?
내가 일본어 공부를 시작한 것은 중학교 1학년 때였습니다. 친구 집에서 처음 일본만화를 읽었습니다. 그때는 일본어를 전혀 몰랐었지만, 그림이 있어서 내용은 대충 이해했습니다. 일본어로 읽고 싶어서, 독학으로 공부를 시작했습니다. 한문은 어려웠지만, 만화를 몇 권이나 읽는 와중에 간단한 한문은 외우게 되었습니다.
만화는 좋지 않다는 사람도 있지만, 어떤 것이건 좋은 것이 있으면 나쁜 것도 있을 거라 생각합니다. 그러니까, 선택해서 읽으면 좋을 거라 생각합니다. 사람을 괴롭히는 만화는 좋지 않지만, 축구나 농구 등 스포츠만화는 재미있고 읽으면 힘이 납니다.
타케시군은 무엇에 관심이 있나요? 음악인가요, 영화인가요? 영어를 사용해서 좋아하는 것을 하면 공부가 재미있어질 거예요.
그럼 또 메일 보내겠습니다.

문제 6

1. 결혼하고 싶어도 돈이 없어서 하지 못한다고 답변한 사람은 몇 명인가요?

   1 51명   2 34명
   3 20명   4 18명

2. 누군가와 함께 사는 것이 싫다고 답변한 사람은 몇 명인가요?

   1 17명   2 18명
   3 20명   4 34명

Part 04

문제 4

단수 통보

5월 14일 오후 1시부터 단수가 시작이 되어, 1시간가량 수돗물이 나오지 않습니다. 또, 단수 후에 잠시 동안은 흙탕물이 나올 수 있으니 깨끗한 물이 나올 때까지 사용하지 마십시오.

문제 5

안씨! 안녕하세요? 잘 지내시나요?
지금도 전과 같은 회사에서 일하고 계신가요? 매일 바쁘신가요? 안 씨가 3월에 고국으로 돌아가고 저희 집은 좀 쓸쓸해 졌답니다. 안 씨가 사용했던 방은 지금은 아무도 사용하지 않고 있답니다. 아버지와 어머니는 안 씨와 있었던 일들을 자주 말씀하시곤 한답니다.
저도 안 씨에게서 받은 인형을 보면서, 즐거웠던 시간들을 떠올리곤 한답니다. 그리고 안 씨가 가르쳐 준 케이크를 때때로 만들어 보곤 한답니다.
저는 4월에 고등학생이 되었습니다. 학교는 집에서 멀어서 전철을 타고 통학하지 않으면 안 된답니다. 1시간이나 걸려서 좀 힘듭니다. 공부는 아직 그렇게 어렵지는 않습니다. 고등학교에서도 농구를 계속하고 있습니다. 새로운 친구들이 많이 생겼습니다.
그저께 안 씨와 같이 갔었던 공원에 고등학교 친구들과 갔었습니다. 많은 종류의 꽃들이 피어 있어서 정말 예뻤습니다. 그때 친구와 찍었던 사진을 한 장 보내드리겠습니다.
그럼 다음에 또 쓰겠습니다.

사또 마리꼬

문제 6

1. 아르바이트는 언제 합니까?

   1 일요일과 월요일   2 월요일과 수요일
   3 수요일과 금요일   4 금요일과 토요일

2. 큐슈여행은 어느 정도나 합니까?

   1 2일간   2 3일간
   3 4일간   4 5일간

Part 05

문제 4

편지

나까무라씨! 오랫동안 소설책을 돌려주지 못해서 죄송합니다. 사실은 책상 서랍 안에 책을 넣어 둔 채 서랍장 열쇠를 어딘가에 잃어버리고 말았답니다. 그래서 아직까지 책을 읽지 못했었습니다. 어제 겨우 서랍을 열 수 있게 되어서 이제야 읽기 시작했습니다. 모레정도면 돌려드릴 수 있을 거라 생각합니다.

문제 5

카와타씨는 그림을 보는 것을 매우 좋아합니다. 혼자서 좋아하는 그림을 여유 있게 보기 위해서 올 5월 연휴에 외국에 갔었습니다. 하지만 혼자서 비행기를 타는 것은 처음인지라 좀 걱정이 되었습니다.
여행한 나라들은 일본과 시간차가 있어서, 처음에는 좀 졸렸습니다. 게다가 음식이 매워서 물을 지나치게 많이 마시는 바람에 배탈이 나고 말았습니다. 하지만, 보고 싶어 했던 그림을 실컷 볼 수 있어서 그런 것쯤은 잊어버렸습니다.
사진과는 달리 자신의 눈으로 직접 확인한 그림들은 절대 잊을 수 없는 아름다움이었습니다. 카와타씨는 여행 중에 친구가 된 사람들에게 아직까지도 편지를 쓰고 있습니다.

문제 6

[1] 파티에 가고 싶은 사람들은 어떻게 하면 좋을 까요?

  1 요네다 씨에게 전화를 합니다.
  2 사꾸라 시민센터에 갑니다.
  3 댄스 연습을 합니다.
  4 요네다 씨에게 3,000엔 냅니다.

[2] 파티는 언제 합니까?

  1 11월 15일   2 11월 30일
  3 12월 15일   4 12월 30일

Part 06

문제 4

어제의 폭우가 거짓말처럼 오늘은 매우 좋은 날씨입니다. 당장(빨리) 유꼬와 함께 호수에서 보트를 탈 약속을 하고, 12시에 백화점 앞에서 보기로 했습니다. 하지만 오늘따라 버스가 늦게 왔습니다. 버스가 좀처럼 오지 않아서 15분이나 늦게 약속장소에 도착했습니다.

문제 5

어제 나는 타로를 병원에 데리고 갔습니다. 타로는 작년 내 친구한테서 받은 귀여운 강아지입니다. 며칠 전부터 타로는 기운이 없어져 밥도 거의 먹지 않게 되었습니다. 그래서 걱정이 되어 근처 동물병원에 데리고 갔습니다. 병원에서 타로는 주사를 맞고 아픈 듯이 울었습니다. 약도 매일 먹어야 한다고 합니다. 의사말로는 그렇게 하면 일주일정도로 좋아질 거라고 했습니다. 타로는 주사도 약도 싫어했지만, 나는 의사의 말을 듣고 조금은 안심했습니다.

문제 6

[1] 5월 1일 4시 반쯤부터 무엇을 합니까?

  1 호텔에 도착 한다.
  2 쇼핑을 한다.
  3 점심을 먹는다.
  4 가라오케에 간다.

[2] 이번 여행에서 하지 않는 것은 무엇입니까?

  1 노래를 부르는 것
  2 바다에서 보트를 타는 것
  3 일본문화체험
  4 온천

Part 07

문제 4

우체국 가는 방법

이 길로 곧장 가면 다리가 나올 겁니다. 그 다리를 건너서 두 번째 교차로에서 우회전하십시오. 모퉁이에서 세 번째 건물입니다. 아! 길의 좌측에 있습니다.

문제 5

야마모토씨는 대학생입니다. 매일 오후 5시부터 8시까지 대학부근에 있는 찻집에서 아르바이트를 하고 있습니다. 한 시간 일하면 900엔 받습니다. 야마모토씨의 대학 학비는 부모님께서 내 주십니다. 그 밖에도 매달 10만엔 송금해 받지만, 생활비는 그것만으로는 충분하지 않습니다.

아르바이트 중에서 시급이 가장 비싼 일은 도로나 빌딩을 만드는 일을 돕는 일로 하루에 만엔 받을 수 있습니다. 하지만 그런 일은 아주 힘이 들고 하루 8시간이상이나 일을 해야만 합니다. 그래서 학생들은 좀 무리입니다.

또, 도서관에서 책을 빌려주는 것을 돕는 일이 있습니다. 이것은 앉아서 하는 일이라 편하긴 하지만, 한 시간에 600엔 밖에는 받지 못합니다.

야마모토씨는 찻집의 일은 그다지 힘도 들지 않고, 받을 수 있는 돈도 그다지 나쁘지 않아서 가장 좋아한다고 했습니다.

문제 6

1. 이 강아지를 본 사람은 어떻게 하면 되나요?

   1 유리씨의 집에 바로 가면 됩니다.
   2 유리씨에게 전화를 하면 됩니다.
   3 강아지에게 밥을 주면 됩니다.
   4 강아지와 동물병원에 가면 됩니다.

2. 전단지의 내용과 일치하는 것은 어느 것일까요?

   1 유리씨의 키는 60센티미터 정도입니다.
   2 강아지의 눈은 흰색입니다.
   3 유리씨는 여섯 살입니다.
   4 강아지는 3월 4일에 없어 졌습니다.

Part 08

문제 4

백화점에서 쇼핑을 할 때는 정말 즐겁다. 저 옷이 좋을까! 이 구두가 좋을까! 하면서 다양하게 입어보기도하고, 신어보기도하고 어느 것이 좋을까! 하고 생각하는 것이 즐겁다. 그리고 가장 좋다고 생각이 든 것을 산다. 그러나 쇼핑이 끝나고 나면 좀 재미가 없어진다. 즐거운 시간이 길어지도록 나는 일부러 천천히 쇼핑을 한다.

문제 5

가족소개

저의 남동생을 소개하겠습니다. 남동생은 저보다 2살 아래로 대학교 4학년입니다. 대학에서는 경제를 공부하고 있지만, 음악을 좋아해서 작년까지 기타를 쳤었습니다. 기타라고는 하지만 오래된 기타로, 남동생은 친구4명이서 밴드를 결성했었습니다. 작년가을에는 대학 축제에도 나가서 많은 사람들 앞에서 노래도 불렀습니다. 매우 좋은 곡이어서 그 후에 CD도 만들었습니다.

그러고 나서 남동생은 좀 더 좋은 기타를 사기위해서 아르바이트를 시작했습니다. 올해는 4학년이어서 회사에 들어가기 위해 이것저것 알아보기도 하고 견학을 가기도 합니다. 요즘은 아주 어려운 시기라고 남동생은 말했습니다. 남동생은 아직 대학생이어서, 공부와 음악, 아르바이트, 회사 견학을 다 할 수는 없습니다. 그래서 올해만 음악을 쉰다고 했습니다.

작년까지는 남동생이 어리다고 생각했었는데, 4학년이 되니까 남동생의 얼굴이 좀 어른스럽게 보이게 되었습니다.

문제 6

1. 예정표의 내용과 일치하지 않는 것은 어느 것입니까?

   1 테스트는 1년에 3회 있습니다.
   2 졸업식은 3월에 행해집니다.
   3 여름방학은 8월에 있습니다.
   4 축제는 10월에 1회 있습니다.

2. 신입생 입학식은 언제입니까?

   1 1월입니다.   2 2월입니다.
   3 3월입니다.   4 4월입니다.

Part 09

문제 4

나는 어린 시절 우유를 싫어해서 전혀 마시질 않았다. 그러나 중학교에 들어가서 마시게 되었다. 그 이유는 "우유를 마시면 키가 큰다"라고 책에 쓰여 있었기 때문이었다. 처음에는 마시는 것이 정말 싫었다. 하지만, 점점 우유의 맛을 알게 되었다. 지금은 매일 많이 마시고 있다. 지금은 키가 크고 싶어서 마시고 있지는 않다. 우유가 정말 맛있다고 생각하기 때문이다.

문제 5

문화 소개

어제 나는 같은 회사사람들과 함께 벚꽃 구경을 하러 갔습니다. 벚꽃나무가 많이 있는 공원에 도착 했을 쯤에는 이미 어두워져 있었지만, 그곳에는 벚꽃구경을 온 사람들로 가득 차서 정말 떠들썩했습니다.
회사직원 한 사람이 5시간 전부터 장소를 맡아 두었었기 때문에, 우리는 벚꽃 나무 밑에 앉을 수 있었습니다. 멀리서 왔어도 자리가 없어서 돌아가야만 하는 사람들도 있다는 말을 듣고, 꽃만 보는 건데 힘들겠구나 하는 생각을 했습니다.
벚꽃나무 밑에서 함께 먹거나 마시거나 하다보면, 때로는 시끄러운 노랫소리나 이야기소리가 들리지 않을 때도 있었는데, 그 순간에는 벚꽃이 정말로 예뻐 보였습니다.
벚꽃은 피면 금방 져버립니다. 그런 생각을 하니 벚꽃이 더욱더 예쁘게 보였습니다. 나도 벚꽃의 아름다움을 조금은 안 것 같다는 생각이 들었습니다.

문제 6

[1] 하세가와씨는 어제 몇 시부터 아르바이트를 했습니까?

1 오전 7시부터 했습니다.
2 오전 9시부터 했습니다.
3 오후 2시부터 했습니다.
4 오후 3시부터 했습니다.

[2] 하세가와씨는 어젯밤 8시부터 10시까지 무엇을 했습니까?

1 리포트를 썼습니다. 2 수업을 들었습니다.
3 저녁을 먹었습니다. 4 샤워를 했습니다.

Part 10

문제 4

대학병원처럼 규모가 큰 곳은 신 기계도 있고, 위생적이고, 의사도 많이 있어서 안심이 됩니다. 그러나 나쁜 점도 있습니다. 그것은 매일 환자가 많이 와서 늘 복잡하고 빨리 진찰받을 수 없다는 점입니다. 그래서 큰 병원에 가기 위해서는 회사를 쉬는 경우도 있습니다.
감기 등의 가벼운 병일 때는 집 근처의 작은 병원에 가는 것도 좋을 거라 생각합니다.

문제 5

회의실을 이용하는 분들에게

이 빌딩에는 회의실이 사이즈에 따라 3종류가 있습니다.

대회의실
5층에 하나 있습니다. 100명 수용 가능합니다.

[예약방법]
3개월 전부터 일주일전까지 예약 가능합니다. 이곳을 사용하고자 할 때는 예약서에 사용하는 날짜, 시간을 적으시고, 사무실에 제출하시기 바랍니다. 예약서는 사무실에서 받을 수 있습니다. 매월 1일이 되면 한 달 예약 스케줄 기록 달력을 사무실 앞에 붙여 놓습니다.

중회의실
6층에 하나 있습니다. 50명 수용 가능합니다.

[예약방법]
2개월 전부터 하루 전까지 예약 가능합니다. 매월 1일 회의실 앞에 2개월 후의 큰 달력이 붙을 겁니다.
예를 들자면, 3월1일에는 5월 달력이 붙을 겁니다. 사용하고자 하는 희망날짜와 시간 기재 란에 이름을 적어주십시오.

소회의실
2층부터 4층까지 하나씩 있습니다. 하나의 회의실에는 20명 수용 가능합니다.

[예약방법]
일주일 전부터 이용 당일까지 예약 가능합니다.
사용하고자 할 때는 사무실 직원에게 말씀해 주십시오.

문제 6

1. 전부 다 구매하면 얼마입니까?

   1. 24,000원
   2. 25,000원
   3. 26,000원
   4. 27,000원

2. 가장 새 것은 어느 것입니까?

   1. 코타츠 (일본의 실내 난방장치)
   2. 냉장고
   3. 세탁기
   4. 책장

Part 11

문제 4

2009년 7월 15일

사꾸라주식회사
영업부 귀중

ABC주식회사
수출입부 양 이시이

배계(삼가 아뢴다는 뜻)

저희 회사는 일본의 액세서리나 가방, 신발 등을 과거 10년 이상 아시아각국에 수출해왔습니다.
일전에 사꾸라 주식회사의 홈페이지 상에서 신상품인 가방 카탈로그를 봤습니다. 수출을 검토하고 있으니, 신상품 가방 카탈로그와 가격표를 이번 달 안으로 보내주셨으면 합니다.
잘 부탁드리겠습니다.

문제 5

양파를 자를 때 눈물이 나서 곤란했던 경험은 누구나 다 있을 것이다.
눈물이 나는 원인은 양파 안에 들어있는 "아리신" 때문이다. 아리신은 상온에선 공기 중으로 나가려는 성질이 있어서, 양파를 자를 때 나오는 것이다. 그리고 호흡 할 때에 체내로 들어가서 눈물을 나게 하는 것이다.
그러면 이것을 방지하기 위해서는 어떻게 하면 좋을까! 아래와 같은 방법들이 있다.

A 부엌의 환기팬을 켠다.
B 티슈로 코를 막는다.
C 양파를 몇 도막으로 잘라서 물에 담가놓는다.
D 양파를 냉장고에 넣어서 차갑게 놓아둔다.
E 칼에 펄펄 끓인 물을 부은 다음 자른다.
F 양파를 전자레인지에 데워둔다.

이와 같은 방법들은 두 가지의 타입으로 나뉠 수 있다. 하나는 공기 중에 나온 아리신이 체내로 들어오는 것을 막아주는 타입이다. 또 하나는 아리신이 공기 중으로 나오는 것을 막아주는 타입으로 이것은 아리신 성질을 이용하는 방법이다. 아리신에는 물에 잘 녹으면서, 차가워지면 밖으로 잘 못나오거나, 열에 파괴되기 쉬운 성질이 있다. 양파를 차갑게 해두거나, 뜨거운 칼을 사용하는 것은 시간이 좀 지나면 효과가 없어진다. 이에 비해 양파를 물에 담가 두거나, 전자레인지로 데워두는 방법은 효과가 높은 것 같다.

그러나 사실은 아리신은 몸에 좋은 것이다. 그런데 물로 흘러나오거나, 열로 인해 파괴되어져 버리는 것이다. 이러한 방법으로 눈물은 잘 안 나올 수 있겠지만, 아리신이 감소해 버린다는 단점이 있다. 이러한 점들을 고려해서, 가장 좋다고 생각되는 방법을 선택하면 좋을 것이다.

(※1) 玉(たま)ねぎ : 야채 이름
(※2) 常温(じょうおん) : 상온
(※3) 性質(せいしつ) : 물건이 가지고 있는 성격이나 특징

문제 6

1 유리 씨가 신청할 수 있는 수업은 어느 것인가?

　　1 (1)과 (6)
　　2 (2)과 (5)
　　3 (3)과 (6)
　　4 (4)과 (5)

2 유리 씨는 몇 월 며칠까지 신청을 해야 하는가?

　　1 4월5일
　　2 4월8일
　　3 4월10일
　　4 9월14일

Part 12

문제 4

나는 혼자서 여행을 하는 것을 좋아한다. 여행회사를 통해서 투어에 참가할 경우 확실히 빠르고 편리하기는 하다. 하지만 나는 낯선 마을에서 낯선 사람들과 이야기하는 것도 여행의 즐거움의 하나라고 생각한다. 나는 혼자서 여행계획을 세우고, 그 마을사람들에게 이것저것 물으면서 여행하는 것을 좋아한다. 아무리 시간이 걸리더라도, 힘든 일이 있더라도, 혼자서 계획하고 여행하는 편이 훨씬 더 재미있다고 생각한다.

문제 5

해외여행을 하는 일반적인 방법에는, 가이드와 함께 하는 "패키지여행"이 있는데 프리투어라고 하는 것도 있다. 패키지여행은 목적지까지의 왕복교통, 숙박, 관광 등의 패키지로 되어있어서 붙여진 이름이다. 모든 것이 정해져 있어서 매우 편리하지만 단체행동을 하지 않으면 안 된다. 좀 더 여유 있게 보고 싶은 장소가 있어도 정해진 스케줄에 얽매여있다.
그러한 점에서 프리투어는 왕복 교통수단과 숙박지가 정해져 있는 것 외에는 자유롭다. 목적지에서의 행동을 자유롭게 정해서 이동에 필요한 철도나 버스 등의 티켓도 함께 신청할 수 있다. 단, 프리투어라도 주의해야할 점이 있다. 한번 투어요금을 지불했으면, 왕복 비행기나 호텔을 바꿀 수 없고. 취소하는 경우 출발날짜의 3주전부터 최소요금을 내야한다. 자기 나름대로의 계획을 확실히 세워서 자유로운 여행을 즐겨보자!

문제 6

1 영어책 코너는 어떻게 가야할까?

　　1 입구의 바로 오른쪽에 있다.
　　2 입구에서 직진해 가면, 한국어 코너 오른쪽에 있다.
　　3 입구에서 왼쪽으로 돌아서 직진해가면 오른쪽에 있다.
　　4 입구에서 오른쪽으로 돌아서 직진해가면 왼쪽에 있다.

2 입구에서 가장 가까운 코너는 어딘가?

　　1 CD랑 DVD코너　　2 신간 책 코너
　　3 영어책 코너　　　4 만화책코너

Part 13

문제 4

처음 가는 곳의 길을 틀리지 않고 목적지까지 도착하는 것은 어려운 일이다. 우선 지도를 보면서 현재 자신이 있는 곳을 파악해야한다. 그리고 목적지까지 가는 방법을 외우고 도중에 인상적인 곳을 펜으로 체크 해 둔다. 그런 다음 가는 길이 대충 파악되었으면 출발한다. 도중의 경치는 모두가 목적지까지 가기 위한 힌트가 될 수 있다. 만약 길을 잃었어도 당황하지 않아도 된다. 여유를 가지고 거리에 있는 멋진 가게들을 찾아보거나 진귀한 경치를 보면서 "미아"를 즐기는 것도 좋을 것 같다.

문제 5

"몇 그릇을 먹어도 400엔이라!~~"
남자는 라면집의 세워둔 간판을 보더니 바로 가게 안으로 들어갔다. 남자는 젊고 체격도 좋고 상당한 대식가. 라면을 한 그릇 가볍게 먹더니 두 그릇 째 먹기 시작했다.
"손님! 계속 많이 드세요!"
드디어 세 그릇 째. 그것도 다 먹어치웠다.
"아직 사양하지 마시고 더 드셔도 괜찮아요!"
"그건 그렇고 이렇게 하는데도 장사가 잘 되네!~?"
남자는 네 그릇 째 먹기 시작했다. 하지만 역시 다 먹을 수는 없었다.
"아! 배불러! 네 그릇은 못 먹겠어. 계산!~"
"1,600엔입니다"
"예?? 400엔이 아니라요?"
"손님! 밖의 간판을 보세요!"
이상하다고 여겨 간판을 보니 몇 그릇을 먹어도 한 그릇에 400엔이라고 써 놓은 것을 잘못 본 것이었다.

(※1) 体格(たいかく)が良(よ)い : 체격이 좋다.
(※2) 大食漢(たいしょくかん) : 많이 먹는 사람
(※3) 成(な)り立(た)つ : 되다.

문제 6

1 기숙사에는 몇 시까지 돌아가지 않으면 안 되는지?
  1 22시 30분   2 23시
  3 23시 30분   4 24시

2 내용과 일치하는 것은 어느 것인가?
  1 11시에 목욕을 해도 상관없다.
  2 기숙사에서 담배를 피워서는 안 된다.
  3 기숙사에서 요리를 해도 괜찮다.
  4 기숙사에서 친구를 재워도 괜찮다.

Part 14

문제 4

나는 스트레스가 쌓이거나 계절이 바뀌면 대청소를 하고 싶어진다. 청소를 열심히 하고 있으면 뭐든지 잊어버릴 수가 있다. 또한 청소가 끝나고 방이 깨끗해지면 기분이 개운해진다.
오늘은 오래간만에 방 청소를 했다. 물론 매일 청소기는 돌리고 있지만, 오늘은 테이블이랑 책장, 침대의 위치까지 바꾸었고 커튼도 떼어서 빨았다. 평소에는 청소 안하는 구석구석까지 깨끗하게 했다. 몸은 좀 힘들었지만 스트레스도 해소되었고 내일부터 또 파이팅 할 수 있을 거란 생각을 했다.

문제 5

내일은 우리아이의 입학시험 발표가 있는 날이다.
벌써 몇 십 년도 전에 내가 중학교 입학시험 발표를 하루 앞둔 어느 날 아침 아버지가 이런 말씀을 하신 적이 있다.
"너, 오늘 시험에 떨어지면 원했던 카메라를 사주마!"
문득 생각해낸 말처럼 왠지 어색했다. 아버지가 이상한 말을 하는 구나라고 생각했다. 아버지는 내가 시험에서 떨어지는 것을 바라시는 걸까라는 생각이 들었다.
그때 당시의 아버지의 마음을 뼈저리게 알게 된 것은 그로부터 한 십년이 흘러, 이번에는 내 아이가 입학시험을 치르게 된 때였다.
아버지도 그날 밤은 좀처럼 잠을 못 이루신 거구나! 라는 것을 그때 당시는 깨닫지 못했었다. 아버지가 멋진 말을 한 것 이었구나 라는 생각이 들었다. 별로 좋아하지 않았던 아버지가 갑자기 그리워졌다.

(※1) 写真機 : 카메라
(※2) ぎごちない : 부자연스럽다
(※3) おやじ : 아버지
　　　おやじめ : 여기서는 아버지와의 친근감을 넣어서 표현한 것임.
(※4) 寝つく : 잠이 드는 상태로 들어가다
(※5) 不覚 : 부주의로 충분히 생각하지 못한 것
(※6) 味なこと : 보통 때와는 다른 능숙한 솜씨

문제 6

1　쌀이 300그램이라면 물은 어느 정도 넣으면 될까?
　1　150그램
　2　300그램
　3　350그램
　4　600그램

2　맛있는 밥을 짓기 위한 올바른 순서는 어느 것인가?
　1　강한 불로 한다 → 약한 불로 한다 →물을 넣는다
　2　뚜껑을 덮는다 → 강한 불로 한다 → 불을 약하게 한다
　3　중간불로 한다 → 불을 끈다 → 약한 불로 한다
　4　약한 불로 한다 → 불을 약하게 한다 → 뚜껑을 덮는다

Part 15

문제 4

어제는 오전부터 강한 바람이 불었고 밤늦게까지 많은 비가 내렸습니다. 그러나 오늘은 하늘이 매우 맑게 개어 있습니다. "어제의 태풍은 어디로 사라진 것일까!" 라는 생각을 하면서 현관문을 열어본 순간, 나는 깜짝 놀랐습니다. 집 앞에는 비와 바람에 의해서 날라 온 나뭇잎들과 쓰레기들로 가득했습니다. 정원에는 나무가 두 그루나 쓰러져 있었습니다.
"오늘은 하늘이 이렇게 맑고 예쁘지만, 어제는 분명 태풍이 왔었어!" 라고 나는 생각 했습니다.

문제 5

지금으로부터 380년 정도 전에 어느 이탈리아 학자가, 먹은 음식의 무게와 체중의 관계를 알아보기 위해서 자신의 몸을 사용해 체중의 변화를 상세하게 조사했다. 우선 사람이 올라갈 수 있는 큰 저울을 특별 제작해서, 그 위에 몇 일간이나 계속 앉아지내며, 밥을 먹기도 하고 대변이랑 소변을 보기도 했다. 그리고 그 때마다 체중의 변화를 꼼꼼히 달아서 조사한 것이다.
처음에 그 학자가 생각한 것은, 먹거나 마신 무게에서, 밖으로 나온 대변과 소변의 무게를 뺀 만큼만 체중이 늘어 날 것이라고 단순하게 생각했었다. 하지만, 실험을 해 본 결과 그가 생각한 것만큼 체중은 늘지 않았다. 그는 실험에 착오가 있었을지도 모른다고 생각하고 몇 번씩이나 다시 되풀이 해봤지만, 결과는 역시 같았다. 그는 난처했다. 아마도 음식이나 음료의 일부가 뭔가 눈에 보이지 않는 것으로 되어서 몸 밖으로 빠져 나갔을 것이라고 그는 생각했다. 그렇다. 그는 틀린 것이 아니었다.
그렇다면 그 눈에 보이지 않는 것으로 되어서 밖으로 나간 것은 무엇일까? 하나는 땀이었다. 인간의 몸에서는 그냥 가만히 있어도 하루에 1킬로 가량의 땀이 밖으로 나가는 것이었다.

문제 6

1 이것은 누구에게 쓴 편지인가?

 1 친전(편지를 본인이 직접 보기를 바란다는 뜻)
 2 친구
 3 아오야마 산업주식회사
 4 고바야시 이찌로씨

2 이 편지를 보낸 사람은 누구인가?

 1 고바야시 이찌로
 2 아오야마 산업주식회사
 3 와세다 산업주식회사
 4 친전사장

Part 16

문제 4

지난주 수요일부터 계속 머리가 아파서 토요일에 병원에 갔었다. 여러 가지 검사를 한 후 의사가 "특별히 나쁜 곳은 없는 것 같습니다" 라고 해서. 좀 안심했다.
하지만 의사는 "몸에는 나쁜 곳이 없더라도 눈에 이상이 있으면 머리가 아픈 경우도 있습니다. 그러니 눈을 한번 진찰을 받는 편이 좋겠네요" 라고 했다.
그리고 "안과 선생님은 매주 금요일 날 병원에 오시니까 다음 주 금요일에 다시 오실 수 있으십니까?" 라고 했다. 나는 금요일 1시로 예약을 하고 집으로 돌아왔다.

문제 5

내가 6개월 정도 입원했었던 병원에 병세가 심해 누워만 지내는 K씨라는 사람이 있었습니다. 그의 하루의 낙은 간호사에게 "아들한테 전화가 왔었나요?" 라고 물으면 "왔었어요~" 라고 하는 간호사의 대답을 듣는 것이었습니다. 당시 나는 아버지의 병상을 매일 같이 전화해 물어보는 착한 아들이구나~ 라고 감탄하면서 K씨와 간호사의 주고받는 말들을 침대에서 듣고 있었습니다.
그런데 그것이 거짓이었다는 것을 좀 지나서 알았습니다. 아들로부터의 전화는 없었고, 간호사들이 걸려온 것처럼 연기했었던 것입니다. K씨를 위로하고. 희망을 갖게 하기 위해서 간호사들이 착한 거짓말을 한 것이었습니다. 그리고 슬픈 거짓말이었습니다. 왜냐하면 K씨가 입원했을 당시에는 정말로 그 아들로부터 매일같이 병원으로 전화가 왔었다고 합니다. 트럭 운전수였던 그는 일 때문에 전국을 돌아다녀서 직접 병원으로 문병을 올 수가 없었던 것입니다. 입원한 후로 K씨는 몇 번인가 위험한 고비가 있었다고 합니다. 그때마다 간호사가 "아드님한테서 전화가 왔었어요!~" 라고 말을 걸면 이상하게도 회복이 되었다고 합니다.

문제 6

1 남자친구와 둘이서 만두를 6개. 라면을 한 그릇씩 먹었다. 그리고 남자친구는 맥주를 마시고 나는 커피를 마셨다. 다해서 얼마인지?

   1 1,530엔   2 1,610엔
   3 1,750엔   4 2,000엔

2 1시에 점심식사로 라면 한 그릇과 만두 6개. 공기 밥(소)을 먹었다. 음료는 주스를 마셨다. 전부 다해서 얼마인지?

   1 620엔   2 660엔
   3 770엔   4 790엔